한국사상선 4

함허기화
청허휴정
경허성우

불교사상의 계승자들

한국사상선 4

함허기화
청허휴정
경허성우

김용태 편저

불교사상의
계승자들

창비
Changbi Publishers

창비 한국사상선 간행의 말

　나날이 발전하는 세상을 약속하던 자본주의가 반문명적 본색을 여지없이 드러내며 다수의 삶을 고통으로 몰아간 지 오래다. 이제는 인간 문명의 기본 터전인 지구 생태를 거세게 위협하는 시대에 이르렀다. 결국 세상의 종말이 닥친다 해도 놀랄 수 없는 시대의 위태로움이 전에 없던 문명적 대전환을 요구한다는 각성에서 창비 한국사상선의 기획은 시작되었다. '전환'이라는 강력하게 실천적인 과제는 우리 모두에게 다른 삶의 전망과 지침이 필요하며 전망과 지침으로 살아 작동할 사상이 절실함을 뜻한다. 그런 사상을 향한 다급하고 간절한 요청에 공명하려는 기획으로서, 창비 한국사상선은 한국사상이라는 분야를 요령 있게 소개하거나 새롭게 정비하는 평시적 작업을 넘어 어떤 비상한 대책이기를 열망하며 구상되었다.

　사상을 향한 요청이 반드시 '한국사상'으로 향할 이유가 되는지 반문하는 이들도 있을지 모른다. 사상이라고 하면 플라톤 같은 유구한 이름으로 시작하여 무수히 재해석된 쟁쟁한 인물과 계보로 가득한 서구사상을 으레 떠올리기 때문이다. 우리가 겪는 위기가 행성 전체에 걸친 것이라면 늘 그래왔듯 서구의 누군가가 자기네 사상전통에 기대 무언가 이야기하지 않았을까, 그런 것들을 찾아보는 편이 더 효율적이지 않을까 하는 생각은 사실 오래된 습관이다. 더욱이 '한국사상'이라는 표현 자체가 많은 독자들에게 꽤 낯설게 느껴질 법하다. 한국의 유교사상이라거나 한국의 불교사상 같은 분류는 이따금 듣게 되지만 그 경우는 유교사상이나 불교사상의 지역적 분화라는 인상이 강하다. 한국사상이 변모하고 확장하면서 갖게 된 유교적인 또는 불교적인 양상으로 이해하는 방식은 익숙지 않을 것이기에 '한국사상'에 대한 우리의 공통감각은 여전히 흐릿하다고 말할 수 있다.

하지만 이런 사정이야말로 창비 한국사상선 발간의 또 다른 동력이다. 서구사상은 오랜 시간 구축한 단단한 상호참조체계를 바탕으로 세계 지성계에서 압도적 발언권을 유지하는 한편 오늘날의 위기에 관해서도 이런저런 인식의 '전회turn'라는 형식으로 대응하고 있다. 그럼에도 그 위상의 이면에 강고한 배타성과 편견이 작동하고 있음을 지적하는 목소리가 높다. 무엇보다 지금 이곳 — 그리고 지구의 또 다른 여러 곳 — 의 경험이 그들의 셈법에 들어 있지 않고 따라서 그 경험이 빚어낸 사상적 성과 역시 반영되지 않는다는 느낌은 갈수록 커져왔다. 서구사상에서 점점 빈번해지는 여러 전회들이 결국 그들 나름의 뚜렷한 한계 안에서 이루어지는 뒤집기 또는 공중제비에 불과하다는 인상도 지우기 어렵다. 정치, 경제, 문화 등 여러 부문에서 그렇듯이 이제 사상에서도 서구가 가진 위상은 돌이킬 수 없이 상대화되고 보편의 자리는 진실로 대안에 값하는 사상을 향한 열린 분투에 맡겨졌다.

그런가 하면 '한국적인 것' 일반은 K라는 수식어구를 동반하며 부쩍 세계적 이목을 끌고 있다. K의 부상은 유행에 민감한 대중문화에서 시작되어서인지 하나의 파도처럼 몰려와 해변을 적셨다가 곧이어 다른 파도에 밀려가리라 생각되기도 한다. '한류'라는 지칭에 집약된 이 비유는 숱한 파도가 오고 가도 해변은 변치 않는다는 암묵적 전제에 갇혀 있지만, 음악이든 드라마든 이만큼의 세계적 반향을 일으킨다면 해당 분야의 역사를 다시 쓰면서 더 항구적인 영향을 남길 수 있다고 평가받아야 한다. 중요한 것은 이제 한국적인 것이 무시 못 할 세계적 발언권을 획득하면서 단순히 어떻게 들리게 할까가 아니라 무엇을 말할까에 집중할 수 있게 된 점이다. 대중문화에 이어 한국문학이 느리지만 묵직하게 존재감을 발하는 이 시점이 한국사상이 전지구적 과제를 향해 독자적 목소리를 보태기에 더없이 적절한지 모른다.

그러기 위해 한국사상은 스스로를 호명하고 가다듬는 작업을 함께 진행해야 한다. 이름 자체의 낯섦에서 알 수 있듯 한국사상은 그저 우리 역사에 존재했던 여러 사상가들의 사유들을 총합하는 무엇이 아니라 상당 정도로 새로이 구성해야 하는 무엇에 가깝다. 창비 한국사상선은 문명전환을 이룰 대안사상의 모색이라는 과제를 중심으로 이 작업에 임하고자 했는데, 이는 거꾸로 바로 그런 모색이 실제로 한국사상의 면면한 바탕임을 발견하는 과정이기도 했다. 여기 실린 사상가들의 사유에는 역사와 현실을 탐문하며 새로운 삶의 보편적 비전을 구현하려 한 강도 높은 실천성, 그리고 주어진 사회의 시스템을 변혁하는 일과 개개인의 마음을 닦는 일이 진리에 속하는 과업으로서 단일한 도정이라는 깨달음이 깊이 새겨져 있다. 이 점은 오늘날 한국사상의 구성과 전승이 어떤 방식으로 지속되어야 할지 일러준다. 아직은 우리 자신에게조차 '가난한 노래의 씨'로 놓인 이 사유들을 참조하고 재해석하면서 위태로운 세계의 '광야'를 건널 지구적 자원이자 자기 삶의 실질적 영감으로 부단히 활용하는 실천을 통해 비로소 한국사상의 역량은 온전히 발휘될 것이다.

창비 한국사상선이 사상가들의 핵심저작을 직접 제공하는 데 주력한 이유도 여기에 있다. 학구적 관심이 아니라도 누구든 삶과 세계에 대해 사유하고 발언할 때 펼쳐 인용하고 되새기는 장면을 그려본 구성이다. 이제 껏 칸트와 헤겔을 따오고 맑스와 니체, 푸꼬와 데리다를 언급했던 만큼이나 가까이 두고 자주 들춰보는 공통 교양서가 되기를 기대한다. 그러기 위해 원문의 의도를 훼손하지 않는 범위에서 되도록 오늘날의 언어에 가깝게 풀어 싣고자 노력했다. 핵심저작 앞에 실린 편자의 서문은 해당 사상가의 사유를 개관하며 입문의 장벽을 낮추는 역할에 더하여, 덜 주목받은 면을 조명하고 새로운 관점을 보탬으로써 독자들의 시야를 넓혀 각자 또 다른 해석자가 되도록 고무한다. 부록과 연보는 사상가를 둘러싼 당대적·세계적 문맥을 더 면밀히 읽는 데 도움이 되고자 한다.

사상선 각권이 개별 사상가의 전체 저작에서 중요한 일부를 추릴 수밖에 없었듯 전체적으로도 총 30권으로 기획되었기에 어쩔 수 없이 선별적이다. 시기도 조선시대부터로 제한했다. 그러다 보니 신라의 원효나 최치원같이 여전히 사상가로서 생명을 지녔을뿐더러 어떤 의미로 한국적 사상의 원류에 해당하는 분들과 고려시대의 중요 사상가들이 제외되었다. 또 조선시대의 특성상 유교사상이 지나치게 큰 비중을 차지한 느낌도 없지 않을 것이다. 하지만 조선의 유학 자체가 송학 내지 신유학의 단순한 이식이 아니라 중국에서 실현된 바 없는 독특한 유교국가를 만들려는 세계사적 실험이었거니와, 이 시대의 사상가들이 각기 자기 나름으로 유·불·선 회통이라는 한반도 특유의 사상적 기획에 기여하고자 했음이 이 선집을 통해 드러나리라 믿는다.

조선시대 이전이 제외된 대신 사상선집에서 곧잘 소홀히 되는 20세기 후반까지 포함하며 이제껏 사상가로 이야기되지 않던 문인, 정치인, 종교인을 다수 망라한 점도 본서의 자랑이다. 한번에 열권씩 발행하되 전부를 시대순으로 간행하기보다 1~5권과 16~20권을 1차로 배본하는 등 발간 방식에서도 20세기가 너무 뒤로 밀리지 않게 배려했다. 1권 정도전에서 시작하여 30권 김대중으로 마무리되는 구성에 1인 단독집만이 아니라 2, 3, 4인 합집을 배치하여 선별의 아쉬움도 최대한 보충하고자 했으나, 사상가들의 목록은 당연히 완결된 것이 아니고 추후 보완작업을 기대해야 한다. 그럼에도 이 사상선을 하나의 '정전'으로 세우고자 했음을 굳이 숨기고 싶지 않다. 다만 모든 정전의 운명이 그렇듯 깨어지고 수정되고 다시 세워지는 굴곡이야말로 한국사상의 생애주기에 꼭 필요한 일이다. 아니, 창비 한국사상선 자체가 정전 파괴와 쇄신의 정신까지 담고 있음에 주목해주시기를 바란다. 특히 수운 최제우와 소태산 박중빈 같은 한반도가 낳은 개벽사상가를 중요하게 배치한 점은 사상선의 고유한 취지를 한층 부각해주리라 기대한다.

창비 한국사상선은 1966년 창간 이래 60년 가까이 한국학에 남다른 관심을 기울여온 계간 『창작과비평』, 그리고 '독자와 함께 더 나은 세상을' 꿈꾸어온 도서출판 창비의 의지와 노력이 맺은 결실이다. 문명적 대전환에 기여할 사상, 그런 의미에서 단순히 개혁적이기보다 개벽적이라 불러야 할 사상에 의미 있는 보탬이 되고 대항담론에 그치지 않는 대안담론으로서 한국사상이 갖는 잠재성을 세계의 다른 구성원들과 공유하는 계기가 된다면 더없는 보람일 것이다. 오직 함께하는 일로서만 가능한 이 사상적 실천에 독자 여러분의 많은 관심과 참여를 부탁드린다.

2024년 7월
창비 한국사상선 간행위원회 일동

차례

일러두기

1. 국립국어원 표기 규정을 따르되, 일부 표기에는 가독성과 당대의 맥락을 고려했다.
2. 각주는 모두 편저자의 것이고, 원주는【 】안에 표기했다.
3. 이 책을 집필하면서 아래의 책을 참고했음을 밝힌다.

동국대 불교학술원『함허당득통화상어록』한글본 한국불교전서 조선 38, 동국대 출판부 2017.
동국대 불교학술원『현정론 유석질의론』한글본 한국불교전서 조선 63, 동국대 출판부 2021.
동국대 불교학술원『청허당집』한글본 한국불교전서 조선 27, 동국대 출판부 2016.
대한불교조계종『정선 휴정』한국전통사상총서 불교편 3, 대한불교조계종 2010.
동국대 불교학술원『경허집』한글본 한국불교전서 조선 34, 동국대 출판부 2016.

조선 불교를 빛낸 거장들, 함허·청허·경허

여말선초의 변동과 조선 불교의 특성

불교는 삼국시대에 전해진 이래 사유와 가치, 종교와 문화 등 여러 영역에서 전통의 주축을 이루어왔다. 하지만 고려 말에 신유학인 성리학이 수용되고 1392년 유교를 국가 통치 이념으로 내세운 조선이 건국되면서 이전과는 다른 양상이 펼쳐졌다. 고려 말에서 조선 초를 가리키는 여말선초 시기에는 유불 교체, 다시 말해 상부 구조에서 불교로부터 유교로의 대전환이 이루어졌다. 여기에는 성리학으로 무장한 사대부들의 약진과 함께 불교계의 경제적 비대화에 따른 폐단, 자정 능력 상실 등이 중요한 원인으로 작용했다.

여말선초는 동아시아의 패러다임이 바뀌는 시기이기도 했다. 중국은 원에서 명으로, 한국은 고려에서 조선으로 왕조가 교체되었고, 일본에서는 가마쿠라에서 무로마치 막부로의 이행이 일어났다. 몽골이 세운 원은 중화(중국)와 이적(오랑캐)이 다르지 않다고 주장했지만, 명은 양자를 차등적으로 구분하는 화이론華夷論의 시각에서 중화의 우월성을 앞세웠다. 조선도 화이론과 성리학을 정면에 내걸면서 고려의 풍속, 그중에서도 사상적 경쟁자라고 할 수 있는 불교에 대한 비판의 수위를 높여갔다.

고려 말의 대표적 신유학자인 이색李穡은 공민왕이 즉위한 1351년에 "불교의 오교양종五敎兩宗이 이익을 위한 소굴이 되고 놀고먹는 백성들이 많습니다. 도첩度牒(정식 승려 자격증)이 없는 승려는 군대에 소속하게 하고 새로 지은 사찰은 철거하여 양민良民이 함부로 승려가 되지 않게 히소서"라는 상소를 올렸다. 여기에서 볼 수 있듯이 14세기 중반부터 거세진 배불론은 처음에는 주로 현실의 사회경제적인 문제에 초점이 맞추어져 있었다. 하지만 고려 사회에서 강고한 기반을 가졌던 사원과 불교계를 쳐내고 근본적 개혁을 추진하는 일은 그리 쉬운 문제가 아니었다.

불교에 대한 비판은 여기서 멈추지 않고 정치와 윤리의 영역뿐 아니라 승려들이 허황한 말로 백성을 속인다는 혹세무민설로 옮겨갔다. 당시 성리학자들은 불교가 부모와 군주를 저버리고 인륜을 도외시하는 오랑캐의 가르침이라고 매도했고, 인과응보로 상징되는 업業과 윤회輪廻 같은 믿을 수 없는 내세 관념으로 세상과 백성을 속여왔다고 비난했다. 여기에는 불교가 삶의 현실을 떠난 관념적 허무주의에 빠져서 국가 운영에 해가 되고 윤리마저 부정하는 이단이므로 이를 배척해야 한다는 근본주의적 시각이 깔려 있다. 조선왕조를 세우는 데 중요한 역할을 담당한 정도전鄭道傳도 『불씨잡변佛氏雜辨』에서 불교가 인륜 도덕을 저버리고 국가에 해악이 된다며 날 선 비판을 가했다.

이에 대한 조선 초기 불교계의 대응 논리는 불교의 현실적 존재 이유와 윤리적 정당성, 국가 및 사회에의 기여, 불교와 유교의 사상적 일치 등을 주장하는 것이었다. 불교가 국가 운영과 사회 교화의 측면에서 큰 역할을 해왔고 사상적으로도 유교와 크게 다르지 않다는 옹호론인 셈이었다. 함허 기화涵虛己和의 『현정론顯正論』이나 저자 미상의 『유석질의론儒釋質疑論』 같은 호불 논서에서는 불교의 인과론, 계율과 수행 등이 유교의 인仁과 다름없고 덕치德治의 실현에 도움이 된다고 하여 그 정치적 효능을 강조했다. 또 태극太極과 무극無極, 음양오행陰陽五行 등을 법신法身·보신報身·화신化身 등의 불교 용어와 교리에 대비시켜 설명했다. 특히 살생 금지를 포함한 불교의 오계五戒는 유교의 인의예지신仁義禮智信의 오상五常과 같다고 주장하면서, 일심一心에 의한 유교와 불교의 일치를 강조했다.

조선이 세워진 후 배불의 기조는 정부의 기본 방침이 되었고 태종 대에는 억불 정책이 본격적으로 추진되었다. 그렇기에 조선시대를 흔히 '숭유억불崇儒抑佛'이라는 말로 표현하는데, 조선시대 불교라 하면 얼핏 떠오르는 이미지가 억압과 쇠퇴인 것도 여말선초에 시작된 배불론의 연장선 위에 있다. 그 결과 지금까지도 조선에 와서 불교가 유교에 철퇴를 맞아 여성과 서민의 비주류 신앙으로 겨우 명맥을 유지했다는 인식이 지배적이다.

하지만 조선시대에도 불교는 계속 이어졌고, 억불의 강도와 기조, 대처 방식은 시기마다 조금씩 다르긴 했지만 사찰을 전부 없애거나 승려를 환속시키는 말 그대로의 폐불 조치는 단 한번도 이루어지지 않았다. 오히려 불교에 대해 방임하거나 그 가치를 적극적으로 인정하고 활용한 시기가 대부분이었다. 특히 청허 휴정清虛休靜이 임진왜란 때 의승군을 일으켜 나라를 위기에서 구한 충의의 공적을 세운 이후 불교에 대한 인식이 바뀌었고 윤리에 대한 비판 또한 극복할 수 있었다.

이처럼 불교계는 시대와 공존하면서 스스로의 활로를 찾았고 선과 교, 신앙과 의례 전통 등의 복합적 계승이 가능했다. 현존하는 전통 사찰과 불상 및 불화, 불서의 대부분은 본격적 유교사회라고 할 수 있는 조선 후기에 조성된 것이다. 이 시기에 간화선 수행과 선종 우위의 인식, 교학의 전승과 화엄의 중시, 염불 정토 신앙의 확산 등 조선 불교의 내적 정체성이 형성되었고 이는 현재 한국 불교의 원형을 이루게 된다

여기서는 조선 초 억불의 거센 파도가 휘몰아칠 때 불교의 가치를 옹호하고 선과 교의 전통을 지켰던 함허 기화, 임진왜란 당시 의승군을 일으켜

구국 항쟁을 이끄는 한편 간화선看話禪 우위의 선교겸수라는 수행 체계를 정립해 조선 후기 불교의 방향성을 제시한 청허 휴정, 끝으로 전통에서 근대로의 이행기에 선의 중흥을 도모하고 승속의 경계를 뛰어넘는 삶을 살다 간 경허 성우鏡虛惺牛의 일생과 사상을 살펴보고, 그 역사적 위상을 평가한 뒤 사상사적 의미를 되새겨본다.

함허 기화

함허 기화涵虛己和(1376~1433)는 조선 초기 불교계를 대표하는 고승이자 학승이다. 태종 대에 본격적으로 시행된 억불 시책의 거센 격랑을 겪었고 선종과 교종의 양종 체제가 출범한 세종 대까지 불교를 지키면서 전통을 이어가기 위해 힘쓴 이였다. 선승으로서 『어록語錄』을 남겼을 뿐만 아니라 경론에 대한 주석서도 썼고, 유명한 호불 논서인 『현정론顯正論』의 저자이기도 하다.

기화는 1376년(고려 우왕 2) 충청도 충주에서 전객시사典客寺事 유청劉聽의 아들로 태어났다. 어려서 유학을 배우고 당시의 국립대학이었던 성균관에 입학하여 성리학을 공부했다. 하루는 북한산 승가사僧伽寺에서 한 승려와 이야기를 나누다가 불교에 관심을 가지게 되었다. 21세가 되던 1396년(태조 5)에 성균관 동료의 죽음을 계기로 인생의 무상함을 느끼고 관악산 의상암義湘庵에서 출가했다. 이때 그가 받은 법명은 수이守伊였고 법호는 무준無準이었다.

이듬해 경기도 양주의 회암사檜巖寺로 가서 당시 불교계 최고의 위상을 가졌던 무학 자초無學自超(1327~1405)를 만나 그의 가르침을 받았다. 자초는 태조 이성계와의 인연으로 조선의 처음이자 마지막 왕사가 되어 불교계를 주도한 인물이었다. 그는 1393년에 스승인 나옹 혜근懶翁惠勤

(1320~1376)의 탑을 회암사에 건립했고, 1397년 태조의 명으로 회암사 북쪽에 수탑壽塔을 세웠다. 기화가 회암사에서 자초를 만난 것은 이 무렵의 일이었는데, 이후 다른 곳에 가 있다가 1404년 봄에 회암사로 다시 돌아와 3년간 수행에 매진했다.

1405년(태종 3)에 무학 자초가 입적하자 다음 해에 기화는 공덕산 대승사大乘寺로 가서 4년 동안 세차례에 걸쳐 『반야경』을 강의했다. 그런데 이 때 태종의 강력한 억불 시책으로 11개 종파 242개 사원이 국가의 승정 체제 안에 두어졌다. 242사는 조계종과 총지종을 합쳐서 70사, 천태소자종과 천태법사종 43사, 화엄종과 도문종 43사, 자은종 36사, 중도종과 신인종 30사, 남산종 10사, 시흥종 10사였다. 이때 회암사는 특별한 대우를 받아 전토 100결과 노비 50명을 추가로 지급받았는데 이는 태상왕(태조)이 회암 사를 자주 찾아 머문 인연 때문이었을 것으로 보인다. 이때 242사를 제외한 전국의 사찰에서 사사전 3, 4만결, 사사노비 8만명을 속공했는데, 비록 사찰 전체를 없애거나 승려를 환속시키는 말 그대로의 폐불은 아니었지만 사원 경제가 막대한 타격을 입은 것은 사실이다.

이듬해인 1407년에는 11개 종파를 다시 조계종, 화엄종, 천태종, 자은종, 중신종, 총남종, 시흥종의 7개 종파로 통합·축소했다. 또 승정 체제에 포함된 242사 가운데 지방 읍치에 있던 고려 이래의 비보사裨補寺(자복사資福寺) 88개를 빼고 대신 명산대천에 있는 사찰을 새로 지정했다. 이는 지역 공간의 유교적 재편 추진과 맞물린 것으로서 고려적 전통과 관련된 지방 중심지의 유력 사찰을 없애거나 그 위상을 낮추려는 시도였다.

기화는 1410년 여름부터 개성 천마산 관음굴觀音窟에서 참선에 정진했는데 관음굴은 세종 대에 선종 18개 사찰에 들어갔을 정도로 당시 왕실불교의 중요한 기점이었다. 1411년 가을부터 3년은 불희사佛禧寺에 머물렀고, 1414년 봄부터는 황해도 평산의 연봉사煙峯寺에 있으면서 당호를 함허당涵虛堂이라 했다. 1417년부터 2년간은 『금강경오가해金剛經五家解』를 세번 강의했는데 그 강의안이 바로 『금강경오가해설의金剛經五家解說誼』였다. 1420년(세종 2)에는 강원도 오대산에 가서 영감암靈鑑庵의 나옹 혜근 진영에 참배했는데, 혜근은 자초의 스승으로서 기화에게는 조사祖師가 된다. 이때 꿈에서 신이한 승려가 나와 기화라는 법명과 득통得通이라는 호를 지어주었다고 한다.

1421년 가을에는 세종이 명으로 개성 대자암大慈菴에 가서 세종의 모후이자 태종의 비인 원경왕후를 천도하는 영산재靈山齋를 베풀었다. 대자암은 태종의 넷째 아들 성령대군이 어려서 죽자 그를 위해 세워진 곳이었는데, 세종이 즉위 후 감로사甘露寺의 노비 100명을 옮겨주었을 정도로 중요한 왕실 사암이었다. 1420년 원경왕후가 세상을 뜨자 삼재三齋를 비롯한 재회가 이곳에서 열렸고 전토 50결이 내려졌다. 또 몇 년 후에는 선종 18사에 들어가면서 원래 보유하던 153결에 97결의 토지가 추가로 더해졌고 거주 승은 120명이 인정되었다. 이러한 재정적 기반이 있었기에 세종비 소헌왕후의 삼재와 기신재忌晨齋도 대자암에서 치러질 수 있었다.

1424년(세종 6)에는 여러 불교 종파를 선종과 교종의 양종으로 통합하면서 선종·교종에 각각 18개씩 모두 36개 사원을 국가의 승정 체제 안에 두었다. 이 사찰들은 앞서 태종 대에 전국 군현의 대표 사찰로 242사를 정한 것과 달리 광역 도 단위로 지정되었는데, 서울과 경기도의 17개 사사를 포함해 20개 이상이 왕실과 관련이 깊은 사찰이었다. 선교양종 36사에 공식 허용된 승려 수는 3,770명, 사사전은 7,900여결이었다. 당시 최대 사찰이었던 회암사에는 250명의 승려와 500결의 전지가 허용되었다. 이때 승정을 주관해온 행정관청인 승록사僧錄司가 폐지되었고 대신 서울 흥천사興天寺와 흥덕사興德寺에 선종과 교종의 도회소都會所를 두었으며 승과僧科도 선종과 교종에서 각각 시행하게 되었다.

선교양종 체제가 시작된 1424년에 기화는 대자암을 떠나 길상산, 공덕산, 운악산 등을 두루 다니며 교화를 펼쳤다. 1431년에는 문경 희양산 봉암사鳳巖寺에 가서 중건 불사를 벌였다. 그리고 2년이 지난 1433년(세종 15) 4월 1일에 임종게를 남기고 입적했다. 제자로는 문수文秀와 홍준弘濬, 그리고 학미學眉, 달명達明, 지생智生, 해수海修, 도연道然, 윤오允悟, 원징元澄 등이 있었다. 세조 대 간경도감의 불서 언해에 관여했던 신미信眉도 같은 나옹계의 고승이었다.

조계종을 거쳐 세종 대에 선종에 소속된 기화는 당시 주류였던 나옹계에 속한 조선 초의 대표적 선승이었다. 그런데 그는 교학에도 정통하여 경론에 대한 주석서를 남겼고, 『현정론』을 지어 당시의 불교 비판론에 반박하며 유교와 불교의 공존을 추구했다. 그의 저작 목록을 보면 『현정론』 외에도 선승으로서의 면모가 확연히 드러난 『함허당득통화상어록涵虛堂得通和尙語錄』 1권과 『선종영가집과주설의禪宗永嘉集科註說誼』 2권이 있고, 경전에 대한 주석서인 『금강경오가해설의』 2권, 『금강경윤관金剛經綸貫』 1권, 『원각경설의圓覺經說誼』 3권이 현존한다. 또 지금은 전하지 않지만 『반야참문般若懺文』 1권을 지었다고 한다.

기화가 지은 저술의 내용과 사상적 특징을 하나하나 살펴보자. 먼저 『함허당어록』은 조선시대에 보기 드문 승려 어록으로, 기화가 세상을 떠나고 7년이 지난 1440년(세종 22)에 제자인 문수에 의해 봉암사에서 간행되었다. 여기에는 교관敎官을 지낸 전여필全汝弼의 서문이 있고, 기문記文과 가찬歌讚, 시와 게송 등으로 구성되어 있다. 29편의 기문 가운데는 원경왕후에 대한 「천왕태후선가법화제삼회薦王太后仙駕法華第三會」 등의 천도문과 제문, 법어法語가 대부분을 차지한다. 또 가찬 11편 중에는 「법화경제法華經題」 「미타경찬彌陀經讚」 「대승기신론석제병서大乘起信論釋題並序」 「종풍가宗風歌」 등이 눈에 띈다. 시는 90여 편이 실려 있고 끝에는 문인인 야부埜夫가 쓴 「함허당득통화상행장涵虛堂得通和尙行狀」이 붙어 있다.

『선종영가집과주설의』의 주석 대상인 『선종영가집』은 중국 당나라의 영가 현각永嘉玄覺(675~713)이 반야般若의 지혜와 마음의 작용에 관해 쓴 책이다. 『선종영가집과주설의』는 꼼꼼한 판본 대조와 교정을 거친 뒤 여기에 주석과 해설을 붙인 것으로, 가장 오래된 판본은 1552년(명종 7) 함경도 고원 도성암道成菴의 개간본이 전하고 있다. 기화가 서문을 직접 썼고『선종영가집』10개 장에 대해 각각 송頌을 지었으며 주요 내용을 해설하는 설의說誼를 붙였다.

『금강경오가해설의』는 기화가 1415년에 서설을 썼고, 1457년에 동활자로 초간되었다. 1632년 경기도 삭녕 용복사龍腹寺, 1634년 함경도 안변 석왕사釋王寺 간행본 등 다수의 판본이 전한다. 선종에서 중시하는 경전인『금강경』에 대한 당의 6조 혜능慧能과 종밀宗密, 송의 야보 천로冶父川老와 종경宗鏡의 해석, 양나라 부대사傅大士의 찬贊을 모은『금강경오가해』를 기화가 다시 해설한 책이다. 이 책의 끝에는 기화의 「득통결의得通決疑」가 들어 있다.

필사본으로 전하는『금강경윤관』은『금강경』을 10개의 문으로 나누고 문답 형식으로 해설을 붙인 책이다. 발심 수행과 깨침의 증득을 말하는 수증修證의 순서로 상·중·하의 근기根機에 따라서 8문을 설정한 것이 특징이다.『금강경』의 구조와 사상의 핵심을 일목요연하게 파악할 수 있으며, 「반야경대의般若經大義」도 수록되어 있다.『금강경오가해설의』보다 기화 자신의『금강경』이해가 이 책에 더 뚜렷이 드러나 있다.

『원각경설의』는 1464년 간경도감에서 간행한 것을 1570년 전라도 광주 무등산 안심사安心寺에서 중간한 목판본이 전한다. '희양산 사문 함허당 득통 해解'라는 기록에서 기화가 희양산 봉암사에 있던 말년의 저작이라고 볼 수 있다.『원각경』은 선승 출신으로 중국 화엄종의 제5조가 된 종밀이 중시한 경전으로, 기화는 종밀의 해석에 근거해 경전의 명칭을 설명하고『원각경』의 체제에 맞추어 12개 장에 걸쳐 12보살과의 문답 내용을 다루면서 자신의 해설을 붙여놓았다.

이처럼 기화는 선과 교에 모두 뛰어난 선승이자 학승이었다. 그는 선

뿐 아니라『원각경』에 나오는 삼관三觀 수행 등 개인의 근기에 따른 다양한 수행법을 폭넓게 인정했다. 그러면서도 화두를 참구한다는 뜻의 '참화參話'를 중시하며 간화선을 최상의 수행법으로 받아들였다. 또한 '돈오頓悟–점수漸修–증오證悟'의 단계를 거치는 '오수증悟修證'의 수행법을 추구했는데 이 돈오점수의 수행 방안은 보조 지눌普照知訥(1158~1210) 이래 주요한 전통으로 자리 잡았다. 여기에는 반드시 믿고 이해한 뒤에 수행으로 궁극적 깨달음에 나아갈 수 있다는 '신해행증信解行證'이 기본 전제가 되었는데, 기화는 신해를 돈오의 깨달음으로 이해했다. 그는 또 "이理를 단박에 깨달았다 할지라도 사事는 한꺼번에 없애기 어렵다. 수행을 일으키지 않는다면 결국 증오로 나아갈 수 없다"라고 하여 '이'와 '사'의 관점에서 돈오와 점수, 그리고 그 결과로서 증오를 말하고 있다.

함허 기화의 교학 이해는『금강경』『원각경』에 대한 주석서, 그리고『법화경』과『대승기신론』등에 대한 찬에 드러난다. 그는 부처의 가르침이 선과 교로 나뉜 것에 대해 "성인의 교화는 언어로 나타내지 않고 가르침을 드러내 보이기도 하며, 중생의 근기를 살펴서 언어를 가져다가 보이기도 한다. 언어적 가르침을 기다리지 않고 깨달아 들어가는 이는 상근기이고 언어적 가르침에 의해 비로소 깨닫는 이가 중근기라면, 몇 차례 되풀이해 열어 보여야만 비로소 깨닫는 이가 하근기이다. 사람의 능력이 같지 않아서 비록 성인의 신묘한 교화라 할지라도 어찌 한꺼번에 모두를 이익되게 할 수 있겠는가? 오직 넓은 자비로써 거듭 이끈 뒤에야 모든 중생의 근기에 두루 대응할 수 있다"라고 했다. 이는 대상의 능력에 따른 방편의 차이로 선과 교가 비롯되었다는 논리다.

『현정론』은 불교에 대한 비판적 질문에 하나하나 답하는 형식으로 불교의 필요성과 가치를 주장한 내용이다. 기화는 불교가 충과 효로 상징되는 윤리 문제에서 본연의 역할을 수행해왔다고 보았다. 구체적으로는 인과응보를 설하고 선행을 권하여 마음으로 따르게 함으로써 인심을 교화할 수 있기에 '수신修身 제가齊家 치국治國 평천하平天下'를 이루는 근본적 방안임을 강조했다. 또 불교 비판의 주된 이유였던 윤회와 업에 대해 자세히 설명하고, 유교와 불교의 이치와 교화의 방편이 다르지 않음을 내세웠다. 이 책은 국가에 의한 승정 체제가 중지된 시기인 1526년 전라도 광양 초천사招川寺본 등 여러 판본이 전한다.

조선 초의 배불 공세에 대한 반박 및 호불의 논리는 『현정론』에 구체적으로 담겨 있다. 기화는 불교가 애착과 욕심을 끊고 윤회를 면하기 위하여 세속에서 벗어나 있지만, '도를 행하고 후세에 이름을 떨치는 것'이 유교의 가장 큰 효이고 국왕의 안녕과 나라의 번영을 기원함이 충이라고 한다면 불교야말로 그 본분을 다해왔다고 자부했다. 또 유교의 인의예지신仁義禮智信의 오상五常이 '살생하지 말고 훔치지 말고 음란한 짓을 금하고 거짓말하지 말며 술 마시지 말라'는 불교의 오계五戒에 대응한다고 보고, 살생하지 않음이 바로 인이라고 강조했다.

한편 중화와 오랑캐를 나누는 화이론華夷論에 입각한 불교 비판에 대해서는 '도가 있는 곳에 귀의하는 것이지 동방(중국)과 서방(인도)은 상대적 개념일 뿐'이라고 반박했다. 또 국가의 흥망은 시세의 운수에 따른 것일 뿐 불교를 숭상하여 나라가 망했다고 하는 것은 비약이라고 보았다. 나아가 승려가 교화를 펴고 중생을 이롭게 한다면 대우받는 것 자체가 문제되지는 않으며 승려 개개인의 잘못을 따질 수는 있지만 불교 전체를 억압하는 것은 부당하다고 주장했다.

기화는 유교와 불교가 근본 원리에서 다르지 않다고 보았다. 그는 불교와 유교 경전의 개념을 대비시켜 양자 사이의 사상적 접점을 찾으려 했다. 예를 들어 『능엄경』의 '묘정명심妙精明心'은 『대학』의 명덕明德이고, '고요함과 비춤'이라는 적조寂照는 『주역』의 '적연부동寂然不動 감이수통感而遂通'과 같은 의미라고 했다. 또한 『원각경』의 원각심圓覺心은 공적하면서도 신령하게 밝아 모든 곳을 밝게 비추고 자신과 남이 다르지 않다는 원융무

애를 설한다고 해석했다. 이처럼 불교는 자신과 남을 동시에 이롭게 함으로써 개인의 수양뿐 아니라 정치와 교화에 도움이 된다고 역설했다.

함허 기화는 조선 초의 대표적 선승이면서 교학에도 정통하여 『금강경』 『원각경』 등에 대한 해설서를 남겼다. 또한 『현정론』을 지어 당시의 불교 비판론을 잠재우고 불교의 장점을 내세우며 유교와 불교가 공존해야 하는 이유와 당위성을 밝혔다. 그는 당시 불교계를 주도했던 나옹계의 법맥을 이었고 태종과 세종 대에 시행된 억불 정책의 소용돌이 한가운데서 불교 전통을 계승하고 그 가치를 지켜내고자 했다.

청허 휴정

청허 휴정淸虛休靜(1520~1604)은 조선시대를 대표하는 고승으로 서산西山 대사라는 별호로 잘 알려져 있다. 16세기 중반에 약 15년간 재건된 선교양 종의 판사判事를 지냈고 임진왜란 때는 8도 도총섭都摠攝으로서 의승군을 일으켜 충의의 공적을 쌓았다. 선승으로서 간화선을 중시하고 선의 우위를 주장하면서도 입문으로 교학의 필요성을 인정했다. 이처럼 선과 교를 함께 닦는 선교겸수의 방향은 조선 후기 불교의 수행 체계 및 강원 교육에서 기본 지침이 되었다. 그는 많은 수의 제자들을 양성하여 조선 후기 불교계의 최대 계파인 청허계의 조사가 되었고, 조선 불교의 정체성을 표방한 태고법통太古法統의 계승자로서 불교 중흥의 기반을 닦았다.

휴정은 평안도 출신으로 성균관에서 공부하다가 지리산에 갔을 때 불교를 접했다. 이때 명리와 허명을 멀리하고 깨달음을 추구하라는 숭인崇仁의 권유로 출가해서 3년간 부용 영관芙蓉靈觀(1485~1571)에게 지도를 받았다. 휴정은 숭인을 양육사養育師, 경성 일선敬聖一禪(1488~1568)을 수계사授戒師, 영관을 전법사傳法師로 모셨다. 그는 수학 과정에서 『전등록傳燈錄』 『선문염송禪門拈頌』『화엄경華嚴經』, 그리고『능엄경楞嚴經』『원각경圓覺經』『법화경法華經』 등을 읽었는데 이는 조선 전기 선종과 교종의 승과 과목을 포함하여 조선 후기 강원 교육과정에 들어간 경전과 선서였다.

1550년(명종 5)에 문정대비에 의해 선교양종이 재건되자 휴정은 1552년 승과에 합격했고 선종의 판사를 맡으면서 교종판사도 겸했다. 문정대비가 세상을 뜨고 이듬해인 1566년에 선교양종이 다시 폐지되었지만 휴정은 그 전에 직책을 이미 그만두고 금강산으로 가서 수행과 교육, 저술에 전념했다. 만년에는 묘향산 보현사普賢寺에 머물렀는데, 휴정이 거쳐 간 지리산, 금강산, 묘향산은 당시 불교의 중심지로서 삼산三山이라고 했다.

1592년 임진왜란이 발발하자 평안도 묘향산에 있던 휴정은 8도 도총섭에 임명되어 나라를 구하는 데 앞장섰다. 그는 앞서 1589년 정여립鄭汝立의 역모 사건 때 거짓 고발을 당하여 옥에 갇혔는데, 휴정이 쓴 글을 읽은 선조가 혐의가 없다면서 그를 풀어주고 직접 그린 대나무 그림을 하사한 인연이 있었다. 조선이 바람 앞의 등불 같은 큰 위기를 맞이한 상황에서 선조는 의주의 행재소로 휴정을 불러 긴급하게 도움을 청했다. 이때 휴정은 "나라 안의 승려 가운데 늙고 병들어 나설 수 없는 자들은 신이 이미 명하여 각자 있는 곳에서 수행하고 신령의 도움을 기원하게 했습니다. 나머지는 신이 모두 소집하여 종군하게 하려 합니다. 신 등이 비록 군역을 지는 부류는 아니지만 이 나라에서 태어나 임금의 은혜와 훈육을 입었는데 어찌 죽음을 아끼겠습니까? 목숨을 바쳐서 충심을 다하겠습니다"라고 하며 평안도 법흥사法興寺에서 전국의 의승군 5천명을 일으켰다.

휴정의 격문을 받고 황해도에서는 제자 의엄義嚴이 승군을 모아 총섭이 되었고 관동의 사명 유정四溟惟政과 호남의 뇌묵 처영雷默處英 등 이름난 승장을 중심으로 전국 각지에서 의승군이 들고일어났다. 의승군은 평양성과 행주산성 등 주요 전투에 참전해 큰 공을 세웠고 이순신李舜臣의 수군에도 가담했다. 또 산성의 축조와 군량 조달 등의 후방 지원 사업도 담당했으며 전후 일본과의 교섭에서 사명 유정이 중요한 역할을 맡기도 했다.

청허 휴정은 선과 교를 겸수하면서도 간화선을 최상의 수행 방식으로 중시했는데, 이러한 기풍은 16세기 조선 불교계의 상황에서 비롯되었다. 휴정의 조사인 벽송 지엄碧松智嚴(1464~1534)은 "연희衍熙 교사로부터 원돈圓頓의 교의를, 정심正心 선사로부터 서쪽에서 온 밀지를 배우고 깨쳤다"는 『삼로행적三老行蹟』의 기록에서 보이듯 선과 교를 함께 닦은 이였다. 특히 지엄은 『대혜어록大慧語錄』과 『고봉어록高峯語錄』을 보고 개에게 불성이 없다는 '구자무불성拘子無佛性' 화두, 그리고 찾아야 할 본분사는 따로 있다는 '양재타방颺在他方' 문구에서 깨달음을 얻었다고 한다. 또 종밀의 『선원제전집도서禪源諸詮集都序』, 종밀의 책을 지눌이 요약한 후 해석을 붙인 『법집별행록절요사기法集別行錄節要私記』로 후학들을 지도하여 지견知見을 깨치게 하고, 고봉과 대혜의 『어록』으로 지해知解의 병을 제거하여 활로를 열게 했다. 이러한 지엄의 교육 방식은 조선 후기 강원 이력과정의 사집과四集科 구성에 거의 그대로 투영되었다. 지엄은 "도를 배우려면 먼저 경전을 궁구해야 하지만 경전은 오직 내 마음속에 있다"라고 해서 교학을 익힌 뒤에 조사선祖師禪의 빠른 경절문徑截門으로 들어가야 한다고 당부했다. 또 "여러 경전을 보고 조사선을 참구하다가 여가에 정토왕생을 기원한다"고 하여 종합적인 수행 방향도 제시했다.

휴정은 조사인 벽송 지엄에 대해 간화선을 주창한 송의 대혜 종고大慧宗杲와 원의 임제종 선승 고봉 원묘高峰原妙를 멀리 이었다고 하면서, "대사가 해외의 사람으로서 500년 전의 종파를 비밀히 이었으니 이는 정程(정호程顥와 정이程頤)·주朱(주희朱熹)의 무리가 천년 뒤에 나와서 멀리 공자孔子와 맹자孟子의 계통을 이은 것과 같다. 유교나 불교나 도를 전하는 데 있어서는 마찬가지이다"라고 평가했다. 이후 휴정의 제자 편양 언기鞭羊彦機는 1625년부터 1640년까지 임제태고법통설을 제기했는데, 이는 고려 말 태고 보우太古普愚(1301~1382)가 원의 임제종 선승 석옥 청공石屋淸珙에게 전수해온 법맥이 환암 혼수幻庵混修-구곡 각운龜谷覺雲-벽계 정심碧溪淨心-벽송 지엄-부용 영관을 거쳐 휴정까지 이어졌다는 내용이다.

휴정의 전법스승인 부용 영관은 출가 후 신총信聰 법사에게 교학을 탐구한 뒤에 참선 수행에 전념하는 등 선과 교에 모두 정통했다. 1530년에 지리산의 벽송 지엄을 찾아가 가르침을 받은 뒤 20년 동안 해결하지 못한 마음속의 의문을 풀었고, 3년 동안 지엄 문하에서 수행한 뒤에 40년 가까이 후학을 양성했다. 그는 제자들을 가르칠 때 공안公案을 참구하여 활연히 깨닫게 했다. 또한 유가의 『중용』, 도가의 『노자』 『장자』에도 밝았고 칠요七曜와 구장九章, 천문과 의술 등에 두루 밝아서 유생들도 많이 배우러 왔다. 이에 대해 휴정은 "호남과 영남에서 유불도 삼교에 통달한 속인들이 대사로부터 교화를 받았다"고 평했다. 영관의 동문이자 휴정의 수계사였던 경성 일선도 지엄에게 활구를 익히고 경절문 참구에 전념했으며, 평상이 부러질 정도로 많은 선비들이 그에게 몰려왔다고 해서 해동의 '절상회折床會'로 불렸다 한다.

휴정의 높은 위상을 반영하여 그의 문하에서는 수많은 고승이 배출되었는데 대표적으로는 청허계의 4대 문파를 이룬 정관 일선靜觀一禪(1533~1608), 사명 유정(1544~1610), 소요 태능逍遙太能(1562~1649), 편양 언기(1581~1644)를 들 수 있다. 문집을 남긴 제자만 해도 일선, 유정, 태능, 언기 외에 영허 해일暎虛海日(1541~1609), 제월 경헌霽月敬軒(1544~1633), 청매 인오靑梅印悟(1548~1623), 기암 법견奇巖法堅(1552~1634), 중관 해안中觀海眼(1567~?), 영월 청학詠月淸學(1570~1654), 운곡 충휘雲谷沖徽(?~1613) 등이 있다. 휴정은 다수의 저작을 남겼는데, 문집인 『청허당집淸虛堂集』과 주저 『선가귀감禪家龜鑑』 외에도 『삼가귀감三家龜鑑』 『운수단雲水壇』 등이 있고, 짧은 기문으로는 「선교결禪敎訣」 「선교석禪敎釋」 「심법요초心法要抄」 등이 전한다.

『청허당집』은 휴정의 생애와 사상을 오롯이 담아놓은 시문집으로, 충의를 실천한 고승이자 선승으로서의 지향점과 복합적 면모가 잘 드러나 있다. 여기에는 오언절구, 칠언율시 등 다양한 형식의 시, 사辭와 잡저雜著, 기문과 명銘, 서문과 발문, 소疏와 모연문募緣文, 서간문 등이 수록되어 있다. 이는 휴정의 행적과 교유 관계, 시대 분위기와 사상적 특징을 보여주는 중요한 자료들이다. 「상퇴계상국서上退溪相國書」 「상남명처사서上南冥處士書」 같은 편지글에서 이황李滉, 조식曹植 등 당대 최고의 유학자들과 교유한 사실이 확인되며, 그 밖에 현실 인식은 물론 불교의 가치를 선양하려는 노력도 볼 수 있다. 특히 「상완산노부윤서上完山盧府尹書」는 자서전적 성격의 글로서 편양 언기가 쓴 행장과 함께 연대기적 가치가 있다. 시에서도 개인적 서정과 자연 및 경관의 찬미, 선적 해탈의 경지 등 다채로운 모습이 새겨져 있다.

『청허당집』의 판본은 1630년 경기도 삭녕 용복사에서 편양 언기가 주관하여 보진葆眞 등과 함께 간행한 7권 2책 본이 주로 유통된다. 이 밖에도 사명 유정의 유훈으로 1612년에 초간되고 1666년 동리산 태안사泰安寺에서 개판한 2권 1책 본, 그리고 2권 본과 7권 본을 합쳐 18세기 말 이후 간행된 묘향산 장판藏板 4권 2책 본이 전한다. 간행 순서대로 2권 본에는 허균許筠의 서문, 7권 본에는 이식李植의 서문, 4권 본에는 정조의 「서산대사화상당명西山大師畫像堂銘」 및 「수충사사제문酬忠祠賜祭文」(1794)이 들어 있다.

『선가귀감』은 조선 불교 법통의 연원인 임제종臨濟宗의 간화선을 내세우면서도 선과 교를 함께 닦는 수행 방안을 제시한 책이다. 당시 선과 교의 갈등을 극복하는 길을 모색하면서 선종을 중심으로 한 불교 이해의 지침서를 쓴 것이다. 이 책에는 임제종·조동종曹洞宗·운문종雲門宗·위앙종潙仰宗·법안종法眼宗의 선종 5가의 기풍, 임제종 및 간화선 수행법, 선교겸수의 방식, 염불과 계율, 진언다라니 등 다양한 내용이 수록되어 있다. 여기서 휴정은 부처가 마음을 전한 것이 선이고 말로 드러낸 것이 교임을 전제로 하면서도, 선종 5가 가운데 임제종을 높이 평가하고 화두를 의심하고 참구하는 간화선의 우월성을 내세웠다.

『선가귀감』은 1564년에 집필이 끝나고 1569년 묘향산 보현사에서 먼저 언해본이 나왔는데 이후 1610년 전라도에서 판각된 목판이 송광사松廣寺에 전해져왔다. 언해본은 휴정의 제자 금화도인金華道人 의천義天이 간행한 것으로 휴정의 동문인 부휴 선수浮休善修(1543~1615)가 교정을 보았다. 1579년 지리산 신흥사新興寺에서 처음 간행한 한문본은 언해본을 간추려서 낸 것으로 의천이 교정에 참여했고 사명 유정의 발문이 붙어 있다. 『선가귀감』은 일찍이 일본에 전해져 1630년대와 1670년대에 다섯차례 간행되었다. 그뿐 아니라 17세기 말에는 일본 임제종 승려 고린 젠이虎林全威가 선종 5가 관련 내용에 주석을 단『선가귀감오가변禪家龜鑑五家辯』을 펴냈고, 필자와 연대를 알 수 없는『선가귀감고禪家龜鑑考』도 필사본으로 전한다.

「선교결」은 선과 교의 요점을 정리하고 양자를 비교하며 선의 우위를 주장한 글이다. 휴정은 선과 교를 닦는 이들이 자신의 법만 고집하여 무엇이 옳은지 제대로 알지 못한다고 진단하면서, 종밀 이래의 선교일치설을 내세웠다. 그러면서 교는 선에 들어가는 입문으로서 소승小乘, 연각緣覺, 대승大乘을 건지는 것이고, 선은 교 밖에 따로 전하는 조사의 기풍임을 언급했다. 그는 말미에서 "지금 팔방의 승려들을 대함에 본분사인 경절문徑截門의 활구活句로 스스로 깨우침을 얻게 하는 것이 종사로서 모범이 되는 것이다. 정맥正脈을 택하고 종안宗眼을 분명하게 하여 부처와 조사의 은혜를 저버리지 말라"고 당부했다.

「선교석」은 1586년 사명 유정 등이『금강경오가해』를 들고 찾아와서 선의 종지를 물어보자 휴정이 선과 교의 차이를 설명하면서 선의 우위를 강조한 글이다. 구체적으로는 정혜定慧와 견성見性, 정법안장正法眼藏의 전승과 교외별전敎外別傳의 흐름, 조사선과 여래선如來禪 등에 대한 질문과 답이 실려 있다. 휴정은, 교는 방편이자 입문으로서 알음알이의 이해가 있지만 선은 한 생각조차 없는 교외별전의 가르침이므로, 궁극적으로는 문자나 대상에 집착하지 말고 자신을 직시해야 한다고 보았다. 그런데 이 글에서는 고려 후기의 『선문보장록禪門寶藏錄』에 나오는, 부처에게 선을 전수해주었다는 진귀조사眞歸祖師의 설을 인용하고 있어 주목된다.

『삼가귀감』은 유교·도교·불교의 사상적 특징을 요약하고 비교하여 삼교의 일치와 조화를 주장한 책이다. 유교 부분은 여러 경서에서 핵심 개념을 뽑고 그에 대한 주석을 인용했는데, 『논어』의 천天, 『서경』의 중도中道, 『중용』의 성性·도道·교敎, 『주역』의 계구戒懼 등이 언급되어 있다. 주요 내용은 천天과 심心의 관계, 계구와 신독愼獨 등 마음공부와 실천법 등이다. 도교에서는 『도덕경』과 『장자』를 위주로 하여 천지인天地人의 본체인 도와 그 작용인 덕德, 진인眞人과 안빈낙도安貧樂道, 무극無極 등에 대해 기술했다. 불교에서는 『선가귀감』에서 선과 교 관련 주요 내용을 간추렸는데 간화선 우위의 선교겸수 방안이 제시되어 있다. 결론적으로 휴정은 유가의 천리天理, 현묘한 도를 비유하는 도가의 곡신谷神을 불교의 일심一心으로 회통시켜 삼교를 아우르고자 했다.

저술에 담긴 휴정의 수행 기풍 및 사상을 요약하면, 간화선의 우위를 전제로 하면서도 선과 교를 아우르는 단계적 수행 방안을 제시했다고 볼 수 있다. 이는 『선가귀감』에 나오는 '방하교의放下敎義 참상선지參詳禪旨'라는 말에 압축되어 있다. 그는 "먼저 진실된 가르침에 의해 변하지 않는 불변不變과 인연에 따르는 수연隨緣의 두 뜻이 곧 마음의 성性과 상相이고 돈오頓悟와 점수漸修의 두 문이 수행의 처음과 끝임을 판별한 뒤에 교의 뜻을 내려놓고(방하교의) 오직 마음에 드러난 한 생각으로 선의 요지를 참구하면(참상선지) 반드시 얻는 바가 있을 것이다. 이것이 이른바 출신활로出身活路이다"라고 했다. 다시 말해서 교학을 수행의 입문으로 삼으면서도 어느 정도 단계에 이르면 알음알이의 지해知解에 얽매이지 말고 간화선의 화두를 참구하여 깨달음을 얻어야 한다는 취지로 선과 교를 아우르는 단계적 수행 방안을 제시한 것이다.

간화선은 고려 후기에 보조 지눌이 수용한 이래, 13세기 후반 원의 임제종 간화선풍이 고려에 들어와 본격적으로 유행하면서 선종을 대표하는 수행 방식으로 자리 잡았다. 조선 전기에는 선종과 교종의 두 흐름이 공존했는데 휴정 당시에도 선과 교의 갈등 상황이 이어지고 있었다. 『선가귀감』을 간행할 때 제자 사명 유정이 쓴 발문에서는 "200년간 법이 쇠퇴하여 선과 교의 무리가 각각 다른 견해를 내었다. 교는 5교의 위에 바로 마음을 가리켜 깨달음이 있는 것을 모르고 선에서는 돈오 뒤에 발심 수행이 있음을 몰라서 선과 교가 뒤섞이고 옥석을 구별하지 못한다"고 하여 당시 불교계의 문제점을 지적하고 있다. 이처럼 선과 교가 대립하고 있던 현실을 타개하기 위해 휴정은 선과 교의 전통을 모두 아우르려 한 것이다.

휴정이 내세운 간화선 우위의 선교겸수 방식은 이후 불교계가 전통을 종합적으로 계승할 수 있는 기반이 되었다. 휴정의 제자 제월 경헌은 가르칠 때 입문으로 교학을 연마한 후 선 수행으로 나아갔는데, 후학을 가르칠 때 "지견知見을 분별하여 토대를 쌓게 하고 지해知解의 병을 타파한 후 6개의 법어로 참구의 요절을 삼았다"고 한다. 또 승려 교육과정인 이력과정에서 알 수 있듯이 선과 교를 함께 배우는 것이 관행으로 굳어졌다. 한편 휴정은 여기에서 머물지 않고 선과 교에 염불까지 포괄한 3문 수행 체계의 방향성을 제시하고 유불도 삼교의 공존을 추구했다.

승과 출신으로 선종과 교종의 판사를 역임한 휴정은 임진왜란의 국가적 위기 속에서 의승군을 일으켜 나라를 구했다. 이후 승군 활동의 효용성과 충의의 공적이 인정되면서 불교에 대한 사회적 인식이 바뀌고 존립의 기반이 마련되었다. 이처럼 시대 전환을 추동해낸 그는 조선 불교 선종의 정체성을 대내외에 밝힌 임제태고법통의 전법계승자가 되었다. 또한 그의 계보를 이은 청허계에서는 사명파, 소요파, 정관파, 편양파 등 다수의 문파가 배출되어 조선 후기 불교계를 주도했다.

경허 성우

경허 성우鏡虛惺牛(1849~1912)는 한국 근대 선불교의 중흥조로 알려진 인물이다. 19세기에 선禪 논쟁을 촉발시키며 조사선의 우위를 주장한 백파 긍선白坡亘璇(1767~1852) 이후 선의 기풍이 침체되던 시기에 간화선 수행에 전념했다. 또 이에 그치지 않고 수선修禪결사를 조직하고 『선문촬요禪門撮要』를 편찬하는 등 일상에서의 선의 실천과 대중화를 추구했다. 하지만 말년에는 행방을 알리지 않고 북쪽의 삼수갑산 지역으로 잠적한 후 세속인으로 생활을 하다가 입적하여 논란을 불러일으켰다.

성우는 1849년 8월 24일 전라도 전주 우동리에서 태어났다. 출생연도는 자료에 따라 1846년(서룡瑞龍 화상 행장), 1849년(약보), 1859년(행장)의 세 가지 설이 있는데 1849년 설이 통용되고 있다. 본관은 여산廬山, 속명은 송동욱宋東旭이고, 태어난 해에 부친이 세상을 떠났다. 9세의 어린 나이에 경기도 광주 청계사淸溪寺에서 계허桂虛에게 출가했다. 14세 때 청계사에 머물던 나그네에게 한문을 배우고 『사략史略』『통감通鑑』 등을 읽으며 식견을 넓혔다. 스승인 계허가 환속하면서 추천 편지를 써주자 충청도 계룡산 동학사東鶴寺의 이름난 강사였던 만화 보선萬化普善에게 가서 배웠다. 성우는 여기에서 9년 동안 불교 경론은 물론 유교 서적과 노장 등 외전까지 두루 섭렵했다.

23세 때인 1871년 동학사의 강사로 추대되었고 강의를 하자 사방에서 학인들이 모여들었다. 1879년에는 환속한 스승을 찾아가다가 전염병이 도는 마을에서 죽음 앞에 선 듯한 일생일대의 위기감을 느낀다. 이때 문자로는 생사의 윤회를 벗어날 수 없음을 알고 깨달음을 얻고자 마음을 내게 된다. 그는 동학사로 돌아와 석달 동안 "당나귀 일도 아직 끝나지 않았는데 말의 일이 다가왔다"는 '여사미거마사도래驢事未去馬事到來'의 화두를 참구하며 정진했다. 이것은 당나라 말의 선승 영운 지근靈雲志勤이 남긴 공안

이었다. 이해 11월의 어느 날 성우는 중국 법안종 개조인 법안 문익法眼文益(885~958)의 '고삐 뚫을 구멍 없는 소〔牛無鼻孔處〕'가 무엇이냐는 질문을 듣고는 활연히 깨달음을 얻었다.

1880년에는 친형인 태허太虛가 주지로 있던 충청도 홍주의 천장암天藏庵으로 가서 돈오頓悟 후의 점수漸修에 전념했다. 「행장」에서는 그가 이 무렵에 용암 혜언龍巖慧彦(1783~1841)의 법맥을 잇는다고 자신의 전등 계보를 밝혔다 하며, 이는 청허 휴정의 12세손, 환성 지안喚惺志安(1664~1729)의 7세손에 해당한다고 적고 있다. 성우는 용암 혜언의 법을 영월 봉률永月峰栗－만화 보선萬化普善을 통해 전수했는데, 실제로는 휴정의 13세손, 지안의 9세손으로 보는 것이 맞다.[1] 휴정의 제자 편양 언기로부터 시작하여 환성 지안과 호암 체정虎巖體淨(1687~1748)을 거쳐서 이어진 편양파의 주류 법맥을 계승한 것이다.

다음 해에는 대중 앞에서 「오도송悟道頌」을 읊었는데, "누군가 고삐 뚫을 구멍이 없다 함을 듣고 문득 삼천세계가 나임을 깨달았네. 6월의 연암산 아랫길에 농부들이 한가로이 태평가를 부르노라"라는 내용이다. 「오도가悟道歌」에서는 "사방을 돌아봐도 사람이 없네. 의발을 누가 전해주려나. 의발을 누가 전해주려나. 사방을 돌아봐도 사람이 없도다"라고 읊었다.

이후 선의 등불을 이어갈 전법제자들을 키웠는데, 1884년에 천장암에서 수월 음관水月音觀(1855~1928), 혜월 혜명慧月慧明(1862~1937), 만공 월면滿空月面(1871~1946)을 지도했다. 또 1886년부터는 충청도 서산 일대의 개심사開心寺와 부석사浮石寺를 오가며 법을 설하고 교화 활동을 펼쳐나갔다. 그는 이 시기에 선 수행에 힘쓰면서 선의 기풍을 널리 떨쳤다.

1894년에는 성월 일전惺月一全(1864~1942)의 초청으로 동래 범어사梵魚

---

1   청허 휴정(1세) ― 편양 언기(2세) ― 풍담 의심(3세) ― 월담 설제(4세) ― 환성 지안 (5세) ― 호암 체정(6세) ― 청봉 거안(7세) ― 율봉 청고(8세) ― 금허 법첨(9세) ― 용암 혜언(10세) ― 영월 봉률(11세) ― 만화 보선(12세) ― 경허 성우(13세).

寺로 가서 조실이 되었다. 또 1899년에는 합천 해인사海印寺에 있으면서 고종의 명에 따라 증명법사로서 대장경 인출에 관여했다. 당시 팔만대장경을 세 부 인쇄한 후 해인사를 포함하여 3보 사찰인 통도사通度寺, 송광사에 비치하게 했다. 송광사의 경우 금명 보정錦溟寶鼎(1861~1930)이 주관하여 승려 50명이 해인사에 와서 직접 작업에 참여했고, 인출본을 송광사 장경 전藏經殿에 보관했다. 한편 성우는 해인사에서 수선사修禪社를 만들어 법주가 되었고「해인사 수선사 방함인芳啣印」과「해인사 수선사 창건기」를 지었다. 그는 수선결사를 이끌면서 생각이 같고 행동을 함께하는 사람이 있으면 남녀노소, 귀천과 승속僧俗을 가리지 않고 동참할 수 있도록 하는 등 문호를 활짝 열었다.

이 무렵 제자인 한암 중원漢岩重遠(1876~1951)이 김천 청암사靑巖寺에서 성우의 지도로 깨우침을 얻었다. 성우는 법을 설할 때는 매우 온화하게 또 자상하게 설명했고, 안거를 날 때는 목숨을 겨우 부지할 정도로 적게 먹고 온종일 문을 닫은 채 앉아서 묵언 수행을 했다고 한다. 또 저잣거리에서 사람들과 쉽게 어울리는 등 강의와 수행, 교화 모두에 뛰어났다. 다만 주변에서 도회지로 나가 교화를 펼치기를 권해도 "나는 경성(서울) 땅을 밟지 않을 것이다"라고 하며 적극적 대외 행보에는 주저하는 모습을 보였다.

1900년에는 지리산 천은사天隱寺에서 하안거를 보내고 화엄사華嚴寺로 옮겨갔다. 1902년에는 범어사 금강암金剛庵 및 부산 마하사摩訶寺 불사의 증사證師가 되었다. 1903년에는 해인사를 떠났고 1904년 천장암에서 만공 월면에게 법문을 설한 뒤에 갑자기 종적을 감추었다. 이해에 그는 오대산·금강산 등을 지나 함경도 안변 석왕사에서 오백나한상을 새로 단장하는 불사의 증사를 맡기도 했다. 그 뒤 평안도 강계, 함경도 갑산 등지에서 머리를 기르고 선비 차림을 하며 세속인처럼 생활했다. 이름도 박난주朴蘭洲로 개명하고 서당에서 아이들을 가르치며 훈장 노릇을 하다가 1912년 4월 25일 갑산 웅이방熊耳坊 도하동道下洞에서 입적했다. 그는 "마음의 달 외로

이 둥그니 빛이 삼라만상을 삼키네. 빛과 경계 다 없어지면 다시 이 무슨 물건인가?"라는 임종게를 남겼다. 다음 해인 1913년 7월에 제자 혜월 혜명과 만공 월면이 갑산에 와서 운구하고 다비를 마쳤다.

경허 성우의 제자로는 수월 음관, 혜월 혜명, 만공 월면, 한암 중원이 유명하며, 밀양 표충사表忠寺에 주석하다가 범어사로 옮긴 침운 현주枕雲玄住 도 전법제자에 포함된다. 이 중 만공 월면은 무자無字 화두를 참구하여 법을 전수했고 예산 수덕사修德寺에서 평생 주석하며 선풍을 진작하고 전통적 선 수행법을 지켜나갔다. 또 한암 중원은 오대산 상원사上院寺에 터전을 잡고 계정혜戒定慧의 삼학三學에 기반하여 선과 교를 함께 실천했다.

성우의 저술로는 시문집인 『경허집鏡虛集』이 있는데 1931년 한암 필사본 2권 1책(행장 포함), 1943년 3월 선학원 중앙선원中央禪院 간행 신연활자본 1책의 두 종류가 대표적이며, 필사본 『호서화상법어湖西和尚法語』도 전한다. 한암 필사본에는 1931년 3월 15일에 한암 중원이 쓴 성우의 행장이들어 있는데, 1930년 겨울에 금강산 유점사楡岾寺 선원의 조실로 있던 만공 월면이 오대산의 중원에게 작성을 부탁했다고 한다. 한용운의 서문에의하면 선학원본도 월면이 유고를 추가로 가져와서 간행을 의뢰한 사실을 볼 수 있다. 『경허집』은 법어(15편), 서문(10편), 기문(5편), 서간(4편), 행장(2편), 영찬(7편), 시(5언 및 7언 절구와 율시 등), 가(6편) 등으로 구성되었다.

『경허집』의 주요 내용은 간화선 수행법과 선의 생활화, 선과 교의 융통, 정토 신앙, 계율과 청규 및 결사, 선원의 설립과 제자 양성 등 다양하다. 법어는 여러 선 문헌과 역대 조사의 어록을 인용하여 조사선의 지향점과 화두 참구법을 밝힌 것이다. 시 또한 선의 경지를 읊은 것이 많고, 가송은 깨달음을 얻은 내용인 「오도가」, 본성을 깨닫는 것을 소를 찾는 데 비유해 10단계로 나누어 읊은 「심우송尋牛頌」, 참선의 이유와 공부의 경지를 노래한 「참선곡參禪曲」 등이 대표적이다. 한글로 된 「법문곡」은 법의 실상에 대해 노래한 것으로, 국한문 혼용이나 한글로 된 법어와 가사 등은 불교의 대중화를 위한 그의 진심을 잘 보여준다.

그는 이 밖에도 선 수행의 귀감으로 삼을 만한 책과 글을 모아『선문촬요』를 펴냈다. 이 책의 상권은 1907년 청도 운문사雲門寺, 하권은 1908년 동래 범어사에서 활자본으로 간행되었다. 상권은 혈맥론血脈論, 관심론觀心論, 사행론四行論, 최상승론最上乘論, 완릉록宛陵錄, 몽산법어蒙山法語, 선경어禪警語, 하권은 수심결修心訣, 진심직설眞心直說, 정혜결사문定慧結社文, 간화결의看話決疑, 선문보장록禪門寶藏錄, 선문강요집禪門綱要集, 선교석禪敎釋으로 구성되어 있다.

상권은 초조 달마達磨, 5조 홍인弘忍, 그리고 황벽 희운黃檗希運, 몽산 덕이蒙山德異 등 중국 선승의 저술을 수록했고, 하권은 보조 지눌, 진정 천책眞靜天頙, 환성 지안, 청허 휴정 등 고려 이래 한국 선사들의 저술을 모아놓았다. 이 중「사행론」의 '입도수행강요문入道修行綱要門'은 달마의 설이고「최상승론」은 홍인의 글이며,「진심직설」은 최근에 지눌의 저작이 아님이 판명되었다. 『선문촬요』는 1883년 감로사甘露社에서 나온 『법해보벌法海寶筏』의 체제를 계승하여 중국과 한국의 대표적 선종 서적을 모아놓은 것으로, 선승으로서 경허 성우의 안목과 지향점을 잘 보여준다.

경허 성우의 선 사상에는 몇 가지 특징이 있는데, 삶과 죽음이 큰일이라고 하며 죽음에 대한 실존적 고민을 극복하는 방안으로 화두 참구의 간화선을 택한 점을 우선 들 수 있다. 그는 자유자재한 주체를 지향했고, 마음의 분별이 사라진 무심無心의 경지를 추구했다. 그리고 참구법으로 무자 화두와 '이 뭣고' 화두를 중시했다. 또한 선과 교의 차이를 드러내기보다는 함께 닦을 것을 권장했고, 간화선과 염불선이 방법상에서 차이는 있지만 깨달음을 얻는 공통된 방안이라고 보았다. 한편 그는 일상에서의 생활선을 중시하며 대화와 문답을 통해 선의 기풍을 새롭게 일으키고 승가 안에서부터 선의 대중화를 추진했다. 그렇기에 근대기의 유명한 선의 종장들이 그에게 배우거나 큰 영향을 받은 사실이 우연한 일은 아니었다.

이능화는 『조선불교통사』(1918)에서 당시 불교계의 고승들이 대개 교학 승려이며 선승은 경허와 그 제자 만공과 한암 등 소수에 지나지 않는다고 보았다. 그러면서 조선 후기 불교가 표면적으로는 선종처럼 보이지만 실제로는 선교겸수의 기조 아래 교학 전통을 면면히 계승했다고 평가했다. 이처럼 선이 침체한 상황에서 선종 전통을 지키고 선양하려 했던 경허 성우의 불교사적 가치와 위상은 더 돋보인다고 할 수 있다.

다만 만년에 종적을 감춘 그의 행보에 대해서는 여러 평가가 있다. 승려도 아니고 속인도 아닌 비승비속非僧非俗의 상태, 세속으로의 환속, 선승의 정체성 유지 등 맥락을 달리하는 서로 다른 해석이 그동안 나온 바 있다. 또 당시의 암울한 현실에서 도피하여 은둔했다는 부정적 시각, 신라의 원효처럼 승과 속이 다르지 않고 어디에도 걸리지 않는 초탈한 무애행無礙行의 경지를 보여주었다는 주장 등 정반대의 시각이 공존하고 있다.

제자 한암 중원이 쓴 「행장」에서는 "옛사람의 풍모를 갖추었으며, 뜻과 기운이 과감하고 목소리가 큰 종소리 같았다. 세상의 비방과 칭찬에 동요하지 않음이 산과 같아서 하고 싶으면 하고 그만두고 싶으면 그만두어 남의 눈치를 전혀 보지 않았다. 그래서 술과 고기도 마음대로 마시고 먹었으며 아무런 걸림 없이 유희하여 사람들의 비난을 초래했다. 이는 광대한 마음으로 불이不二의 법문을 증득하여 자유로이 초탈한 삶을 산 것이 아니겠는가?"라고 높이 평가하고 있다. 그러면서도 "후세에 배우는 이들이 화상의 법의 교화를 배우는 것은 좋지만 화상의 행적을 배워서는 안 된다"고 경계하고, "이는 단지 법을 간택하는 안목을 갖추지 못하고 그 걸림 없는 행적만을 본받는 이들을 꾸짖는 것이며, 또 현상에 갇혀서 마음의 근원을 통철하지 못하는 자를 경책하는 것이다"라고 이유를 들었다. 이에 비해 만공 월면이 의뢰해 한용운이 쓴 「약보」에서는 "그 뒤로 세상을 피하고 이름을 숨기고자 갑산·강계 등지로 자취를 감추고 스스로 호를 난주라 하고 머리를 길렀다. 선비의 관을 쓴 채 바라문으로 변신하여 만행두타萬行頭陀로 진흙에도 들고 물에도 들어가서 인연 따라 교화했다"고 긍정적으로 적고 있다.

이처럼 그의 삶에 대한 평가는 약간씩 엇갈리지만 경허 성우는 전통과 근대의 격랑 속에서 큰 혼란을 겪던 불교계에 선의 일상화와 대중화의 화두를 들고 실행에 옮긴 선각자이자 실천가였다. 만년에 홀연히 자취를 감추고 세속의 현실 속으로 들어간 의문의 행보에도 불구하고 그가 근대 선의 중흥조로 우뚝 서게 된 데에는 치열한 문제의식과 투철한 의지, 과감한 실천력이 있었기 때문이었다. 경허 성우의 선의 정신이 지금까지도 이어지고 있다는 점에서 한국 불교에 남긴 그의 유산의 무게는 결코 가볍지 않다.

함허기화

함허기화(1376~1433) 초상

1장
법의 찬탄과 교학 이해

법을 노래하다

법왕을 기리다

천지에 앞서서 법의 왕이 있으니

그 크기 크고도 넓어 온 누리 가득하도다

형상도 없고 소리도 없어서 알기 어려운데

이름 떠나고 문자 떠나니 어떻게 헤아릴 수 있을까

완전한 밝음으로 고요하게 비추니 본체는 영묘하게 통하고

현상에 따라 모습 드러내어 비어 있으면서도 비어 있지 않구나

생겨나지만 생겨남이 없어서 그 자리 적막하고

아득하고 아득하여 있지도 않고 없지도 않도다

신묘하여 헤아릴 수 없고 빨라서 머물게 하기도 어려우니

숨고 드러남이 거침없이 자유롭구나

부싯돌 불꽃이나 번갯불이 오히려 굼뜨고

신의 머리 귀신 얼굴도 그윽하지 못하도다

내버려두면 죽 이어져서 끝없이 작용하고

거두어들이면 빽빽하여 본체를 엿보기 어려운데

털끝이 비록 가늘어도 받아들일 곳이 없고

법의 세계 비록 넓어도 남김없이 담아내는구나

가장 높고도 뛰어나니 다시 더 존귀한 것 없고

부처께서 말씀 전하시자 서로 지켜내었네

신중하고 공경스럽게 반절의 글도 일찍이 허비한 적 없는데

모든 나라에서 노래를 불러 천지를 울리네

크고 완전한 깨달음 깊고 깊은 궁궐이며

법계의 바다 우주 안에 있구나

법신과 보신 양옆에 있고

세 화신은 변방의 영웅이로다

자비로운 빛 비추는 곳 운치가 으뜸이며

하나하나가 태평스러운 풍경이도다

산과 바다를 불태우는 큰불 몇 번을 겪어도

본체는 스스로 안정되어 언제나 변하지 않으니

아 아 아! 이 어떤 모습이던가

희미하게 있는 듯하지만 찾아보면 도리어 비어 있네

늘 서로 마주 보면서도 아는 이가 없으니

부처의 눈 밝다고 해도 자취를 보지 못하네

아 아 아! 이 어떤 물건인가?

중생도 아니고 부처도 아니며

자신도 아니고 남도 아니네

또한 전체도 아니고 하나도 아니구나

아 아 아! 어디에 있는가?

안팎이나 중간이나 어디에도 있지 않고

과거 현재 미래를 다 찾아도 끝내 얻지 못하며

온 세상 두루 찾아보아도 있지를 않네

문마다 옛 모습 그대로 차가운 빛을 뿜고

지금 이 자리에 멈춘 채 사방을 비추도다

배 지나고 칼 찾는 객에게 알리나니

머리 돌려 분주하게 찾을 필요 없다네

늘지도 않고 줄지도 않으며 얻는 것도 잃는 것도 없으니

성인이건 범부이건 다 같은 품성이로다

기쁘면 얼굴 펴고 화나면 눈썹 찡그리며

더우면 시원한 바람 쐬고 추우면 해를 향하네

깊고 깊은 궁궐에 홀로 앉아 있다가

도리어 네거리에서 노닐었으니

환한 해처럼 밝고 옻칠처럼 검으며

이곳저곳 어디나 길이 서로 통하네

언제나 온갖 문에 응하면서도 대응함이 오히려 비었고

일체에 두루 행하면서도 작용은 도리어 같은데

한 줄기 신령한 빛은 오래도록 어둡지 않고

여섯가지 신통한 작용 끝없이 행해지네

몇 번인가 여러 부처의 몸으로 태어나

중생에게 또한 주인이 되었도다

청정한 마니 구슬 온갖 형상 드러내듯

인연 따라 일체 티끌 세상 이루니

하나하나 티끌마다 모든 세상을 품고

하나하나 티끌마다 이 한 몸 나타내네

하늘 꼭대기에 뜬 달 무수한 강물에 내리니

강에 비친 그림자 하늘 위 둥근 달과 같구나

제석천 구슬 두루 밝아 빛을 서로 품고

하나와 전체 서로 늘어서도 뒤섞이지 않으니

털끝마다 국토의 바다 다 담을 수 있고

나와 모든 부처의 본체 서로 합쳐지도다

옛 거울 우연히 만나서 얼굴 비춰보니

나는 그가 아니지만 다른 이가 나타난 것도 아니로다

자비로운 얼굴 보기 어렵다 하지 말기를

세상에 서로 보지 않는 것은 없다네

성인과 범부의 과보가 여기에서 나오건만

이 법왕은 어디에서 왔는지 모르겠구나

(…)

— 『함허당어록涵虛堂語錄』,[1] 가송歌頌류, 「법왕가法王歌」

반야를 읊다

마음 두고 찾는 곳에는 원래 자취가 없고

마음으로 헤아리지 않을 때는 언제나 뚜렷하네

그 속에서 앉거나 눕거나 걸어 다니지만

마음으로 견주며 변별하려 해서는 안 되니

한가로우면 한가로운 대로 바쁘면 바쁜 대로

---

[1]   함허 기화(涵虛己和)의 어록으로 1440년(세종 22)에 제자 문수(文秀)가 봉암사(鳳巖寺)에
      서 간행했다. 기문(記文) 29편과 가찬(歌讚) 11편, 90편에 이르는 시(詩)와 게송(偈頌) 등으
      로 구성되었으며 기문은 천도문(薦度文)과 제문(祭文), 법어(法語)가 대부분이다. 앞에는
      전여필(全汝弼)이 쓴 서문이 있고 끝에는 야부(埜夫)가 쓴 「함허당득통화상행장(涵虛堂得
      通和尙行狀)」이 실려 있다.

피곤하면 다리 펴고 밥이 오면 먹는다네

일상의 작용 떠나지 않으면 늘 아무 일도 없으니

한 줄 차가운 빛에 감출 곳이 없구나

오래된 영험한 그 무엇 눈앞에 있어

땅과도 하늘과도 같아질 수 있네

눈으로 보고 귀로 들어도 소리와 형상이 없고

나가거나 돌아오거나 언제나 고요하도다

한 몸으로 온 누리 허공을 다 품고

한 생각에 모든 시간 녹여낼 수 있다네

사성四聖[2] 육범六凡[3]이 다 그 속에 있고

티끌처럼 무한한 바다 그곳에서 떠나지 않네

매우 심오한 12부의 경전과 율장

도가와 유가와 제자백가의 저술

세간과 출세간의 온갖 법문이 모두 여기서 펼쳐져 나오니

저 태허太虛처럼 감싸지 않는 것 없고

무수한 세계에 두루 미치는 해와 달과 같도다

승려와 속인, 높고 낮은 이 따지지 않고

모두 저 안에서 함께 죽고 함께 산다네

모양 없고 이름 없는 것이 마치 태허 같은데

우리 스승 방편으로 바라밀이라 부르니

마하반야바라밀[4]

분명히 보아도 그 무엇이 없어서

---

2   성문(聲聞), 연가(緣覺), 보살(菩薩), 부처(佛)의 네 성인.

3   여섯 범부. 지옥(地獄), 아귀(餓鬼), 축생(畜生), 수라(修羅), 인간(人間), 천상(天上)의 육도
     (六道) 중생을 가리킨다.

4   분별과 집착을 떠난 뛰어난 지혜의 완성.

산하대지가 허공의 꽃 같고

뛰어나거나 모자란 모습은 물에 비친 달과 같구나

존재마다 근본이 없이 모두 공으로 돌아가니

오직 이 공만은 끝내 없어지지 않으리

지금 어디에서 참된 기틀을 보려는가

달이 지고 구름이 일며 산이 옷을 걸쳤네

눈으로 보고 스스로 긍정하는 이가 어찌 끝이 있겠냐마는

귀로 듣지만 귀머거리 같은 이도 그 수를 알기 어렵네

얻기도 쉽지 않지만 지키는 것은 더 어려우니

움직이거나 멈추거나 언제나 본체를 안정시켜야 하네

누가 허공에 털 한오라기 붙일 수 있겠냐마는

둥근 얼음 달은 영원토록 차갑도다

눈에 꺼풀이 씌어 밝은 빛을 막으니

헛되이 허공의 꽃 보고 높고 가파름을 다투네

다만 눈에서 꺼풀 제거하면

허공은 본래 꽃이 없이 훤히 맑도다

손님이 꿈에서 깨어나고 원숭이 소리 그치니

맑은 바람 밝은 달이 눈에 가득하구나

몇 사람이 샀다가 스스로 다시 판다 해도

한없는 바람 줄기가 여기에서 일어나네

―『함허당어록』, 가송류, 「반야가般若歌」

경론에 대한 해석

『대승기신론』 제목 해설

49년의 광대한 이야기로 (부처의) 한평생을 남김없이 말하고 팔장八藏[5]과 오승五乘[6]의 뛰어난 법을 한 축에 다 드러낸 것은 오직 『대승기신론大乘起信論』뿐이다. 현묘한 공부 오래도록 쌓고 큰 업에 일찍이 공이 있는 이가 아니면 어찌 이처럼 간략하면서도 남김없이 다하는 데 이를 수 있겠는가? 마명馬鳴은 서천西天(인도) 28조사祖師 가운데 한 분으로 당시에 사일대사四日大士[7]로 불렸다. 전생의 큰 서원 이어받아 사바세계의 오천축五天竺에 태어나서 석가모니의 수기授記를 멀리 받고 야사夜奢[8]의 뛰어난 자취를 이었다. 꿈속에 머무는 미혹한 무리들을 위해 끝없는 큰 자비 일으켜, 법을 설하는 글 한 축을 지어서 헤아리기 어려운 가르침의 바다를 포섭했다.

열고 합하는 것이 자재롭고 가리고 나타내는 것에 걸림이 없으니, 열면 한량없이 끝없는 뜻을 나타내고 합하면 오직 일심이문一心二門[9]의 법일 뿐이다. 가리면 사라지지 않는 현상이 없고 나타내면 드러나지 않는 법이 없다. 두 문 안에 많은 뜻을 담으면서도 분명한 조리가 있고 일심을 열어서 끝없는 뜻으로 삼으면서도 한 맛으로 융통한다. 사라지지 않는 현상은 없

---

5   부처의 가르침을 태화장(胎化藏), 중음장(中陰藏), 마하연방등장(摩訶衍方等藏), 계율장(戒律藏), 십주보살장(十住菩薩藏), 잡보장(雜寶藏), 금강장(金剛藏), 불장(佛藏)의 여덟 종류 경장(經藏)으로 분류한 것.

6   해탈의 경지에 이르게 하는 부처의 가르침을 다섯 수레에 비유한 것으로 인승(人乘), 천승(天乘), 성문승(聲聞乘), 연각승(緣覺乘), 보살승(菩薩乘)이다.

7   네 명의 해와 같은 보살로 인도 동쪽의 마명(馬鳴), 남쪽의 제바(提婆), 서쪽의 용수(龍樹), 북쪽이 구마라다(鳩摩羅多)를 가리킨다.

8   부나야사(富那夜奢). 1세기 무렵 인도 화씨국(華氏國) 출신으로 협존자(脇尊者)의 법을 이어받고 마명(馬鳴)에게 전했다고 한다.

9   일심을 진여문(眞如門)과 생멸문(生滅門)의 두 문으로 구조화함.

지만 현상은 분명하고, 드러나지 않는 법은 없지만 법에는 자취가 없다. 열어도 번잡하지 않고 합해도 간단하지 않으며, 가려도 숨겨지지 않고 드러내도 나타나지 않는다.

그렇기에 주고 빼앗는 것이 자유롭고 유지하고 없애는 것이 걸림이 없어서, 여래의 깊은 뜻을 거울에 비추듯이 뚜렷하게 하고 경율론 삼장三藏의 가르침의 바다를 손바닥 가리키듯 분명히 한다. 아직 깨닫지 못한 이가 들으면 구름이 걷히듯이 깨닫게 되고, 이미 깨달은 이가 보면 지혜의 길이 더 높아져서, 삿된 견해는 이로부터 영원히 그치고 혜명은 이로 말미암아 끊이지 않으니, 믿음을 일으키는 유익함은 그 이로움이 매우 넓구나.

이른바 '대승기신론'에서 승乘(수레)은 어떤 법을 비유하고 대大(크다)는 무슨 뜻이며 신信(믿음)은 무엇을 믿는 것이고 기起(일으킴)는 어떤 마음을 일으키는 것인가? 승이란 집안에 전해 오는 보배로서 실어 나르는 도구이고 열어서 구제하는 작용이 있다. 승이 승이 되는 까닭은 체體가 원만하지 않음이 없고 상相이 갖추어지지 않음이 없으며 용用이 두루 미치지 않음이 없기 때문이다. (적합한) 사람이 아니면 전승하는 것을 감당할 수 없고 (마땅한) 힘이 아니면 끌 수 없으며 (참다운) 지혜가 아니면 이끌 수 없다. 탈 것으로 오랜 세월 이어지고 여기저기 전해져서 지금에 이르렀으니 이것이 집안에 전하는 보배가 된 까닭이다. 싣지 않는 물건이 없고 멀리까지 이를 수 있으니 이것이 실어 나르는 도구가 되는 이유이다. 가진 것을 널리 베풀어 중생을 구제함에 모자람이 없으니 이는 열어서 구제하는 작용이 있기 때문이다.

높아서 더 높은 것 없고 넓어서 상대할 만한 것이 없으니 이는 체가 원만하지 않음이 없기 때문이다. 수레바퀴와 바퀴통, 휘감쇠와 비녀장, 그리고 노끈과 새끼줄, 깃발에 이르기까지 구비하지 않은 것이 없으니 이는 현상이 갖추어지지 않음이 없기 때문이다. 싣고 있는 것을 써야 한다면 바로 쓰지만 써도 다함이 없으니 이는 작용이 두루 미치지 않음이 없기 때문이다. 오직 (정통을 잇는) 적자여야 전할 수 있으니 이는 그럴 만한 사람이 아니면 전승을 감당할 수 없기 때문이다. 오직 큰 소여야만 끌 수 있으니 이는 그만한 힘이 아니면 쓸 수 없기 때문이다. 도로가 뚫리고 막히는 것을 알고 앞뒤로 나아가고 돌아설 곳을 분명히 한 뒤에야 이끌 수 있으니 이는 그만한 지혜가 아니면 이끌 수 없기 때문이다.

비유하자면 이와 같지만 법에 비추어보면 이 하나의 큰일은 부처와 조사가 서로 전해온 법의 표식인 법인法印이자 법의 재물을 모두 갖춘 비밀 창고로서 중생을 깨우쳐 세상을 구제하는 작용이 있다. 이 일이 큰일이 되는 것은 또한 체가 원만하지 않음이 없고 상이 다 갖추어지지 않음이 없고 용이 두루 미치지 않음이 없기 때문이니, 보살이 아니면 전하는 것을 감당할 수 없고 큰 근기根機가 아니면 짊어질 수 없으며 지혜가 밝게 통하지 않으면 익숙하게 쓸 수가 없다.

이 하나의 큰일은 부처와 조사가 서로 전하여 (법의) 등불이 끊이지 않은 것이니 이것이 이어 전하는 법의 표식이 되는 까닭이다. 갖추지 않은 법이 없으니 이것이 법의 재물을 모두 갖춘 비밀 창고가 되는 까닭이다. 스스로 이롭게 하고 남도 이롭게 하여 이로움의 작용이 끝이 없으니 이는 열어서 구제하는 작용이 있기 때문이다. 체는 밖이 더 없을 만큼 크게 감싸고 틈이 없는 곳에 미세하게 들어간다. 밖이 없도록 크게 감싸므로 성인과 범부가 여기에 함께 있고 의보依報와 정보正報[10]가 이에 함께 깃들며, 하늘과 땅이 그 안에 있고 해와 달이 그 가운데 머문다. 틈이 없는 곳에 미세하게 들어가므로 티끌끼리 끌어당겨서 있지도 않고 없지도 않다. 이는 체가 원만하지 않음이 없기 때문이다.

세 가지 덕의 비밀 창고는 갖추지 않은 법이 없어서 삼신三身[11]과 사지四智[12]

10　'정보'는 과거에 지은 행위의 과보로서 받은 부처나 중생의 몸이고, '의보'는 그 몸이 의지하는 국토와 의식주 등이다.

11　부처의 세 몸으로, 진리 그 자체인 법신(法身), 보살로서 깨달음을 성취한 보신(報身), 중생

가 원래부터 다 갖추어져 있고, 팔해八解[13]와 육통六通[14] 중에 갖추지 않은 것이 없다. 이것이 상이 갖추어지지 않음이 없는 이유이다. 모든 맑고 깨끗한 진여와 깨달음, 열반과 바라밀을 가르쳐주는 보살들을 내보내니, 이는 작용이 두루 미치지 않음이 없기 때문이다. 이런 큰일은 보살이어야만 전할 수 있고 근기와 힘이 다 갖추어진 뒤에야 짊어질 수 있으며 자비와 지혜를 다 우용하고서야 쓸 수 있다. 이것이 그럴 만한 사람이 아니면 전할 수 없고 그만한 지혜가 아니면 사용할 수 없다고 한 이유이다.

신信은 위에서 말한 바른 뜻을 믿고 다시 그릇된 외도外道의 견해에 물들지 않는 것이다. 기起는 부처가 직접 증득한 것과 같은 큰마음을 일으켜서 궁극의 경지에 곧바로 나아가기를 기약하는 것이다. 논論은 한편으로는 법에 대해 논하는 것이고 한편으로는 사람에 대해 논하는 것이다. 법이란 참되고 거짓됨의 같고 다름을 변별하고 하나와 전체가 서로 포섭함을 밝히는 것이고, 사람의 경우 크고 작은 근기의 마땅함을 판가름하고 그릇되고 바른 것의 득실을 밝히는 것이다. 어두운 거리에 지혜의 햇살을 비추고 먼 길에 지름길을 나타내 다른 길로 빠지지 않게 하며 보배가 있는 곳을 바로 가리켜 보이니 이것이 그 이유이다. '대승기신론'이라는 말의 뜻은 이와 같다.

— 『함허당어록』, 가송류, 「대승기신론석제병서大乘起信論釋題并序」

구제를 위해 현세에 나타난 화신(化身) 또는 응신(應身)을 말한다.

12 번뇌에 오염된 팔식(八識)을 질적으로 전변하여 얻은 네가지 청정한 지혜다. ① 대원경지(大圓鏡智) ② 평등성지(平等性智) ③ 묘관찰지(妙觀察智) ④ 성소작지(成所作智).

13 팔해탈(八解脫). 번뇌의 속박에서 벗어나는 여덟가지 선정(禪定)이다. ① 내유색상관외색해탈(內有色想觀外色解脫) ② 내무색상관외색해탈(內無色想觀外色解脫) ③ 정해탈신작증구족주(淨解脫身作證具足住) ④ 공무변처해탈(空無邊處解脫) ⑤ 식무변처해탈(識無邊處解脫) ⑥ 무소유처해탈(無所有處解脫) ⑦ 비상비비상처해탈(非想非非想處解脫) ⑧ 멸수상정해탈(滅受想定解脫).

14 불교에서 말하는 여섯가지 신통력이다. ① 천안통(天眼通) ② 천이통(天耳通) ③ 타심통(他心通) ④ 숙명통(宿命通) ⑤ 신족통(神足通) ⑥ 누진통(漏盡通).

『원각경』해석

큰 대大에는 세가지 뜻이 있으니 체體의 큼, 상相의 큼, 용用의 큼이다. 원각圓覺의 체는 넓어서 하늘과 땅을 그 범위로 하고 무한한 공간을 포괄하며 원융해서 끝이 없으니 이것이 체가 크다는 것이다.【경전의 여래장如來藏, 구경究竟, 원만圓滿 등이 이것임】삼덕三德[15]을 다 갖추고 법마다 구비하지 않음이 없어서 본래 항하恒河(갠지스강)의 모래알처럼 많은 청정한 공덕의 상이 있으니 이것이 상이 크다는 것이다. 범부도 되고 성인도 되고 오염되기도 하고 청정하기도 하여 모든 체가 인연에 따라서 일체 현상의 사법事法을 성취하니 이것이 용이 크다는 것이다.【경전에서 일체중생이 갖가지 모습으로 나타나 여래의 원만한 깨달음의 오묘한 마음〔원각묘심圓覺妙心〕을 낸다는 것이 이것임】체·상·용의 세가지 다 현상 존재가 두루 소통하고 무궁무진하다는 뜻이 있으니 이 때문에 모두 크다고 하는 것이다. 모든 경전과 논서에 나오는 이른바 크다는 것과 무궁무진하다는 뜻은 모두 이를 근거로 말한 것이다.

(『대방광원각수다라요의경설의』의 '대방광大方廣'에서) 먼저 대大를 쓰고 다음에 방方을 둔 것은 이해가 원만하고 행동이 방정하다는 뜻이다. 이해가 원만하다는 것은 이해가 선과 악, 오염과 청정, 생과 사, 어둠과 밝음의 이치에 통하기 때문이다. '지知가 만물에 두루함'과 같아서 이른바 "사事(현상)를 알지 못함이 없고 이理(이치)에 통하지 않음이 없다"는 것이 이것이다. 행동이 방정하다는 것은 행동할 때 나아가고 멈춤, 취하고 버림이 곧고 바르면서도 옆으로 흐르지 않는 것이다. 이는 "경敬으로 안을 곧게 하고 의義로 밖을 바르게 한다"는 말과 같아서 이른바 "악을 그치고 선에 나아가며 삿

됨을 버리고 바름으로 돌아간다"는 것이다.

광廣 또한 세가지 뜻이 있다. 첫째는 자리自利의 행위가 넓다는 것이고 둘째는 이타利他 행위가 넓다는 것이며 셋째는 자타가 평등하고 원융하여 끝이 없이 넓다는 것이다. 수많은 수행을 모두 닦아 장애를 다 끊어버리는 것이 자리 행위의 넓음이다. 중생에게 나아가 널리 이끌고 구제하여 해탈하게 하는 것이 이타 행위의 넓음이다. 악업을 끊음에 끊어도 끊음이 없고 선업을 지음에 지어도 지음이 없으며 중생을 교화하는데 교화해도 교화함이 없어서, 지키는 것과 어기는 것을 모두 잊고 자와 타가 평등하니 이것이 원융함이 끝이 없는 넓음이다. 끊어야 할 것이 있으면 끊지 않음이 없고 지어야 할 것이 있다면 짓지 않음이 없으며 구제할 것이 있으면 구제하지 않음이 없고, 나아가 생과 사를 꺼리지도 않고 열반을 소중히 여기지도 않아서 생사와 열반에 가고 머무는 데 거리낌이 없으니 이것이 넓다고 하는 이유이다. 이른바 넓혀서 확충하고 중생을 구제해주며 융통하여 걸림이 없다는 뜻이 모두 여기에 포함된다.

오묘하고 밝은 진심眞心은 공적함과 비춤이 동시에 있다. 비추면서도 공적한 것을 법신法身이라 하고 공적하면서도 비추는 것을 진지眞智라고 한다. 진정한 지혜는 사려분별을 끊고, 법신에는 형상이 없으니 형상이 없는 몸이 바로 진신眞身이며 육신인 색신色身은 자신自身이라고 여긴다. 사려분별을 끊은 지혜가 바로 진심인데, 대상에 따라 일어나는 연려심緣慮心을 자심自心으로 여기므로 진지와 혼동하고 색신을 자신으로 여기므로 법신과 착각한다. 이는 다만 법신과 진지에 미혹한 것만이 아니고 또한 색신과 연려심이 진신과 진심이 아님을 알지 못한 것이다.

법신을 비유하면 무한한 저 허공과 같고 색신을 비유하면 허공의 꽃과 같다. 진지를 비유하면 진짜 달과 같고 연려심을 비유하면 허상의 달과 같다. 진신은 형상이 없지만 색신을 몸으로 삼고 진심은 사려분별이 끊어져 있지만 연려심을 마음으로 삼는다. 이는 마치 허공에서 꽃을 보고 달의 주변에서 달의 환영을 보는 것과 같다. 색신은 형상이 있지만 결국 흩어져 없어지게 되고 연려심은 망심이어서 시간에 따라 일어났다 사라진다. 생멸의 실체에 집착하여 그것을 본질로 여겨서 생사윤회를 잘못 보는 것은, 깨닫지 못한 잘못이며 바로 무명無明의 실상이다. 만약 오묘하고 밝은 본체를 깨달아 얻으면 법신을 자신이라 여기고 진지를 자심이라 여기니, 법신과 진지는 본래부터 나고 없어지는 현상이 없으므로 생사윤회를 보지 못한다.

— 『대방광원각수다라요의경설의大方廣圓覺修多羅了義經說誼』[16]

『원각경』풀이

매우 깊고 훌륭한 법 오묘하여 펴기 어려운데
눈 들어보면 바로 앞에 또렷하다네
하나의 책에 한 글자도 없음을 안다면
경전을 보며 어찌 다시 하나하나 언어로 설명하겠는가?

서분序分
광명장光明藏 삼매 속에 범부와 성인이 다 화합하고
평등한 법회에 교화하는 모습 드러내네
한마디 내지 않아도 소리가 땅을 울리고
말을 해도 온전한 기틀 끝내 나타나지 않네

---

16 1464년 간경두감(刊經都監) 간행본을 1570년 전라두 광주 안심사(安心寺)에서 중간한 목판본이 현존한다. 기화가 말년에 봉암사(鳳巖寺)에 있을 때 쓴 것으로 종밀(宗密)의 해석에 근거해 『원각경』의 경전 명칭을 설명하고 『원각경』의 체제에 맞추어 12개 장에 걸쳐 12보살과의 문답 내용을 다루면서 주석을 붙였다.

문수장文殊章

여래 되기 전 보살의 행위를 알고자 하면

문수보살이 질문한 장을 보아야 하리

법이 공하고 공 또한 없음을 깨달아

이로부터 어리석음을 바꾸어 부처가 되었네

보현장普賢章

바른 이해 이루었다면 행위를 일으켜야 하니

보현보살이 그 방도를 물은 까닭일세

환영을 떨쳐내면 떨어질 수 없음에 이르나니

떨어질 수 없는 것은 참되고 변치 않는 것이네

보안장普眼章

환영을 떨쳐낼 최우선의 방법을 알고자 하면

마땅히 보안장을 보아야 하리

몸과 마음의 허깨비, 바른 관찰에 의지해 없애면

맑고 깨끗하며 원만하고 밝은 부처의 경계 드러나리

금강장장金剛藏章

중생과 부처 모두 변하는지 변치 않는지 의심하니

크게 깨달은 이 아니면 그 누가 변별할 수 있을까?

금꽃 한번 부르자 비로소 꿈에서 깨고

구름 흩어진 높고 먼 하늘에 둥근달 떠오르네

미륵장彌勒章

애착의 뿌리 이미 없애고 괴로움의 싹 데쳐버리니

크고 작은 이들 같은 길로 성스러운 숲에 들어가네
지혜의 달 자비의 꽃 삼계에 환하니
생령들이 이로부터 부침을 면하도다

청정혜장淸淨慧章

맑고 깨끗한 하나의 근원 이미 환히 틔었지만
계위階位를 밝히고자 거듭 펴기를 청하네
잘못을 알고 점차 나아가 공이 이루어지니
참됨과 거짓됨 모두 잊고 하늘에 해가 떠오르네

위덕자재장威德自在章

한결같이 따르니 방편은 한량없네
정靜과 환幻과 선禪 세가지가 큰 줄기로다
이 셋을 다른 길로 파악하지 말지라
천 갈래 길 고향으로 돌아가지 않음이 없구나

변음장辨音章

세가지 관법으로 수행의 길 지으면
단수와 복수로 모이고 나뉨이 스물다섯가지이네
꿈속에서 날 밝지 않는다고 함께 걱정하지만
깨어보면 전처럼 해가 중천이로다

정업장淨業章

애초에 깨닫지 못하여 참되고 변치 않는 것을 저버리고
아상我相과 인상人相 일으키니 얼마나 애끓게 괴로웠는가?
네가지 상의 구름 걷히니 하나의 참된 진리 드러나고

바다는 고요하고 하늘은 맑아서 삼라만상 비치네

보각장普覺章

바른 견해 구하고 받들어서 타인도 짓게 하며
원수와 친한 이를 평등하게 보면 고독함이 없으리
네가지 마음 일어나는 곳에 참된 밝음 드러나니
온 땅 위 많은 장님이 함께 눈을 뜨네

원각장圓覺章

바람 그치고 물결 가라앉으니 이미 관법 이루었고
기한이 다하여 방편 따라 몸 절로 편안하네
따로 또 두루 함께 닦으니 비록 길이 달라도
부처의 경계 드러날 때는 두가지가 없네

현선수장賢善首章

이름에 의지해 가르침을 받들고 다시 수행하며
분수에 따라 드러내어 떨치니 뭇 장님 눈을 비비네
종자를 훈습하면 여러 생에 과보 증득해 얻으리니
하늘의 신들이 호위하여 지켜주리라

총송總頌

진실한 가르침 한량없는 뜻을 다 거두어 담았으니
그렇기에 여러 경전을 맑고 깨끗한 눈이라 부르네
미혹의 근원과 완전한 깨달음 비추어 꿰뚫으니
책을 마치고 눈을 들자 길고 짧은 것이 없네

절필絶筆

출가할 당시 처음 뜻은 도를 넓힘에 있었지만

어느새 나이 쉰다섯이 되었네

이 도를 빛낸 크나큰 공이 있지 않기에

다만 거친 문구로나마 황로黃老[17]에 보답하노라

——『함허당어록』, 가송류, 「원각경제圓覺經題」

『법화경』 풀이

법은 다른 법이 없이 하나의 법이고

본체는 형상을 떠나서 미묘하여 헤아리기 어렵네

범부나 성인이나 모자라고 남음이 없으니

연꽃의 아름다움이 여기에 부합하네

서품序品

본래 가진 생각을 펴려 한 줄기 빛 발산하니

온 세상에 함께 드러나서 모두가 아득히 보이네

보살들이 서로 가르침 청하고 답하지 않았다면

그때 모인 이들 어리둥절하여 끝내 알기 어려웠으리

방편품方便品

예전에는 일승一乘을 위해 많은 방편 보였지만

지금은 방편에 기대지 않고 곧바로 높이 드네

모든 시간과 공간의 부처의 지혜가

---

17   원래는 도교의 황제(黃帝)와 노자(老子)를 줄인 말이지만, 여기서는 문맥상 황금빛의 금인 (金人)으로 불리던 부처를 가리키는 것으로 보인다.

모두 석가모니 한 입에서 드러나도다

비유품譬喩品

빛을 내고 입을 열어 대강을 들어 올리니

사십년 동안 감춰진 일 이미 드러났네

사리붇舍利弗[18]만 홀로 알 뿐 누구도 헤아리지 못하니

불난 집의 비유로 다시 널리 알리도다

신해품信解品

손가락 가리켜 달을 볼 수 있고

구하지 않아도 보배로운 가르침 절로 가득하네

예전의 잘못됨과 괴로움 돌이켜 생각해보니

지금 자재로운 몸 된 것 사무치게 기쁘도다

약초유품藥草喩品

가섭迦葉[19]이 견해를 말하니 부처께서 칭찬하고

어리석음 교화하는 참된 자비 다시금 펼쳐지네

이제야 참된 열반 알게 되니

마음 되돌리자 옛 견해 부끄러워지네

수기품授記品

부처의 제자 만이천명인데

---

18   부처의 10대 제자로 지혜가 뛰어나 '지혜제일'로 불렸다.

19   마하가섭(摩訶迦葉). 부처의 10대 제자로서 두타(頭陀) 수행에 뛰어났고 부처 열반 후 경전
과 율장이 성립된 1차 결집을 이끌어냈다.

오직 가섭을 불러서 직접 수기授記**20** 하셨네

무심하게 받기를 구하면 또 마땅히 얻을 텐데

세 성인**21**은 어찌 굳이 수기를 구했는가

화성유품化城喩品

옛날의 길손 가엾어라

그만두려는 마음 깊어 한가로이 지내지 못했네

이끄는 스승의 뛰어난 방편이 없었더라면

어찌 어려움 없이 보배 있는 곳에 이를 수 있었으랴

오백수기품五百授記品

부루나富樓那**22**는 세 성인 이후에 수기를 받았고

오백 아라한은 불제자 아닌 이가 없었네

차례로 수기하여 함께 환희하게 했고

옷 속 구슬의 비유로 사람과 하늘을 감동케 했네

수학무학인기품授學無學人記品

아난阿難**23**과 라홀라羅睺羅**24** 이름 높이 알려졌지만

각각 다르기에 스스로 여쭈었네

이로부터 이천명 모두 수기를 받으니

당시 영취산은 봄 같았을 것이로다

20　부처가 수행자에게 미래에 깨달을 것이라고 미리 예언하고 약속하는 것.

21　부처의 10대 제자 중 목건련(目犍連), 수보리(須菩提), 가전연(迦旃延)을 가리킨다.

22　부처의 10대 제자로서 법을 잘 섬하여 '설법제일'로 불렸다,

23　부처의 10대 제자로서 부처의 설법을 가장 많이 듣고 기억해서 '다문(多聞)제일'로 불렸으며 1차 결집 때 들은 내용을 암송하여 경전과 율장 성립에 크게 기여했다.

24　부처의 10대 제자이며 묵묵히 실천 수행하는 밀행(密行)에 뛰어났다.

법사품法師品

자비와 관용으로 부처님 자리에 앉아

이처럼 경을 설하니 다른 이의 스승에 부합하도다

이는 부처님이 시키신 대로 존경해야 할 것이니

머지않아 마땅히 큰 깨달음을 얻으리라

견보탑품見寶塔品

경의 뜻은 완전하고 수기 또한 원만하여

문득 보배 탑이 눈앞에 솟아나네

분신을 불러 모아 보배 탑을 열어서

예나 지금이나 함께 모여 사람들에 전하라고 권하도다

제바달다품提婆達多品

왕위 버리고 선인仙人 섬긴 것은 오묘한 가르침 때문인데

여자 몸을 바꾸어 성불하는 것도 다른 이유가 아니라네

부귀영화 버리고 도를 배우는 것 참으로 드문 일이니

찰나에 부처가 되는 이 또한 많지 않도다

지품持品

수기 듣고 마음 편해진 모든 성문들과

물러서지 않는 가르침의 바퀴 굴리는 여러 보살들

유포하길 원한다고 부처께 동시에 여쭈니

이로부터 이 경전 전해져서 끊어지지 않았네

안락행품安樂行品

행위가 청정하면 자연스레 사람을 감화시키니

바람이 불면 풀이 눕듯 교화에 어려움이 없도다

법을 설하여 사람들 이롭게 하는 곳 알려면

선과 악, 화와 복을 마땅히 꿈속에서 보리라

종지용출품從地涌出品

사람들 다 덕이 높고 법에는 둘이 없으니

어찌 다른 곳에서 수지함을 허락하지 않으리오

여래의 마음에 다름이 있다고 말하지 말고

다만 자취를 드러내 사람들이 알게 할 뿐이네

여래수량품如來壽量品

부다가야에서 도를 이루어 얻은 바를 드러내고

수많은 중생 교화했다 하니 도리어 의심 드네

보살이 일찍이 물어보지 않았다면

오래전에 성불했음을 누가 알았겠는가

분별공덕품分別功德品

수량품壽量品 설하심을 듣고 이해한 바 셀 수 없는데

부처께서 이해한 대목마다 칭찬하시네

한 품 들은 공만으로도 이미 뛰어난데

크게 쌓아 올린 공덕 헤아릴 수 있겠는가

수희공덕품隨喜功德品

경전 듣고 따라서 기뻐하길 오십번에 이르렀지만

법의 맛 더욱 신묘하건만 생각은 아직 깊지 않도다
부처께서 타인의 공 칭찬함이 또한 훌륭함을 알고
경전의 오묘한 이익 드러내 사람 마음 감화시키네

법사공덕품法師功德品
다섯가지 공덕 갖추고 모범이 될 만하니
이로부터 육천가지 덕이 이루어졌네
감각 작용과 대상, 형상과 마음 모두가 지혜의 그림자인데
지혜가 밝아서 그림자 또한 다 밝도다

상불경품常不輕品
진정한 경전은 무상無相하고 상相은 참되지 않으며
오묘한 행위는 무아無我이고 자아는 오묘하지 않네
경전의 무상을 지키고 무아를 실행하니
저 상불경보살常不輕菩薩[25]을 배움은 천년도 짧구나

여래신력품如來神力品
혀는 범천梵天에 이르고 몸은 빛을 내어
큰 소리 순식간에 온 세상에 퍼지네
이처럼 찬양하고 의지하며 끝없이 기리니
경전의 덕이 끝없이 넓은 줄을 알겠도다

촉루품囑累品
부처께서 정수리 세번 어루만지고 제자들이 세번 아뢴 것은

---

[25] '언제나 가벼이 여기지 않는 이'라는 뜻으로 『법화경』「상불경보살품」에 중생을 위한 구제
행의 구체적 내용이 나온다.

가르침 유포하기 위해 간곡함 보인 것이네
지금 은혜에 보답하려는 이 누구인가
보답하려면 마땅히 이 한 경전 퍼뜨려야 하리

약왕본사품藥王本事品
앞에선 한 몸 태우고 뒤에는 팔을 태우니
이러한 모든 것 묘법연화경 때문이네
이 경전은 다른 경전보다 뛰어나서 가장 높고 훌륭하니
우리 부처께서 간곡히 부촉하신 것임을 알아야 하리

묘음보살품妙音菩薩品
음악을 바치고 발우를 받든 뜻 어디에 있는가
묘음보살 뛰어난 행법 오묘한 도를 넓히네
오늘 과연 신통한 힘 있을 수 있는가
따라 응하여 중생 교화하니 더욱 큰 은혜로다

관세음보문품觀世音普門品
따라 응하여 변화함은 묘음보살과 같으나
두루 응하며 정해진 바 없음은 그보다 뛰어나네
무진의無盡意보살26이 일찍 물어보지 않았다면
보살이 온갖 두려움 없애준다는 것을 누가 알겠는가

다라니품陀羅尼品
실천은 지극히 오묘하고 원만하여 이미 다 이루었으니

---

26   중생을 끝없이 구제하려는 서원을 세운 보살. 『법화경』「관세음보살보문품(觀世音菩薩普門
        品)」은 무진의보살과 관세음보살이 문답한 내용이다.

거듭 의지해 널리 지켜서 다시 기울어짐 없으리
다라니 설하고 경전 널리 펴는 보살 가장 아끼니
신통한 주문 신이한 공덕은 가볍지 않으리라

묘장엄품妙莊嚴品
오묘하고 원만하게 삿된 것 바꾸어 모두를 교화하는데
그사이 삿된 것에 집착하면 바꾸기 매우 어렵네
바른 가르침으로 돌아가 의지하고 널리 지키게 만드니
크게 지키는 공덕과 능력 여기서 볼 수 있구나

보현권발품普賢勸發品
처음에 문수보살에 의지해 믿음을 내니
밝음이 지극하여 삿된 것 뒤집고 덕이 이미 이루어졌네
여기에 머물면 그대로 향상의 도가 어그러지니
보현보살이 항상 해야 할 바를 보여주는 까닭일세

총송總頌
감각 작용과 대상 도외시하지 않고 오묘한 법 밝히니
생사를 떠나지 않으면서 참되고 변치 않음을 보여주네
이를 깨달으면 영취산의 수기 얻을 수 있을지니
어찌 다시 미륵불을 기다려 높이 받들겠는가

일대교적一代敎迹
새벽 해 처음 떠올라 높은 봉우리 비추지만
수많은 바위 골짜기 아직 어둑어둑하네
낮은 산 깊은 골짜기 차츰 모두 밝아지니

그때는 크고 작은 모든 것 맑은 하늘과 함께하리

—『함허당어록』, 가송류, 「법화경제法華經題」

2장
영혼의 위로와 내세 기원

재가자의 천도

왕태후를 천도하는 『법화경』 법회

이 한줌의 향은 그림자 없는 나무 순에서 채취하고 싹 트지 않는 가지 끝에서 거두었습니다. 산승山僧이 오늘 원경元敬 왕태후[1]의 혼령을 받들게 되면서 이를 손수 가지고 와서 향로에서 사릅니다. 엎드려 바라건대 원경 왕태후의 영혼은 마야摩耶부인의 높은 자리에 올라 청정한 교주(석가모니)와 같은 경지를 증득하소서.

이 한줌의 향은 뿌리가 공륜空輪[2]까지 뻗어 있고 잎은 유정천有頂天[3]을

---

1   원경왕후(元敬王后, 1365~1420)를 말하며 조선 제3대 태종의 왕비다. 성은 민씨(閔氏), 본관은 여흥(驪興)이며 1382년 이방원(李芳遠)과 결혼했다. 1400년(정종 2) 세자빈이 되어 정빈(貞嬪)에 봉해졌고 이해에 이방원이 즉위하자 왕비가 되어 정비(靜妃)라는 호칭을 얻었다. 아들인 세종 즉위 후에는 후덕(厚德)왕대비에 봉해졌다. 시호는 창덕소열원경왕후(彰德昭烈元敬王后)이고 태종과 함께 헌릉(獻陵)을 능침으로 했다.

2   불교의 우주관에서 세상을 지탱하는 네개 바퀴의 하나로서 금륜(金輪), 수륜(水輪), 풍륜(風

덮었습니다. 산승이 오늘 주상전하(세종)를 모시고 직접 가져와서 향로에 태웁니다. 엎드려 바라건대 주상전하께서는 영원히 구오九五⁴ 가운데 으뜸이 되시고 오래도록 수없이 많은 백성들의 의지처가 되어주소서.

이 한줌의 향은 하늘과 땅이 그 뿌리로 삼으며 만물이 그 본체로 삼습니다. 산승이 오늘 주상전하를 받들며 몸소 집어 와서 향로에서 태웁니다. 주상전하께서는 황금 가지(남자 자손)가 삼천대천三千大千 세계에 무성하고 옥잎사귀(여자 후손)가 억만번의 봄에 향기롭기를 엎드려 바라옵니다.

이 한줌의 향은 그 뿌리가 깊고 깊어서 헤아릴 수 없고 그 싹이 아득히 희미하여 알기 어렵습니다. 산승이 오늘 공비恭妃전하⁵를 받들게 되어 손수 가져다가 향로에서 불사릅니다. 공비전하의 도가 서왕모西王母⁶처럼 높아지고 공덕이 묘덕妙德⁷과 같아지기를 엎드려 바랍니다.

이 한줌의 향은 그 본체로 말하자면 몸체에 온갖 향을 갖추었고 그 작용으로 말하면 쓰임새가 무수한 세계에 두루 미칩니다. 산승이 오늘 각하를 위해 향을 사르게 되어 직접 집어 와서 향로에 태웁니다. 각하를 위해 분향하여 재난이 사라지고 업의 장애가 다하며, 복이 충족되고 지혜가 원만하기를 엎드려 바랍니다. 수없이 많은 아득한 세계가 넓고 넓은 연꽃 나라로 바뀌고, 꿈틀거리며 움직이는 모든 중생이 다 높고 높으신 부처 되기를 두

輪)의 아래에 있다.

3 욕계(欲界), 색계(色界), 무색계(無色界)의 삼계(三界) 가운데 무색계의 맨 위 하늘이다.

4 『주역(周易)』 '건괘(乾卦)' 6효(爻) 중 제5 양효(陽爻)를 가리키는 말로, 임금의 지위를 가리킨다.

5 공비(1395~1446)는 조선 제4대 세종의 왕비다. 성은 심씨(沈氏)이고 본관은 청송(靑松)이며 1408년 충녕군(忠寧君) 도(祹)와 혼인했고, 1418년 4월 충녕대군이 왕세자에 책봉되자 경빈(敬嬪)에 봉해졌다. 같은 해 9월 세종이 즉위하자 12월에 왕후로 봉해져 공비(恭妃)로 칭해졌다. 세종의 영릉(英陵)에 합장되었고 시호는 선인제성소헌왕후(宣仁齊聖昭憲王后)이다.

6 중국의 고대 신화에 등장하는 여신으로 서극(西極)의 땅에 산다고 하며, 도교에서는 죽지 않는 불사(不死)의 신선으로 추앙되었다.

7 석가모니의 협시보살인 문수보살을 가리킨다.

루 바라옵니다.

──『함허당어록』「천왕태후선가법화제삼회薦王太后仙駕法華第三會」

원경 왕태후 위령 법어

태어남은 한 조각 뜬구름이 일어나는 것이고, 죽음은 한 조각 뜬구름이 사라지는 것입니다. 뜬구름 자체는 철저하게 공空하고 허깨비 같은 몸이 나고 죽는 것도 그러하니, 그 속에 영원하고 신령한 무언가가 있어서 겁화劫火[8]를 겪어도 계속 잠잠합니다. 그래서 말하기를 "담담하기가 향수해香水海[9]와 같고, 깊고 깊음은 보타락가산普陀洛伽山[10]과 다름이 없다"고 하니, 원경 왕태후의 혼령과 온 세상의 뭇 중생들이 일제히 모두 위를 향하는 향상向上의 눈을 떠서 부처님 나라인 천당天堂에서 마음대로 노닐기를 널리 바라옵니다.

──『함허당어록』「위원경왕태후선가하어爲元敬王太后仙駕下語」

혼령을 보내는 법어

하늘은 맑고 해는 온화하며 산문山門은 고요한데 수레가 문을 나서자 대중들이 가지런히 서 있으니 바로 정鄭상국相國의 혼령을 받들어 보낼 때가 아니겠습니까? 정상국의 혼령이 숨을 거둔 뒤에 오늘로 벌써 50여일이 되었습니다. 처음 첫번째 7일부터 마지막 일곱번째 7일까지 다 지났으니, 그 사이에 갖가지 장엄구와 여러 훌륭한 작품들이 모두 상국의 혼령을 위해 왕생하는 길을 천도하고 닦지 않음이 없었습니다. 천도하고 닦았지만 어

---

8   세상이 파괴되는 마지막 시기인 괴겁(壞劫)에 일어나는 큰불.
9   세계의 중심인 수미산(須彌山)을 둘러싸고 있는 바다.
10   관세음보살이 머문다는 인도 남쪽 해안가의 산.

떻게 해야 왕생하는 길을 만들겠습니까? 보고 듣고 느끼고 아는 일에 막힘이 없고, 소리와 냄새, 맛과 감촉에서 언제나 삼매에 들어 있습니다. 만약 이것을 이해한다면 다시 어디에서 따로 왕생의 길을 찾겠습니까?

정상국의 혼령이시여! 막힘 없이 언제나 삼매에 드는 것을 이해하셨는지요? 세상을 비추는 무심한 등불은 바람이 불어도 그 빛이 흔들리지 않습니다. 이 길은 원래 넓고 평탄하지만 다만 발을 내딛기가 어려우니, 상국의 혼령이시여 이미 발을 내딛으셨습니까 아닙니까? 만약 이 길을 밟으면 한 걸음도 움직이지 않고 바로 깨달음의 길에 오를 것이고, 만일 이 길에서 어긋난다면 손으로 무량수불無量壽佛(아미타불)을 가리키시고, 또 무량수불의 한량없는 광명을 향하여 몸을 돌려 나아가십시오.

—『함허당어록』「송혼하어送魂下語」

망자의 천도를 위한 육도 윤회의 설법

하씨河氏[11]의 혼령은 전생에 선善한 업을 쌓아 대갓집에 태어났으며 타고난 성품 또한 영민하여 보통 사람이 상대할 바가 아니었습니다. 부친은 한 나라의 재상으로 밖으로는 훌륭한 덕을 넓혀서 공적과 명예가 세상을 덮었고, 모친은 국대부인國大夫人으로 안으로는 가업을 다스리고 자손들을 선량하게 키웠습니다. 하씨의 덕을 칭송하자면 아름다움을 시샘하는 어리석은 모습이 일찍이 없었고, 집안을 일으킬 만한 풍모를 지녀서 가업이 새로워지고 위아래가 화목했습니다. 그렇기에 선행을 쌓아서 경사가 넘치고 자손이 집안에 가득 차고 노비도 많았으니 이 세상에 살면서 매우 만족스러웠다고 할 수 있습니다.

한스러운 바는, 돌아가는 노정이 너무 빨라 오래도록 부귀를 누릴 수 없

---

11   하륜(河崙, 1347~1416)의 둘째 딸로 경상좌도 절제사 이승간(李承幹)의 부인이다.

었던 것입니다. 그러나 비록 이처럼 무상無常의 두 글자는 온 세상 누구라도 피하기 어려워 부처님 한 분을 제외하고는 현명하고 지혜로운 이들부터 한 사람도 무상에 삼켜짐을 피할 수 없었습니다. 이것으로 보자면 생존하거나 사망한다고 해서 얼마나 기뻐할 것이고 얼마나 슬퍼할 것입니까?

지금 앞에 있는 효자孝子 정랑正郞 이공전李恭全 등이 모친을 위하여 재회를 열고 복을 빈 지 이미 다섯번째 7일의 저녁이 되었는데, 오늘 밤에 특별히 산승에게 청하여 법어를 설해달라고 했습니다. 산승은 업의 뿌리가 여전히 남아 있고 도를 깨치는 눈을 아직 뜨지 못하여 사람들이 가르침을 청함을 감당하지 못하지만, 모든 부처님의 위신력威神力을 우러르고 의지하면 효자의 지극한 정성을 겨우 짊어질 수 있을까 하여 억지로 이 자리에 올라왔습니다.

이미 지극한 정성을 감당하기로 했으니 어찌 감히 말을 하지 않을 수 있겠습니까? 하씨의 혼령과 여러 불자들은 지극한 마음으로 주의해서 잘 듣고 깨끗한 마음으로 자세히 들으십시오. 여기에 모인 대중들은 각자 하나의 대상에 마음을 가라앉히고 만가지 인연을 거두어들여서 다른 대상에 이끌리지 마십시오.

보았습니까? 들었습니까? 한 생각도 아직 싹트지 않고 보고 듣는 작용도 아직 일어나지 않았을 때는 어떠한 상태입니까? 이미 보고 듣고 난 뒤에는 다시 어떠한 상태입니까? 이 같은 상태를 깨달아 알고 이처럼 잘 수용할 수 있는 이는, 고요할 때는 바다나 하늘처럼 맑아서 온갖 인연을 따르면서도 적적함에 들어맞고, 움직일 때는 물결이 솟구치고 바다가 들끓는 듯 완전한 진체眞體 그대로를 운용할 것입니다. 바로 이러한 때를 맞아 더러움과 깨끗함의 분별이 없으니 어찌 성인聖人과 범부凡夫의 차이가 있겠습니까?

그런데 아직 이와 같지 못하므로 더러움이 있고 깨끗함이 있고 범부가 있고 성인이 있는 것입니다. 진여眞如의 청정한 법계는 하나이고 섞여 있지 않지만, 더럽거나 깨끗한 인연을 따라서 십법계十法界[12]로 나뉜다고 합니다. 십법계에는 여섯가지 범부와 네가지 성인의 분별이 있으니, 지옥地獄, 아귀餓鬼, 축생畜生, 수라脩羅(아수라), 사람, 하늘을 여섯가지 범부의 길이라 하고, 성문聲聞, 연각緣覺, 보살菩薩, 부처(佛)를 네가지 성인이라 합니다. 오염된 것으로 말하자면 삼독三毒[13]이 있고 십악十惡[14]이 있으며, 청정한 것으로 말하자면 삼승三乘[15]이 있고 일승一乘[16]이 있습니다. 또 사성제四聖諦[17]와 연기緣起[18]가 있고 육도六度[19]가 있습니다.

한 생각 애착하는 마음이 지옥의 씨앗을 물들여 일으키고, 한 찰나 탐내는 마음이 아귀의 종자를 훈습하여 일으키고, 한 생각 어리석은 마음이 축생의 원인을 불러일으키고, 한 찰나 성내는 마음이 수라의 씨앗을 물들여 일으키며, 오계五戒[20]를 굳건히 지니고 십선十善[21]을 널리 닦으면 사람과

---

12 미혹한 세계의 천상계(天上界), 인간계(人間界), 수라계(修羅界), 축생계(丑生界), 아귀계(餓鬼界), 지옥계(地獄界)와 깨달음의 세계인 불계(佛界), 보살계(菩薩界), 연각계(緣覺界), 성문계(聲聞界)를 가리킨다.

13 세가지 근본적 번뇌인 탐(貪), 진(瞋), 치(癡)로 각각 탐욕, 성냄, 어리석음을 가리킨다.

14 몸과 입과 마음인 신(身), 구(口), 의(意)에 따라 악업을 짓는 10개의 행위를 말한 것이다. 몸으로 짓는 행위는 살생, 도둑질, 음란한 짓, 입으로 하는 행위는 거짓말, 이간질, 악담, 교묘하게 꾸민 말, 마음으로 짓는 행위는 탐욕, 분노, 어리석음이다.

15 중생의 근기에 따라 깨달음에 이르게 하는 세가지 가르침으로 성문승(聲聞乘), 연각승(緣覺乘), 보살승(菩薩乘)이다.

16 모든 이가 깨달아 성불할 수 있다는 하나의 가르침.

17 부처가 성불 후 깨달음의 내용을 알리기 위해 설한 고(苦), 집(集), 멸(滅), 도(道) 네가지의 실천적 가르침.

18 부처가 깨닫고 증득한 내용으로, 모든 현상은 무수한 원인(因)과 조건(緣)에 의해 성립하며 따라서 조건과 원인 없이는 결과(果)도 없다는 가르침이다. 다시 말해 일체 현상은 독립적으로 존재하거나 영원하지 않고 생기소멸(生起消滅)한다는 것이다.

19 육바라밀(六波羅密). 생과 사의 고해(苦海)를 건너 열반의 피안의 세계에 이르기 위한 보살의 여섯가지 수행법으로 보시(布施), 지계(持戒), 인욕(忍辱), 정진(精進), 선정(禪定), 지혜(智慧)를 가리킨다.

20 불교의 가장 기본적 규범으로 살생하지 않음(불살생不殺生), 도둑질하지 않음(불투도不偸盗), 음란한 짓을 하지 않음(불사음不邪淫), 거짓말하지 않음(불망어不妄語), 술 마시지 않음(불음주不飮酒)이다.

천상의 종자를 훈습하여 일으키니 이것이 여섯 종류의 범부가 생겨난 이유입니다. 사성제와 연기의 가르침을 듣고 이승二乘[22]의 씨앗을 물들여 일으키고, 육바라밀을 닦아 보살의 종자를 훈습하여 일으키며, 일승으로 여래如來의 가능성을 불러일으키니 이것이 네 종류의 성인이 생겨난 까닭입니다. 네 성인과 여섯 종류 범부가 있는데, 대중들이여 우선 말해보십시오.

이 한 자루 죽비는 지옥입니까, 아귀입니까, 축생입니까, 수라입니까, 사람 길입니까, 하늘 길입니까? 성문입니까, 연각입니까, 보살입니까, 부처입니까? 부처도 얻을 수 없고, 보살도 얻을 수 없고, 연각도 얻을 수 없고, 성문도 얻을 수 없고, 하늘 길도 얻을 수 없고, 사람 길도 얻을 수 없고, 지옥 아귀 축생에 이르기까지 모두 얻을 수 없으며, 모두가 이렇게 얻을 수 없는 곳을 또한 얻을 수 없습니다. 이미 이와 같으니 이 한 자루 죽비를 결국 무엇이라고 해야 하겠습니까? 그저 네 성인, 여섯 종류 범부의 법계法界와 같으니 어느 곳에 두어야 합니까?

또한 부처도 없고 법도 없습니다. 모래알처럼 많은 온 세상도 바닷속 물거품 같고, 모든 성현聖賢들도 번개가 번쩍이는 것과 같습니다. 꿈속에서는 분명하게 여섯가지 윤회가 있으나 깨어나면 텅 비어 어떤 세상도 없습니다. 그래서 이 법계에서 흘러나오지 않는 것도 없고 이 법계로 돌아가지 않는 것도 없다 하니 자중자애하십시오.

—『함허당어록』「정랑이공전위모하씨선가청육도보설正郎李恭全爲母河氏仙駕請六道普說」[23]

---

21 불교에서 몸과 입과 마음으로 짓는 10개의 선한 일로 오계(五戒) 가운데 불살생, 불투도, 불사음, 불망어와 남을 괴롭히는 나쁜 말을 하지 않는 불악구(不惡口), 이간질을 하지 않는 불양설(不兩舌), 교묘하게 속이는 말을 하지 않는 불기어(不綺語), 탐심과 욕심을 부리지 않는 불탐욕(不貪欲), 성내지 않는 부진에(不瞋恚), 그릇된 견해를 일으키지 않는 불사견(不邪見)을 말한다.

22 두가지 수레라는 뜻으로 소승과 대승 또는 성문승(聲聞乘)과 연각승(緣覺乘)을 가리킨다.

23 정랑 이공전이 모친 하씨의 천도를 위해 육도 윤회에 관한 설법을 청함.

출가자를 위한 위령

승려 영혼을 석종에 모시다

바람이 멎고 햇빛은 밝으며 높이 솟구친 산에 구름이 걷히니 모든 것들이 색채를 드러내어 환히 빛납니다. 석종石鍾은 밝게 빛나고 출가자와 재가자의 사중四衆[24]은 엄숙하고 가지런히 섰으니 바로 진산珍山[25] 큰 사형師兄의 문인들이 석종에 유골을 안치할 때가 아니겠습니까? 진산 큰 사형은 골격이 단단하고 곧고 크며 얼굴은 여위어 고상하면서 예스러움이 있었고 가슴으로는 산천을 품고 기세는 사방을 압도했습니다.

일찍이 강월헌江月軒[26]을 뵈었고 이어서 무학無學[27]에게도 배웠습니다. 갈고 닦아 날마다 새로워졌고 나이가 들수록 덕이 높아졌으니, 산림에 명성을 떨치고 이름이 대궐까지 들렸습니다. 처음에는 회암사檜巖寺에 주석하다가 이어서 대자암大慈庵에 머물렀는데, 이를 인연으로 산문의 주인이 되었고 많은 승려들이 높이 받드는 이가 되었습니다. 외호하는 인연을 얻어서 어려운 일과 무난한 일을 겪으며 움직이기도 하고 멈추기도 했는데 일을 마치지 않음이 없었습니다.

정미년(1427) 가을 7월의 어느 날 문득 문인들에게 "목숨은 늘릴 수 없으니 하루도 보장하기 어렵다. 내 비천한 자질로 이 어찰御刹(왕실 원당願堂)을 더럽힐 수는 없으니 다른 산으로 옮겨야 하겠다"고 말했습니다. 그리고는

---

24 사부대중. 출가한 남성 비구, 여성 비구니, 재가의 남자 신도 우바새, 여자 신도 우바이를 통칭하는 말.

25 고려 말, 조선 초의 고승으로 무학 대사 자초의 제자이며 회암사(檜巖寺), 대자암(大慈庵)에 주석(駐錫)했다.

26 고려 말의 선승인 나옹 혜근(懶翁惠勤, 1320~1376)의 별호이다.

27 무학 자초(無學自超, 1327~1405). 나옹 혜근의 제자로서 태조 이성계와의 인연으로 조선의 첫 왕사가 되었다. 회암사 등에 주석했고 『불조종파지도(佛祖宗派之圖)』를 지었다.

이달 하순에 사직서를 올리고 그곳에서 나와 이 산에 와서 머문 지 한달도 안 되어 가벼운 병에 걸렸습니다. 이어서 무상함을 보여주며 돌아가는 길(저승길)로 바로 떠났는데, 말과 행동이 호응하고 앞과 뒤가 서로 들어맞아 놀랍고도 기이합니다. 사형의 덕이 여기서 드러나자 문인들의 그리워함이 더욱 커졌습니다.

사형은 이미 떠났지만 무아 아무개 등이 다비를 마친 뒤에 다시 유골을 안치하려 부지런히 힘을 다해 제반 물품을 다 갖추고 석공을 청해 돌을 쪼아 그 오묘함을 다했습니다. 그 연유를 살펴보면 스승에 대한 정성과 간절함으로 그 덕을 갚고자 했지만 다른 방도가 없기에 여기에 정성을 다해 그 뜻을 달성했으니, 이 시대의 드높은 표상이요 후세의 밝은 귀감이라 할 수 있습니다.

그렇지만 사람이 이 세상에서 살 때는 형상에 얽매임을 면치 못하니 이 육신을 벗어나면 통쾌함이 텅 빈 허공과 같습니다. 지금 돌에 구멍을 내어 안치하고 종을 만들어 덮으니 어찌 야생의 학을 새장에 가두고 나는 듯이 달리는 말을 잡아다 매는 것이 아니겠습니까?

도의 관점에서 보면 보통 사람들의 남겨진 육신은 물에 가라앉혀도 좋고 매장을 해도 좋으며 드러내도 좋고 감추어도 좋으니, 드러내건 감추건 가라앉히건 묻건 간에 안 될 일은 없습니다. 세속의 입장에서는 가라앉히고 드러내면 정이 부족하고 묻고 감추면 정이 두터운 것인데, 정이 두터움을 효라고 하고 정이 부족함을 불효라고 합니다. 그런데 불효는 재앙을 부르고 효는 경사를 부른다고 하니 제자들이 여기에 마음을 쓰는 것은 당연합니다.

이로써 보면 사람의 자식 된 도리로서 죽은 사람의 유해를 보고 어찌 매장하지 않을 수 있겠습니까? 그런데 매장이야 없을 수 없겠지만 무엇을 진산의 진면목이라 부르겠습니까? 만일 이 뼈를 진산의 모습이라고 한다면 그의 진면목은 어디에 있는 것입니까? 만일 그렇지 않다고 하면 이 뼈는 어디에서 온 것입니까? 제일 꺼리는 것은 법신法身은 언제나 변하지 않아서 생겨남도 사라짐도 없지만 색신色身은 늘 변하여 생겨나기도 사라지기도 한다 하며 법신과 색신이 별개라는 견해를 짓는 것입니다. 만일 이러한 견해를 가진다면 허공을 잘라서 두 조각으로 만드는 잘못을 면하지 못할 것입니다.

이미 이와 같은데, 대체 무엇 때문에 구분하여 보고 지금 나의 색신이 바로 언제나 있는 법신이라는 것을 보지 않습니까? 만일 이것이 늘 변치 않는 몸인 법신이라면 하늘도 덮을 수 없고 땅도 실을 수 없고 세상이 끝날 때의 큰불로도 태울 수 없고 태허太虛도 이를 받아들일 수 없습니다. 내 지금 보니, 돌의 구멍은 한 자도 채 되지 않으며 종은 한 길을 넘지 않는데 광대하여 수용하기 어려운 법신을 여기에 거두어들일 수 있겠습니까? 만일 이 안에 거두어들일 수 없다면 어느 곳에 자리를 잡아야 합니까? (…) 진산 대사형이 평생에 쓰던, 부모가 낳아준 한줌의 뼈가 이미 이 안에 안치되었는데, 바로 이때를 맞아서 무슨 말을 하겠습니까?

국토의 바다와 털구멍에 원래 걸림이 없으니[28]
겨자씨가 수미산을 받아들이는 데 무슨 어려움 있겠는가
석종 탑의 모습 지금 여기에 있으니
밖에서 헛되이 찾아다니지 말라

석종이 한번 화산華山에 자리 잡은 뒤에는
산과 이 종이 서로 잘 아는 사이가 될 것이니
빙 둘러싼 산들이 거꾸로 평야가 되어도
이 종과 이 이름은 사라지지 않으리라

---

28   온 세상의 모든 국토가 하나의 털구멍에 들어간다는 『화엄경(華嚴經)』 「십회향품(十廻向品)」의 비유를 인용.

사라지지 않으면 결국 누구의 은혜를 받는 것이겠는가?

——『함허당어록』「안종수어安鍾垂語」

승려 혼령의 왕생 기원

지금 입적한 조계曹溪 대선사大禪師 상우 상암尙愚上菴의 영혼은 잘 듣고
잘 들으시고, 잘 살피시고 잘 살피십시오. 노자老子가 말하기를 "내게는 큰
근심이 있으니 내게 몸이 있는 것이다"라고 했는데, 그가 비록 세속인이지
만 말이 이치에 맞으니 배를 가르고 창자를 뒤집으며 심장과 쓸개를 토해
내게 하는 참된 진리의 말입니다. 대체로 사람이 태어남은 넓은 하늘에 구
름이 일어나거나 거울 속에 자취가 생겨나는 것이고, 죽음이란 넓은 하늘
에 구름이 흩어지고 거울 속의 자취가 없어지는 것입니다. 상암의 혼령은
80여년을 미혹의 바다에서 노닐다가 오늘 아침에 바로 손을 털고 고향으
로 돌아가니 새가 새장을 벗어나서 매이지도 묶이지도 않는 것과 같습니
다. 살아갈 길이 자유로우니 사람이 집을 나와서 길을 지나고 갈림길도 지
나며 가지 못할 곳이 없는 것과 같습니다.

상암의 혼령이시여, 사대四大[29]가 각기 떠나가서 신령한 의식만 홀로 드
러나겠습니다만, 대상에 이끌리는 망령된 마음이 또한 깨끗이 다 없어진
것입니까, 아닙니까? 만일 대상에 끌려다니는 망령된 마음을 남김없이 깨
끗이 다 없었다면 마음대로 골라 바꿔 쓴다 해도 못 할 것이 없으니, 가고
오고 떠나고 돌아가는 데 어찌 걸림이 있겠습니까? 이런 경지에 이른다면
옛 성인과 손을 잡고 함께할 것이니 어찌 다른 사람에게 길을 열어달라 하
겠습니까? 혹시 그렇지 않다면 산승은 얽힌 덩굴을 헤쳐나가는 일을 하지
않을 수 없습니다.

---

[29] 물질의 구성 요소인 지(地)·수(水)·화(火)·풍(風)을 가리킨다.

삼라만상이 다 반야般若의 빛이어서 본래부터 미혹하거나 깨달은 사람이 없으니 오늘 이를 깨닫기를 원합니다. 우선 말하여보십시오. 무엇을 깨달으려 하며 또 무엇을 알고 있습니까? 깨달음은 이것을 깨닫는 것이고 아는 것은 이것을 아는 것입니다. 다만 이것의 양은 큰 허공과 같고 빛은 과거 현재 미래의 삼세에 미치니 신통해서 헤아릴 수 없고 오묘하여 말할 수 없습니다. 여기에 미혹하면 부질없이 윤회를 받고 이것을 깨달으면 바로 그 자리에서 해탈합니다.

상암의 혼령이여 깨달았습니까, 아닙니까? 깨달음이야 없지 않았겠지만, 영운靈雲[30]이 복숭아꽃을 보고 도를 깨달은 것이나 향엄香嚴[31]이 대나무를 치고 마음을 밝힌 일 같은 것을 얻었습니까? 저 옛 성인들이 깨달은 자리를 보면 한없이 오래전부터 이어진 습기習氣의 미세한 흐름이 깨달음에 의해 모두 녹아버려서 다시 없앨 자취가 없습니다. 그렇지 않다면 깨달음이 얕아서 다만 문안에 들어가기만 했을 뿐 옛 성인들이 머물며 쉬는 자리에는 이르지 못한 것입니다. 산승은 이제 깨달았는지 깨닫지 못했는지, 그리고 그것이 밝혀졌는지 밝혀지지 않았는지는 묻지 않고 다시 거듭하여 주석을 붙이겠습니다.

존형은 명민함이 남보다 뛰어나고 식견이 무리 가운데 발군이어서 조계종曹溪宗에 몸을 의탁한 뒤로 명성이 승단을 흔들었습니다. 세상의 무상함을 보다가 갑자기 잘못을 알고 강월헌(나옹 혜근)을 한번 뵙고는 법의 요체를 듣게 되었습니다. 마음을 열고 뜻이 통하자 뜻을 세우고 결정하여 스승 앞에서 큰 서원을 내기를 "지금부터 선을 따르고 악을 없애며 오직 스승의 가르침에 의지하겠습니다. 만일 그렇지 못하면 바로 아비지옥에 떨어

---

30 중국 당나라의 선승 지근(志勤). 위산 영우(潙山靈祐)의 법을 이었고 복숭아꽃을 보고 깨달았다고 한다.

31 중국 당나라의 선승 지한(智閑, ?~898). 백장 회해(百丈懷海)에게 출가하고 위산 영우에게 배웠다. 남양 혜충(南陽慧忠)에게서 수행할 때 뜰을 청소하면서 깨진 기와를 대나무에 던졌는데 기왓장이 대나무에 맞는 소리를 듣고서 깨달았다고 한다.

져 오래도록 괴로움을 당하면서도 벗어날 기약이 없게 될 것입니다"라고 했습니다. 그 뒤로 선종 사찰에서 지내며 정진하는 이들을 따라서 졸음을 쫓으며 수행하다가 21일이 지나자 간곡히 마음 씀이 지나쳐서 불행하게도 병이 생겼습니다. 이에 화두話頭를 참구參究하며 공부한 공이 그 끝을 다하지 못하고 중단되어버렸습니다.[32] 그래서 삼보三寶(불佛·법法·승僧)를 모시는 절을 세우기도 하고, 불상을 조성하거나 경전을 간행하기도 하면서, 우선 내세에 도를 얻을 인연을 심으며 출가할 때의 본래 마음을 잃지 않고자 했을 뿐입니다.

이처럼 세월을 흘려보낸 지 60여년이 지나서 근래 병이 생기자 이전에 행한 바를 돌이켜보며 부끄러워하고 자책했지만 후회해도 미칠 수가 없었고 병이 더욱 심해지자 생사를 대적할 만한 도력道力이 남아 있지 않았습니다. 그러다 『화엄경』「현수품賢首品」의 "또한 광명을 내니 견불見佛이라 이름하네. 이 빛은 죽게 될 이를 일깨워서 깊은 생각을 따라 여래를 뵙게 하고 목숨이 다하면 정토에 태어날 수 있게 한다"라는 말을 구해 얻게 되었습니다. 이 경문에 오로지 기대고 또 서역의 법(정토왕생)에 의지하여 앞에 불상을 모시고 손으로 번幡(깃발)의 끝자락을 잡고 입으로는 부처의 명호를 부르면서 부처를 따라 왕생할 것을 생각했습니다. 잠시 뒤에 모시는 이가 염불하는 소리를 가만히 듣다가 "멈추어라. 멈추어라. 염불할 필요 없다"라고 했습니다.

생각해보면 이때 마음 씀이 지극하여, 평소 화두를 참구하는 공부에 의지하고 여러 성인이 돕는 힘에 기대어 자신의 본성이 아미타불임을 알고 오직 마음이 정토라는 것을 꿰뚫었습니다. 만일 자신의 본성이 아미타불임을 보고 마음이 바로 정토라는 것을 통달했다면, 신령이 큰 세계에 노닐

---

32 원문은 공휴일궤(功虧一簣)로, 『서경(書經)』「여오(旅獒)」에 나오는 "아홉 길 높이의 산을 만드는 데 한 삼태기의 흙이 부족해 공이 이지러진다"는 말이다. 끝을 다 채우지 못해 그동안 애쓴 일이 다 허사가 되고 말았다는 뜻이다.

면서 가거나 머무는 데 걸림 없을 것이 분명합니다. 비록 이 같은 경지에는 아직 이르지 못했다고 해도 아미타불의 큰 자비와 서원에 힘입어 공덕에 따라 아홉 연꽃(극락정토) 속에 왕생하리라는 것은 결코 의심할 것이 없습니다.

상암의 혼령이시여, 만일 신령이 큰 세계에 노닐면서 가거나 머무는 데 걸림이 없다면 다시 이 세상에 나와서 서원에 따라 중생을 구제하시고, 만일 아홉 연꽃 속으로 왕생했다면 직접 아미타불을 모시고 오묘한 법을 몸소 들어 생겨나지 않는 무생無生의 법을 크게 깨달은 뒤 부처님의 수기를 받아서 다시 사바세계로 돌아와 바른 깨달음을 이루는 모습을 보여주시고, 큰 가르침의 바퀴를 굴려서 미혹에 빠져 헤매는 중생을 널리 구제하시기를 간절히 바라고 간절히 바랍니다. 상암의 혼령을 보내는 글로 "물은 흘러도 원래부터 바다에 있고 달은 지더라도 하늘을 떠나지 않네"라는 한마디를 남깁니다.

—『함허당어록』「위상우상암화상하어爲尙愚上菴和尙下語」

정토왕생의 염원

염불과 극락

함께 아미타불阿彌陀佛을 염불하면 다 같이 극락極樂의 피안에 오르고, 함께 선한 원인을 심으면 같이 불도佛道를 이루나니, 수많은 이들과 더불어 성불할 수 있는 바른 원인을 맺기를 바랍니다. 어떤 연유입니까? 수많은 사람 가운데 어떻게 가장 먼저 불도를 이룬 사람이 없겠습니까? 만약 한 사람이 먼저 도를 이룬다면 수많은 이들이 말 한마디에 모두 깨달아 얻을 것입니다. 수많은 이들이 각자 증득하고 나면 또한 각자 다른 많은 이들을 교화하여 모두가 도를 이루게 할 것입니다. 이처럼 계속하다 보면 모든 법계의 중생들과 함께 가장 높은 부처의 지위에서 얻을 깨달음을 다 같이 이루게 될 것입니다.

—『함허당어록』「권념勸念」

제1. 저 부처와 이 부처 함께 교화하심
이끄시는 큰 스승 아미타불께서 저곳에서 맞이하는 모습 보이시고
우리 본래의 스승 석가모니께서 권하여 왕생하게 하시네
저곳과 이곳의 여래께서 다 함께 큰 자비로써
각자 방편을 베풀어 미혹한 무리 함께 구제하니 가장 드문 일이도다
저 부처님 이 부처님의 큰 자비와 큰 교화 그 은혜 부모보다 크네

제2. 의보와 정보 모두 뛰어남
극락이나 안양安養은 저 부처님 나라의 이름이고
무량광無量光 무량수無量壽는 저 여래의 이름이네
그 이름만 들어도 그 안에서 살 방도를 한 생각에 바로 알아
저곳에 왕생하기를 좋아하니 또한 드문 일이로다
부처님께서 저 나라에 머물며 설법하시니 바다처럼 큰 모임 환히 비추네

제3. 즐겁기만 하고 근심이 없음
저 부처님 나라에는 세가지 악이 없고 여덟가지 괴로움도 없으며
왕생한 사람의 몸은 금빛이고 모두가 오묘하게 훌륭한 모습 갖추며
궁전이 몸을 따르고 입을 것과 먹을 것이 저절로 다 갖춰져서
언제나 끝없이 누리니 또한 드문 일이도다
보배로운 옷과 도구 향기롭고 진귀한 음식 생각 따라 앞에 나타나네

제4. 체의 장엄을 갖춤

일곱 층의 난간 일곱 겹의 그물 일곱 겹으로 늘어선 나무

일곱 보배 연못 일곱 보물 돈대, 일곱 보배 누각

하나하나 화려하고 밝고 투명하여 막힘이 없으며

서로 겹겹으로 비치며 맑고 깨끗하고 장엄하게 꾸미니 또한 드문 일이로다

보배 대와 보물 누각 보배 나무 보배 그물의 장엄함이 오묘하고 훌륭하네

제5. 연꽃 연못에 태어남

일곱 보배 연못에 여덟 공덕의 물이 가득하고

못 가의 사방 계단과 길은 못 보배로 이루어졌네

연못에는 수레바퀴만 한 큰 연꽃이 물 위를 덮고 있는데

그 가운데 태어나니 또한 드문 일이로다

아홉 등급 연꽃 대가 차례대로 바둑판처럼 퍼져서 분수대로 태어나네

제6. 온 세상을 돌아다님

황금의 땅과 푸른 허공에 언제나 하늘의 음악 연주하고

낮과 밤 여섯번 하늘의 꽃 뿌려 향내 진동하니

그곳 중생들 보배 전각 올라 온갖 묘한 꽃을 들고

여러 곳에 공양하니 또한 드문 일이로다

온 세상 부처님 나라에 밥 먹을 시간이면 가고 가서 돌아오는 데 장애가 없네

제7. 소리를 듣고 수행을 진전시킴

흰 학과 공작 등이 잘 어우러져 우아한 소리 내고

산들바람 불면 여러 나무들 미묘한 소리 내니

이 소리 듣는 이들 저절로 부처님 가르침 생각하는 마음 생겨나
수행을 증진시키니 또한 드문 일이로다
보배 나무 보배 대에 빛을 뿜고 법을 설하여 법의 교화 널리 펼치네

제8. 부처처럼 오래 삶
아미타불 바른 깨달음 이룬 뒤 지금까지 열겁이 지났는데
왕생하는 사람들 높고 낮음 없이 부처님과 같은 장수 누리네
열번 염불하여 성취하면 부처님 원력에 힘입어 저절로 왕생하여
나고 죽음을 영원히 끊으니 또한 드문 일이로다
부처님 서원의 힘을 입어 열번 염불하여 왕생하니 수명이 길고도 기네

제9. 벗을 통해 도에 나아감
관세음보살觀世音菩薩과 대세지보살大勢至菩薩 한량없는 바다처럼 많은
무리
선근善根을 갖추고 복덕福德을 지닌 매우 선한 모든 이들
그 안에서 앉거나 눕거나 보고 듣는 것에 훈습되다가
부지런히 정진 수행하여 함께 깨달음에 나아가니 또한 드문 일이로다
매우 선한 모든 사람들을 진리의 벗으로 삼으니 훈습되어 증진하네

제10. 염불하여 교화를 입음
하루나 이틀이나 나아가 이레에 이르기까지
한마음으로 아미타불 염불하면 온갖 죄가 사라지고
목숨이 다할 때 부처님과 보살들이 빛을 내며 맞이하시고
아홉가지 연꽃 속에 왕생하니 또한 드문 일이로다
이미 일으켰고 지금 일으키고 앞으로 일으킬 서원으로 모두가 왕생을 얻네

— 『함허당어록』 「안양찬安養讚」

아미타불을 찬탄함

제1. 진리에 따라 교화를 일으킴
밝고 공하며 참된 깨끗한 세계에는 본래 몸이나 국토가 없지만
중생을 위해 자비와 서원을 일으키는 데 감추고 드러냄이 있다네
우리 중생들은 오래도록 미혹한 길에 있으면서 의지하거나 돌아갈 곳이
없다가
장엄한 국토 모습을 드러내니 아주 드물고도 놀라운 일이도다
이를 환주장엄幻住莊嚴[33]이라고 하니 방편으로 맞이해 이끄시네

제2. 근기에 따라 모습을 나타냄
자수용신自受用身 타수용신他受用身[34]의 자타수용신
큰 화신化身과 작은 화신의 세가지 화신[35]
이 몸이 구름처럼 훈습하여 자재롭게 나타나고
결국 원만하여 정해진 곳 없이 널리 응하시니 이 또한 드문 일이도다
이를 크고 자비로운 아버지라 부르니 유형에 따라 거두어 교화하시네

제3. 모습을 보고 믿음을 일으킴
큰 자비를 베푸시는 왕이자 아버지인 아미타불
정수리와 육계肉髻의 형태, 다함이 없는 훌륭한 모습이여
하나하나 훌륭한 모습에서 끝없이 빛을 뿜고

---

33 의지하지 않고 머묾이 없는 지혜를 갖춘 장엄한 정토세계.
34 '자수용신'은 깨달음의 경지를 되새기며 법의 즐거움을 받는 부처. '타수용신'은 깨달음의
    경지를 중생들에게 설하여 법의 즐거움을 받게 하는 부처.
35 세 종류의 화신이란 크게 몸을 나타내는 대화신(大化身), 조금 몸을 나타내는 소화신(小化
    身), 중생의 종류에 따라 몸을 나타내는 수류화신(隨類化身)을 말한다.

무량수불 나타나 중생을 깨닫게 해주시니 이 또한 드문 일이도다

연꽃 속 부처의 세계 큰 사람의 훌륭한 모습이여 모두 우러르며 그리워하네

제4. 이름을 듣고 감화됨

아미타불 사십팔개 광대한 서원의 왕이여

하나하나 중생 구제하기 위함이니 진실로 온 세상을 감화시키네

이 서원으로 말미암아 바른 깨달음을 일찍이 이루시고

지금 극락에 머물며 서원대로 중생을 구제하시니 이 또한 드문 일이도다

넓고 큰 서원의 힘으로 평등하게 이롭게 하니 듣고 모두 감화가 되네

제5. 잠시 불러도 모두에 이익됨

열개의 선한 일 받들어 행하고 다섯개 계율 지켜도 도리어 괴로움 면치 못하고

열개의 악한 일 저지르고 다섯개 큰 죄 저지르면 당연히 쉼 없는 무간無間 지옥에 떨어지네

잠시라도 아미타불 명호를 부르면 죄가 무겁거나 가볍거나

모두가 멀리 떠나 영원히 삼계三界를 벗어나니 이 또한 드문 일이도다

아미타불 큰 자비와 서원의 힘으로 모두가 해탈을 얻게 되네

제6. 공덕은 작아도 이익은 큼

부처의 광명, 부처의 수명, 부처의 공덕의 바다는

무한히 긴 오랜 세월 수많은 행위의 업을 닦아야만 겨우 이룰 수 있구나

아미타불 명호 염불하기만 하면 공덕의 깊이에 따라

모두가 삼계를 벗어나고 수기를 주어 부처가 되게 하니 이 또한 드문 일이도다

아미타불 큰 서원의 왕 열번 염불하면 빠르게 오르네

제7. 근기에 따라 널리 맞이함
저 부처는 극락의 연꽃 대좌에서 한량없이 모습 드러내어
염불하는 이들 높고 낮음에 따라 그에 맞추어 대해주시네
이러한 방편으로 이처럼 맞이하여 이끄시고
모두를 성불케 하며 중생 구제하는 일 꺼리지 않으시니 이 또한 드문 일이도다
아미타불 큰 방편의 힘으로 아홉가지 등급으로 태어나게 하네

제8. 온 세상에서 홀로 존귀함
과거 부처 현재 부처 한량없고 끝이 없으며
사방과 위아래 온 공간의 부처 수없이 많으신데
모든 부처 가운데 특히 아미타불 제일이라 칭했네
이처럼 높고 뛰어나니 이 또한 드문 일이도다
아미타불 큰 위덕의 힘은 높고 뛰어나서 비할 데가 없네

제9. 염불을 권면하는 공덕이 높음
삼천 대천세계 일곱개 보배로 가득 채워서 보시한 공덕 이미 한이 없고
다시 교화하여 네개의 과보 증득하게 하니 그 공덕 또한 끝이 없네
남에게 염불 권하는 공덕 뛰어남을 부처께서 분명 설하셨으니
이러한 덕의 교화 이 또한 드문 일이도다
남 권면하고 자신도 염불하여 공덕 짓는 행위 가득 채우면 곧바로 상품
上品으로 올라가네

제10. 높이 벗어나 원만히 증득함

뛰어나게 용맹하고 크게 제도하는 왕인 아미타불

한량없는 빛 한량없는 수명 한량없는 공덕이여

자세히 살펴보면 사람마다 다 갖추고 있지만

아미타불 먼저 원만히 증득했으니 이 또한 드문 일이도다

오직 마음이 정토이고 자성이 미타이니 아미타불처럼 함께 증득하세

——『함허당어록』「미타찬彌陀讚」

3장
불교의 올바름을 드러냄[1]

불교의 심성과 윤리

성과 정, 그 불교적 해석

본체는 있지도 않고 없지도 않으면서 있고 없음에 통하고, 본래 과거도 없고 현재도 없으면서 과거와 현재에 통하는 것이 도道이다. 있고 없는 것은 성性[2]과 정情[3]으로 생겨나는 것이며, 과거와 현재는 생겨나고 죽는 것에서 기인한다. 성에는 본래 정이 없지만 성이 미혹되어서 정이 나오게 된다.

---

1 『현정론(顯正論)』은 함허 기화의 호불 논서로, 1526년(중종 21) 전라도 광양 초천사(招川寺) 등에서 간행되었다. 불교에 대한 당시의 비판론에 답하는 형식으로, 잘못된 이해에 하나하나 반박하면서 불교의 정당성과 가치를 내세우고 있다. 충과 효, 선행의 추구와 교화, 윤회와 업에 대해 자세히 설명하고 유교의 오상(五常)과 불교의 오계(五戒)를 대비하는 등 유불의 이치와 방편이 서로 다르지 않다고 주장한다. 기화는 불교가 오랜 역사에서 윤리적 책임과 사회적 책무를 다해왔고 심성 인식에서도 독자적 가치를 지닌다고 높이 평가했다. 이 장에는 『현정론』에서 글 몇 편을 뽑아 주제별로 구분해 실었다.
2 마음의 본성으로, 불성(佛性)은 부처의 완전한 성품을 말함.
3 마음의 작용 및 감정으로, 중생의 어지러운 마음 상태를 가리킴.

정이 생겨나면 지혜가 막히고 생각이 변하면 본체가 달라지니, 온갖 현상이 이로 인해 나타나고 태어나고 죽음이 이로 인해 시작된다. 정에는 오염된 것과 청정한 것이 있고 선함과 악함도 있다. 청정함과 선함은 성인聖人이 출현하는 연유이고 오염됨과 악함은 범부凡夫가 만들어지는 까닭이다. 그렇기에 정이 만약 생겨나지 않았다면 범부와 성인이 모두 일어날 수 없음을 알아야 한다.

보살은 비록 성을 이미 깨달았으나 정은 오히려 다 없애지 못한 바가 있다. 그러므로 '각유정覺有情'[4]이라고 불린다. 보살도 이러한데 하물며 나머지 성문聲聞[5]과 연각緣覺[6]의 이승二乘은 어떻겠는가? 또 보살·성문·연각의 삼승三乘이 오히려 이렇다면 다른 유형의 사람들이야 더 말할 것이 없다. 부처는 깨달음이 충만하고 지혜가 미치지 않음이 없으며 지극히 청정하여 정에 얽매임이 모두 사라졌다. 그러므로 정이라는 말은 부처에게는 맞지 않는다. 오직 부처 한 분 외에는 다 유정有情[7]이라 하는 것은 이 때문이다.

삼승이나 오승五乘[8]이 다 제각기 정을 다스려야 하는 까닭이다. 인승人乘[9]과 천승天乘[10]으로 오염된 번뇌를 바로잡고 삼승은 청정한 번뇌를 치유해야 한다. 오염되고 청정한 번뇌가 다 없어진 뒤에야 비로소 큰 깨달음의 경지에 직접 나아갈 수 있다. 오계五戒는 윤회의 길에서 사람으로 태어나

---

4   깨달은 중생이라는 뜻으로, 보살은 성문(聲聞)이나 연각(緣覺)을 뛰어넘는 깨달음을 이루고 있지만 부처의 완전한 깨달음에는 아직 이르지 않았기 때문에 여전히 중생이라고 부른다.
5   원래는 부처의 음성(가르침)을 직접 들은 제자를 칭하는 말이었지만 뒤에는 부처의 가르침을 실천하는 출가자를 뜻하게 되었다.
6   스스로 연기(緣起)를 통해 깨달음을 얻게 된 사람으로서 독각(獨覺)이라고도 한다.
7   '정(情)'을 가지고 있다'는 뜻으로 번뇌에 빠진 중생을 가리킨다.
8   성문·연각·보살을 위한 가르침인 성문승·연각승·보살승의 삼승에, 사람으로 태어나게 하는 가르침인 인승(人乘), 하늘로 가게 하는 가르침인 천승(天乘)을 더한 것이다.
9   윤회할 때 사람으로 다시 태어나게 하는 가르침으로 여기서는 오계(五戒)를 들고 있다.
10 윤회할 때 천상으로 나게 하는 가르침으로 여기서는 십선(十善)을 제시하고 있다.

게 하며, 십선十善은 천상에 나게 한다. 사제四諦[11]와 십이인연十二因緣[12]의 가르침은 이승二乘을 위한 것이며, 육바라밀은 보살이 되게 하는 방도이다. 경율론經律論 삼장三藏의 핵심을 살펴보건대, 오로지 사람들이 정을 없애고 성을 드러내게 하는 것일 따름이다.

정이 성에서 생겨남은 마치 구름이 먼 하늘에서 일어나는 것과 같다. 정을 없애고 성을 드러내는 것은 구름이 걷혀 크고 맑은 하늘이 펼쳐지는 것과 같다. 정은 얇기도 하고 두텁기도 한데 이는 마치 구름에 옅고 짙은 것이 있는 것과 같다. 구름에 옅고 짙은 차이는 있지만 하늘빛을 가리는 것은 마찬가지다. 정에 두텁고 얇은 차이는 있으나 성의 밝음을 막는 것은 같다. 구름이 일어나면 해와 달이 빛을 거두고 세상이 어두워지며, 구름이 개면 빛이 세계를 덮어 우주가 환히 드러난다. 불교를 이에 견주면 맑은 바람이 뜬구름을 쓸어내는 것과 같다. 보는 것이 확 트이기를 바라면서 맑은 바람을 꺼린다면 미혹한 것이고, 나와 남이 모두 깨끗하고 편안하기를 바라면서 우리 도를 싫어한다면 이는 잘못이다.

선행 권장과 교화

만일 사람마다 이것을 따라서 닦게 한다면 마음을 바르게 할 수 있고 몸을 닦을 수 있으며, 집안을 바로잡고 나라를 다스리고 천하를 태평하게 할 수 있다. 자질이 뛰어난 이는 보살이 될 수 있고 성문이나 연각도 될 수 있

---

11 부처가 깨달은 법의 요체 가운데 미혹과 깨달음에 관한 진리인 고(苦)·집(集)·멸(滅)·도(道)이다. 현실의 고통인 고제(苦諦), 갈망이나 애욕과 같은 고통의 원인인 집제(集諦), 괴로움의 원인과 번뇌가 없어진 열반 상태인 멸제(滅諦), 괴로움을 없애고 열반에 이르는 방법인 도제(道諦)를 말한다.

12 부처가 깨달은 법의 핵심 중 하나로서 현상세계를 원인과 결과의 전개 과정으로 설명한다. 행위(行爲)가 업(業)으로 쌓여 이어지는 것이 연기법으로, 십이연기는 무명(無明)·행(行)·식(識)·명색(名色)·육처(六處)·촉(觸)·수(受)·애(愛)·취(取)·유(有)·생(生)·노사(老死)이다.

으며, 능력이 떨어지는 이는 천天에 나거나 착한 사람이 될 수도 있다. 정말로 이와 같으면서 세상이 다스려지지 않는 경우는 지금까지 없었다. 왜 그런가 하면, 죄의 업보를 꺼린다면 모든 악한 행위를 끊어야 하지만 비록 모든 악행을 다 끊어 없애지 못해도 하나의 악한 행위는 없앨 수 있다. 악행 하나가 사라지면 형벌 하나도 그칠 것이고 집안에서 형벌 하나가 멈추면 나라의 만가지 형벌이 없어질 것이다.

복을 받는 인연을 바란다면 모든 선한 행위를 닦아야 하지만 모든 선행을 비록 다 닦지 못해도 선한 행위 하나는 할 수 있다. 선한 행위 하나를 하면 복을 하나 얻게 된다. 집안에 경사 하나가 생기면 나라에는 만가지 경사가 일어날 것이다. 오계와 십선은 가르침 중에서 가장 낮은 단계의 것으로 본래 근기가 가장 낮은 이를 위해 설한 것이다. 만일 이를 행할 수 있다면 자신은 삼가고 남에게는 이익을 준다. 하물며 사제와 십이연기, 육바라밀은 말할 것도 없다.

유교는 오상五常[13]으로 도의 요체를 삼는데, 불교에서 말하는 오계는 곧 유교에서 말하는 오상이다. 살생하지 않음이 인仁이고 도둑질하지 않음은 의義이며 음란한 행위를 하지 않는 것이 예禮이다. 술을 마시지 않는 것이 지智이고 거짓말을 하지 않음이 신信이다. 다만 유교에서 사람을 가르치는 법은 덕행德行이 아니라 정치와 형벌로 한다. 그러므로 "정치로 이끌고 형벌로 다스리면 백성들은 이를 피하고자 할 뿐 부끄러워할 줄 모른다. 덕으로 이끌고 예로 다스리면 부끄러움도 있게 되고 바로잡혀진다"[14]라고 한다. 덕으로 이끌고 예로 다스리는 것은 성인이 아니면 할 수가 없다. 그러므로 "묵묵히 이루고 말하지 않아도 믿는 것은 덕행에 달려 있다"[15]라고 한다. 정치로 이끌고 형벌로 다스리면 상과 벌이 있는 것을 면하지 못한

---

13   유교의 기본 덕목인 인(仁)·의(義)·예(禮)·지(智)·신(信)을 말한다.
14   『논어(論語)』「위정(爲政)」.
15   『주역(周易)』「계사상(繫辭上)」.

다. '묵묵히 이루고 말하지 않아도 믿는 것'은 진실로 우리 불교의 교화이며, 또한 덧붙여 인과因果로써 보여준다. 상벌만 제시하면 겉으로 따르는 데 불과할 뿐이지만, 인과로 보여주면 복종을 하는데 바로 마음으로 복종한다.

지금 세상에서도 그런 일을 볼 수 있으니 어떤 것인가? 만일 상으로 권면하고 벌로 금한다고 해서 악행을 그만두는 자는 형벌이 두려워서 그만두는 것이고 선행을 하는 이는 그 상을 이롭게 여겨서 그렇게 하는 것이다. 그렇기에 그들이 교화를 따르는 것은 겉으로만 순종할 뿐이지 마음으로 따르는 것이 아니다. 만약 사람들이 지금 빈궁하거나 영달한 이유를 알고 싶어 하면 전생에 뿌린 씨앗을 보여주고, 후세의 화와 복을 알려고 하면 현재의 원인으로 보여주어야 한다. 그렇게 하면 부유한 이는 전생에 선의 씨앗을 심었음을 기뻐하며 더 힘쓸 것이고, 빈곤한 이는 전생에 (선행의 업을) 닦지 않은 것을 후회하며 스스로 권면할 것이다. 또 다음 세상에서 복을 받으려는 이는 부지런히 선을 행할 것이고 내세의 화를 피하려는 이는 반드시 악행을 삼갈 것이다.

이들은 아예 따르지 않는다면 그만이지만 따른다면 마음으로 따르며 겉으로만 순종하는 일은 없다. 비록 그렇더라도 어떻게 사람들을 모두 마음으로 따르게 할 수 있겠는가? 마음으로 따를 수 없는 자에게는 우선 상과 벌로 이끌어서 차츰 마음으로 기뻐하며 진실로 따르게 해야 한다. 그렇게 인과 관계로 보여주는 것 외에 또 상과 벌의 가르침이 있다. 이른바 그대로 받아들일 사람은 다 받아들이고 억제하여 따르게 할 사람은 눌러서 따르게 한다는 것이 이것이다. 이는 유교에 가까우니 유교와 불교를 모두 없애서는 안 되는 이유이다.

부처가 교화하려 함에 그 법을 임금에게 맡기고 신료에게 맡긴 것은 그 도로 천하를 이끌어 세상을 다스리는 데 도움이 되고 진리를 닦는 길을 함께 밝게 하기 위함이었다. 우리 불교의 가르침은 재가자나 출가자를 가리지 않고 오직 사람들이 도의 작용에 어긋나지 않게 하려 할 뿐이니, 반드시 머리를 깎고 승려 옷을 입어야 하는 것은 아니다. 그렇기에 "방편에 따라 막힌 것을 푸는 것을 임시로 삼매三昧[16]라고 한다"고 했고, 또 "완벽한 깨달음인 아뇩보리阿耨菩提[17]에 정해진 법은 없다"고 했다. 부처의 마음이 이와 같으니 어찌 작은 데만 통하겠는가? 만일 참고 견디는 인욕忍辱의 힘이 없는 이라면 세속에 있으면서 더럽혀지지 않아야 하는데 집에 있으면서는 도를 이루기 어렵다. 그러므로 사람들에게 출가하라고 하며 멀리 떠나서 수행하게 하는 것이다.

효와 충의 불교적 가르침

경經(원칙)과 권權(임기응변)은 도의 요체이다. 경이 아니면 정상적인 것을 지킬 수 없고, 권이 아니면 급변에 대응할 수 없다. 경으로써 정상을 지속하고 권으로 급변에 대처한 뒤에야 도가 완전해져서 어떤 상황에서도 통하지 않음이 없게 된다. 정상적인 것을 지킬 줄 모르면 인심을 바르게 할 수 없고, 급변에 대응할 줄 모르면 큰일을 이룰 수 없다.

사람은 부모에게 의탁하여 생명을 받고 임금의 나라에 의지해 생존을 얻으니, 집에 들어가면 효를 행하고 집에서 나오면 충성을 다하는 것이 진실로 자식과 신하가 마땅히 해야 할 바이다. 또 결혼과 제사 또한 인륜의 큰 법도이다. 결혼하지 않으면 생명을 낳는 방도가 끊어지고 제사가 아니면 조상을 추모하는 법이 사라진다. 그러나 신하와 자식이 되어 충과 효를 다하기가 어렵다. 혼인하여 일생토록 올바름을 지키며 제사를 받들면서 마음을 다해 공경스럽게 준비하기는 어렵다. 충을 다하고 효를 다하여 그

---

16   마음을 한곳에 온전히 집중하여 관찰하는 수행법.
17   아뇩다라삼먁삼보리(阿耨多羅三藐三菩提)의 준말. 완벽한 깨달음을 가리키는 말로 아뇩다라는 위 없는 무상(無上), 삼먁은 진실, 삼보리는 모든 지혜를 널리 깨침을 뜻한다.

직분을 지키고 올바름을 지키며 마음을 가지런히 하여 종신토록 그만두지 않아야, 살아서는 훌륭한 명성을 잃지 않고 죽은 뒤에 사람으로 다시 태어날 수 있다. 이것이 변함없이 원칙을 지켜서 얻는 결과이다. 그러나 살아서 훌륭한 명성을 얻을 뿐이지 애욕을 끊기란 매우 힘들며, 죽은 뒤에 사람으로 태어날 뿐이지 윤회를 면하기는 어려운 일이다.

애욕은 윤회의 근본 이유이며 태어나게 하는 인연이 된다. 사람이 이미 아내와 자식의 연을 맺었다면 애욕을 어찌 끊을 수 있겠는가? 만일 애욕을 여전히 끊지 못했다면 윤회를 어떻게 면할 수 있겠는가? 윤회를 면하고자 한다면 먼저 애욕을 끊어야 하고, 애욕을 끊으려면 먼저 아내와 자식을 떠나야 하며, 처자식을 떠나고자 하면 세속을 벗어나야만 한다. 세속을 벗어나지 않고 아내와 자식을 떠나지도 않으면서 애욕을 끊고 윤회를 면하는 것은, 큰 성인이 자비를 내려서 방편으로 모습을 보이는 경우를 제외하고 보통의 평범한 속인으로 가능하겠는가? 이러한 경우는 오랜 세월 동안 만나기 어려우며 수많은 사람 가운데도 찾기 어렵다. 애착하는 인연은 자석과 쇠가 짝하는 것과 비슷하여 참고 견디는 힘이 없는 자가 세상에 머물면서 이를 벗어나기는 어렵다.

부처는 삼명三明[18]과 육통六通[19]을 다 가졌고 사지四智[20]와 팔해八解[21]를

---

18 깨달은 이가 갖춘 세가지 밝은 지혜. ① 전생에 자신과 남이 어떤 존재였는지 아는 것 ② 자신과 남이 생사의 윤회를 통해 과보(果報)를 받는 모습을 보는 것 ③ 자신의 번뇌가 다했음을 아는 것이다.

19 깨달은 이가 갖춘 여섯가지 신통한 능력. 앞의 세가지 밝은 지혜에 더하여 ④ 들을 수 없는 것을 듣는 능력 ⑤ 타인의 마음을 꿰뚫어 보는 능력 ⑥ 여러 모습으로 어디에나 나타나는 능력이다.

20 깨달은 이가 갖춘 네가지 지혜. ① 거울과 같이 원만하고 분명한 지혜 ② 모든 중생과 부처가 원래 하나의 불성을 가지며 차별이 없음을 아는 지혜 ③ 세상의 모든 존재를 관찰하여 잘 알고 중생의 근기에 맞는 가르침으로 제도하는 지혜 ④ 몸과 말과 마음으로 여러 변화를 나타내어 범부와 성문·연각·보살이 즐거움과 깨달음을 얻게 하는 지혜다.

21 해탈에 들어가게 하는 여덟가지 마음 작용. ① 대상의 부정적 측면을 관찰하여 탐착하는 마음이 일어나지 않게 함 ② 대상의 부정적 모습을 관찰하여 탐하지 않는 마음을 더욱 굳게 함

두루 갖추었다. 그 덕이 온 세상과 후대에 베풀어져서 세계의 후세 사람들이 그의 부모를 큰 성인의 부모라고 칭송하게 되었고, 자신의 성姓이 모든 이의 성씨가 되게 하여²² 출가한 이들을 모두 석가의 아들이라 부르게 하니, 이 어찌 크나큰 효가 아니겠는가? 공자孔子가 "몸을 세워 도를 행하고 후세에 이름을 드날려 부모를 드러냄이 효의 마지막이다"²³라고 하지 않았던가? 그 도를 가지고 온 세상의 후세 사람들을 이끌어, 온 세계의 후대 사람들이 그 가르침을 듣고 교화에 감화하게 만든다. 근기의 크고 작음에 따라서 법을 설하고 제도하니 이 어찌 큰 자비라고 하지 않겠는가? 공자가 "하루만 자신을 극복하고 예禮로 돌아가도 천하가 인仁으로 돌아간다"²⁴고 말하지 않았던가?

불교의 가르침에서 군주 되는 이는 먼저 계율을 받들어 몸과 마음을 정결히 한 뒤에 임금의 자리에 오른다. 모든 출가자는 아침저녁으로 향을 사르고 등을 밝혀 군주와 국가를 위해 축원하고 기원하게 하니 어찌 충성스럽다 하지 않을 수 있겠는가? 또 군주는 작위와 녹봉으로 선한 행위를 권면하고 형벌로써 악한 행위를 금지하지만, 이 밖에도 우리 불교의 "선한 행위는 경사를 부르고 악한 행위는 재앙을 부른다"는 가르침으로 교화하니, 이를 들은 사람은 저절로 악한 마음을 거두어들이고 착한 마음을 내게 된다. 우리 불교의 가르침은 이를테면 벼슬과 상으로 권면하거나 형벌로 위압하지 않더라도 풀과 나무가 바람에 휩쓸리듯이 사람들이 교화를 따르게 하니 어찌 군주와 나라에 보탬이 없을 수 있겠는가?

---

③ 대상의 깨끗한 모습을 관찰하여 탐착하는 마음이 일어나지 않게 함 ④ 허공이 끝없는 경지에 이르게 함 ⑤ 의식이 끝없는 경지에 이르게 함 ⑥ 아무것도 없는 경지에 이르게 함 ⑦ 생각하지 않는 것도 아니고 생각하지 않음이 없는 것도 아닌 경지에 이르게 함 ⑧ 감각과 표상 작용 등이 일어나지 않아 무심의 경지에 이르게 함이다.

22 불교가 중국에 들어와 승려의 성(姓)을 석가(釋迦)에서 유래한 '석(釋)'으로 지칭한 것을 말한다. 이는 남북조 시대의 도안(道安, 312~385)이 주창하여 시행되었다.

23 『효경(孝經)』.

24 『논어(論語)』「안연(顏淵)」.

살생은 안 됨

하늘이 내린 만물을 함부로 없애는 것은 성인이 인정하지 않는 바이다. 하물며 하늘의 도는 지극히 어지니, 어찌 사람이 생명을 죽여서 자기 삶을 보전하게 하겠는가? 『서경書經』에서는 "천지天地가 만물의 부모이며 사람이 만물 가운데 영험하다. 진실로 총명한 이가 군주가 되며 군주는 백성의 부모가 된다"[25]라고 했다. 천지가 이미 만물의 부모라면 하늘과 땅 사이에 태어난 것은 모두 천지의 자식이다. 천지와 만물의 관계는 부모와 자식의 관계와 마찬가지여서, 자식 가운데 어리석고 지혜로운 차이가 나는 것이 사람과 만물에 밝고 어두움이 있는 것과 같다. 부모는 비록 자식이 어리석고 못났다고 해도 아끼고 가엾게 여겨서 오히려 잘 키우지 못할까 걱정하거늘 하물며 해를 끼치겠는가? 생명을 죽여서 자기 삶을 유지하는 것은 자식을 죽여서 자신을 지키는 것과 같으니, 그렇다면 부모의 마음은 어떻겠는가? 자식을 죽이는 것은 부모의 마음이 아니니, 사람과 만물이 서로 없애는 것이 어찌 천지의 뜻이겠는가?

사람과 만물이 이미 천지의 기氣를 똑같이 얻었고 또 천지의 이理를 동시에 얻어서 하늘과 땅 사이에서 함께 살고 있다. 이미 하나의 기, 하나의 이를 타고났는데 어떻게 생명을 없애면서 자신의 목숨을 보전하는 이치가 있겠는가? "천지는 나와 같은 뿌리이고 만물은 나와 일체이다"[26]와 같은 것은 불교의 말이고, "인仁이란 천지와 만물을 자기와 동일하게 여기는 것이다"[27]는 유교의 말이다. 행동과 말이 하나가 된 뒤에야 비로소 인의 도를 다할 수 있다.

---

25 『서경(書經)』 주서(周書) 「태서상(泰誓上)」.

26 『조론(肇論)』 「열반무명론(涅槃無名論)」.

27 『논어』 「옹야(雍也)」에 대한 『사서집주(四書集註)』의 주석.

불교에서는 '살아 있는 것을 죽이지 말라'를 계율의 제일 앞에 두었고, 또한 『자심인연불식육경慈心因緣不食肉經』에서는 "부처님이 말씀하신 바와 같이 고기를 먹는 자는 자비를 충분히 행하지 못하여 항상 수명이 짧고 병이 많은 몸을 받으며, 생사의 윤회에 빠져서 성불을 하지 못한다"[28]고 했다. 또한 불교의 가르침 가운데 늘 녹낭漉囊[29]을 가지고 다니게 하는 까닭은 미물의 생명을 해칠까 두려워서이다. 옛날에 두 비구가 함께 부처님을 뵙고자 하여 너른 들판을 지나다가 목이 말랐는데 벌레가 있는 웅덩이를 만났다. 한 사람은 "부처님을 뵐 수만 있다면 마신다고 무슨 죄가 있겠는가?" 하고는 바로 물을 마셨다. 다른 한 사람은 "부처님께서는 생명을 죽이는 것을 경계하셨는데 만약 계율을 깬다면 부처님을 뵌들 무슨 이익이 있겠는가?" 하고는 목마름을 참고서 마시지 않았다. 이 사람은 죽은 뒤 천상으로 가서 먼저 부처님을 뵙고 찬탄을 받았다. 이는 어진 사람의 참된 말이고 진실한 행위로서 "(천지와 만물을) 자신과 하나로 여긴다"는 말과 "독실篤實하게 하라"는 가르침에 들어맞는다.

내가 출가하기 전에 해월海月이라는 승려가 있었는데, 나에게서 『논어論語』를 읽고 배웠다. "널리 베풀어 대중을 구제하는 것은 요堯나 순舜 임금도 오히려 어려워하셨다"는 구절의 주석에서 "인仁이란 천지만물을 자기와 하나로 여기는 것이다"라는 말에 이르러 책을 옆에 두고서 "맹자孟子는 인仁한 사람입니까?"라고 내게 물었다. "그렇다"고 했더니 그는 "그렇다면 닭, 돼지, 개, 새끼돼지는 만물입니까?"라고 묻기에 또 "맞다"라고 했다. 그러자 "인이란 천지만물을 자기와 하나로 여기는 것이라는 말은 참으로 이치에 맞습니다. 맹자가 정말로 인한 사람이고 닭과 돼지, 개와 새끼돼지가 또한 만물이라면, 어찌하여 '닭·돼지·개·새끼돼지를 기르며 때를 놓치지

28　『일제지광명선인자심인연불식육경(一切智光明仙人慈心因緣不食肉經)』.

29　물주머니에 벌레 등을 걸러내는 것으로 비구가 지참하는 여섯개 물건 가운데 하나.

않으면 나이 칠십이 된 이가 고기를 먹을 수 있다'[30]고 했던 것입니까?"라고 물었다. 나는 당시 말이 궁하여 답할 수가 없었다. 여러 경전을 살펴보았으나 살아 있는 생명을 죽이는 것이 이치에 맞는다는 견해는 없고, 선학들에게 두루 물어보았으나 시원하게 의심을 풀어주는 이도 없어서 늘 의문을 품은 채 오랫동안 이를 해결하지 못했다.

병자년(1396) 즈음에 삼각산三角山(북한산)에 갔다가 승가사僧伽寺에 이르러 한 늙은 선사와 밤에 대화를 나누었는데 대화하던 중에 선사가 "불교에는 열가지 중요한 계율이 있는데 제일 처음이 '살아 있는 것을 죽이지 말라'는 것이다"라고 했다. 내가 이때 환하게 풀리면서 마음으로 수긍하게 되었고 스스로 "이는 참으로 어진 사람의 행위이며 인의 도를 깊이 체득한 말씀이다"라고 생각했고 이로부터 유교와 불교 사이를 의심하지 않았다.

> 유교 경전과 역사서, 주자학의 비판만 듣고서
> 불교가 옳은지 그른지를 알지 못했노라.
> 반복하여 깊이 생각한 지 이미 오래되었는데
> 이제야 진실을 알고서 귀의하노라.

(…) 만물은 모두 이처럼 영명함을 함께 받았으니, 살리는 것을 좋아하고 죽이는 것을 싫어하는 심정까지 어찌 사람과 다르겠는가? (…) 사람과 만물이 서로 작용하면서도 깨닫지 못하고 서로 갚으면서도 그만두지 않으니, 어진 이가 이러한 모습을 보고서 어찌 차마 할 수 있겠는가? 내가 맛을 즐기는 것과 저들이 고통을 참는 것을 비교해보면 괴로움과 즐거움이 명확하며 가벼움과 무거움을 헤아릴 수 있다. 행위에 따라 과보가 생긴다는 보응報應의 가르침이 만약 거짓이라면 그 업을 짓는 것을 내버려두겠지만,

---

30   『맹자』「양혜왕상(梁惠王上)」.

만약 거짓이 아니라면 다가올 고통을 감당하기 어렵다. 어찌 삼가지 않을
수 있겠는가?

불교의 내세, 뿌린 대로 거두기

물음 사람이 태어날 때는 음陰으로 기운을 받고 양陽으로 기질을 받으니
음과 양이 하나씩 짝하여 혼백魂魄[31]이 되고 형체를 이룬다. 죽어서 혼은
(하늘로) 올라가고 백은 (땅으로) 내려가서 모두 없어진다. 사람이 지각知覺
을 갖는 이유는 마음 때문이다. 마음이란 혼백이 모인 것으로 한 몸의 주인
이다. 죽으면 기氣와 함께 다 흩어져서 어둡고 그윽한 가운데 더는 남아 있
는 육체와 정신이 없으니 누가 다시 복을 받고 재앙을 받겠는가? 지금 승
려들은 천당天堂으로 환심을 사고 지옥으로 두렵게 하여 사람들을 현혹한
다. 하늘은 아득히 넓어서 있는 것은 해와 달과 별뿐이며 땅은 흙과 돌로서
싣고 있는 것은 사람과 만물뿐인데, 없어지지 않는 것이 있어서 천당과 지
옥에 감응한다고 하니 어찌 거짓이 아니겠는가?

대답 음양은 진실로 사람이 그에 의지하여 태어나는 것이다. 음양이 모
여서 생명을 받고 음양이 흩어지면 죽게 된다. 하지만 고유한 진명眞明 같
은 것은 형체를 좇아서 생겨나지 않고 육체를 따라 없어지지도 않는다. 비
록 천만번 바뀌더라도 담담히 홀로 존재한다. 마음에는 두가지가 있는데
견실심堅實心[32]과 육단심肉團心이다. 육단심은 혼백의 정기精氣이며 견실심
은 진명을 이른다. 지금 이른바 마음이란 진명이지 육단심이 아니다. 마음
은 몸의 주인이며 몸은 마음이 부리는 것이다. 선과 악 등의 일은 임금인
마음이 명하고 신하인 몸이 일으키는 것이다. 인과응보는 살아서는 임금

---

31   혼은 양기(陽氣)의 정수이고 백은 음기(陰氣)의 정수다.
32   본래부터 가지고 있는 청정한 마음.

과 신하가 똑같이 받지만 죽어서는 신하인 몸이 이미 없어졌으므로 임금인 마음이 홀로 받는다. 여러 사례를 살펴보면 영명靈明함이 형체에 따라 변하지 않음을 충분히 알 수 있다. 그러므로 '사람이 죽으면 몸과 정신이 모두 없어진다' 하는 것이 어찌 어리석지 않겠는가?

천당과 지옥에 대해 말하자면 이는 실제로 존재하는 것이 아니라 바로 사람의 업이 감응하는 것이니 저절로 그렇게 된다. 공자는 일찍이 "내가 꿈에서 주공周公[33]을 다시 뵙지 못한 지 오래되었다"[34]고 했는데, 꿈이라는 것은 사람의 정신이 노니는 것이지 육체가 그렇게 하는 것이 아니다. 공자가 꿈에서 주공을 만난 까닭은 평소에 주공의 도를 마음에 두고서 오직 이를 행했기 때문에 정신이 자연스럽게 감응하여 그렇게 된 것이다. 사람들 또한 마찬가지여서 날마다 선이나 악만 행한다면 선한 이는 꿈에서 영화를 누리고 악한 자는 꿈에서 욕됨을 당할 것이다. 그 이유는 선한 이는 부지런히 힘써서 의로움을 좇고 악한 자는 탐내고 아끼며 이로움만 추구하기 때문이다. 선한 이는 의로움을 좇기 때문에 일마다 타당하고 마땅하며, 악한 자는 이익만 구하기 때문에 일마다 합당함에 어긋난다. 그렇기에 선한 사람은 다른 이들이 반드시 좋게 여기고 악한 사람은 남들이 싫어한다. 나아가 선한 이는 저절로 위로 알려져 벼슬과 녹봉이 더해지기도 하고 악한 이는 형벌이 더해지기도 한다.

그렇기에 선한 이는 더불어 기뻐하며 영화를 이루지만, 악한 이는 깜짝 놀라며 재앙을 피하려고 한다. 선과 악의 습성과 좋거나 싫은 감정은 정신에 축적되어 있으므로 꿈에서도 영화를 누리거나 욕됨을 당하는 것이다. 정신이 갔다가 돌아오지 않으면 그것이 바로 내생來生이다. 이것이 선한 사람이 천당에 감응하고 악한 사람이 지옥에 감응하는 까닭이니, 천당

33　중국 주(周)나라 무왕(武王)의 동생으로 무왕이 은(殷)을 멸망시키고 주를 창업한 것을 도왔으며 무왕 사후 어린 성왕(成王)을 잘 보필하여 나라의 기틀을 세웠다.

34　『논어』「술이(述而)」.

과 지옥이 비록 없다고 해도 듣는 사람이 천당을 원하면 선행을 하고 지옥을 꺼리면 악행을 멈출 것이다. 그렇다면 천당과 지옥의 설은 백성을 교화하는 데 이로움이 매우 크다. 만약 참으로 그것이 있다면 선한 이는 반드시 천당에 오르고 악한 자는 필연적으로 지옥에 떨어질 것이다. 이를 듣는다면 선한 사람은 스스로 힘써서 천당을 누리고자 할 것이고 악한 사람은 자신이 그만두어서 지옥에 들어가는 것을 피하려 할 것이다. 어찌 천당과 지옥의 설을 배척하며 기어코 거짓말이라고 해야 하겠는가?

물음 사람이 태어나고 죽는 것은 곧 사람의 처음과 끝이다. 그러므로 공자는 삶과 죽음만을 말했을 뿐이며 그 앞과 뒤를 언급한 적이 없다. 지금 승려들은 태어나기 이전과 이후를 말하고 또한 지금 태어나서 죽을 때까지를 합쳐서 전세·현세·내세의 삼세三世라고 하는데, 생전과 사후는 귀로 듣거나 눈으로 볼 수 있는 것이 아니니 누가 직접 그것을 보았겠는가? 이것으로 사람들을 현혹시키니 어찌 거짓이 아니겠는가?

대답 사람이 태어나고 죽는 것은 낮과 밤이 계속 바뀌는 것과 같다. 이미 바뀌는 것이 있었으면 저절로 앞(前)과 뒤(後)가 된다. 낮은 지난밤을 앞으로 하고 오는 밤을 뒤로 하며 밤은 지난 낮을 앞으로 올 낮을 뒤로 삼는다. 낮과 밤이 모두 자연스럽게 과거·현재·미래를 이룬다. 낮과 밤이 이런 것처럼 세월 또한 그렇다. 세월이 이미 그런 것처럼 삶과 죽음도 그렇다. 지난 과거는 시작이 없고 미래는 끝이 없음을 또한 이로써 알 수 있다. 『주역』에는 "지난 일을 밝혀서 오게 될 일을 살핀다"라고 했는데 잃고 얻을 과보를 분명히 한 것이다. 지난다는 것과 온다는 말이 어찌 이른바 앞과 뒤가 아니겠는가? 삼세의 가르침을 거짓이라고 하는 것은 이를 생각해보지 않은 것이다.

시대와의 공존

나라의 성쇠는 불교와 무관

물음 불교의 법이 중국에 들어온 이래 세상이 점차 각박해지고 기근이 거듭 일어나 백성들이 살 곳을 잃어버리는 일이 많았고 전염병이 날로 심해졌으니 그 해로움이 너무 크지 않은가?

대답 요堯와 순舜, 우禹와 탕湯은 천하의 큰 성인聖人이었지만 홍수와 가뭄의 재앙을 면치 못했고, 걸桀과 주紂, 유幽와 여厲는 군주이면서도 인심을 잃고 외면당하는 신세를 벗어나지 못했다. 주周나라가 쇠퇴하자 인민들이 먼저 무너졌고 진秦나라가 일어나자 천하가 크게 어지러워졌다. 공자 같은 큰 성인도 식량이 떨어지는 것을 피하지 못했고, 안회顔回[35]같이 성인에 버금가는 이도 일찍 죽는 것을 면치 못했다. 이 또한 불교 때문에 그랬다고 하겠는가?

불교가 인도에서 일어난 것은 바로 주나라 소왕昭王 때에 해당하며,[36] 한漢나라 명제明帝 때에 불법이 동쪽 땅에 전해졌다. 하夏·은殷·주 삼대三代 이전에는 부처가 아직 나오지 않았고 공자와 안회의 시대에는 부처의 이름을 아직 듣지 못했는데, 그렇다면 그때 재앙도 없고 기근도 없었어야 할 터인데 요임금 때 어찌하여 9년의 홍수가 있었고 탕임금 때 어떻게 7년의 가뭄이 있었으며 공자와 안회는 왜 궁핍했는가?

당唐나라 태종太宗이 마음을 모으고 덕을 함께하여 천하를 하나로 만들

---

35 중국 춘추시대 노(魯)나라의 현인으로 공자가 가장 아끼던 제자였다.

36 중국에는 붓다의 출생연도에 관한 여러 설이 전해졌는데, 『역대삼보기(歷代三寶紀)』에는 주(周) 장왕(莊王) 10년(기원전 687), 『상정기(像正記)』에는 주 평왕(平王) 48년(기원전 723)으로 되어 있다. 여기서는 주 소왕 때인 기원전 1027년 설을 따랐다.

자 모든 백성이 다들 기뻐했다. 또 신라의 태종무열왕太宗武烈王[37]은 김유신金庾信[38]과 마음을 함께하고 힘을 합하여 삼한三韓을 하나로 통일하여 나라에 큰 공을 세웠다. 그때는 해마다 풍년이 들어 곡물 가격이 싸고 백성들이 즐기면서 근심이 없어서 다들 태평성대라고 했다. 만일 불교의 가르침이 태평함을 만들지 못한다면 이때는 불법이 성행하던 시기인데 어째서 태평함이 이처럼 지극함에 이르렀겠는가? 과거와 현재의 다스려짐과 혼란스러움, 괴로움과 즐거움 등은 시운時運의 성행이나 쇠퇴와 크게 관련이 있으며 또한 중생의 업이 감득하는 것이다. 세상이 태평하지 않고 백성이 안심하며 살지 못하는 것을 불교의 잘못으로 돌리는 것은 문제가 있다.

승려의 존재 이유와 책임

물음 승려들은 부역을 피해 일을 안 하고 노는 백성으로, 누에도 치지 않고 농사도 짓지 않으며 남에게 얻어서 입고 먹는다. 그 때문에 백성들이 괴로움을 당하고 늘 궁핍함에 이르니, 그 폐해가 너무 크지 않은가?

대답 승려의 임무는 법을 널리 펴고 중생을 이롭게 하는 데 있다. 법을 널리 펴서 지혜의 명맥이 끊기지 않게 하고 중생을 이롭게 하여 사람마다 스스로 선행을 하게 하는 것이 승려의 책무이다. 만일 이렇게 할 수 있다면 사람들이 받드는 대상이 되어도 부끄러움이 없을 만하다. 만일 그렇게 할 수 없다면 이는 그 사람의 잘못이지 어찌 불교의 허물이겠는가? 맹자는 "여기에 어떤 사람이 있는데 집에 들어가면 부모에게 효도하고 나가서는

---

[37] 신라 제29대 왕(재위 654~661)으로 당과 연합하여 백제를 멸망시켜 삼국통일의 기반을 닦았다. 이름은 김춘추(金春秋)이다.
[38] 김유신(595~673)은 신라의 장군으로 백제와 고구려를 쳐서 삼국을 통일하는 데 혁혁한 공을 세웠다.

공경하며 선왕의 도를 지켜서 후세의 학자를 기다리는데도 당신에게 음식을 얻지 못한다면, 당신은 어찌 목수나 수레 만드는 사람은 높이면서도 인의仁義를 행하는 이를 가볍게 여기는가?"[39]라고 했다. 이는 도를 지키고 사람을 이롭게 하면 남에게 옷과 음식을 의지해도 된다는 말이 아니겠는가?

사람의 빈곤과 부귀는 각자 자신의 정해진 분수가 있어서인데 전생에 선의 씨앗을 뿌린 이는 비록 날마다 쓴다고 해도 남음이 있고, 전생에 선의 씨앗을 심지 못한 이는 비록 날마다 모은다고 해도 부족하다. 세상에는 부처님을 보고도 예배하지 않고 승려를 보면 꾸짖고 헐뜯는 이가 있는데, 평생 한 푼도 보시하지 않았는데도 몸을 가릴 옷조차 부족하고 배를 채울 음식이 없다면 이 또한 승려 때문에 그렇게 되었다고 하겠는가?

물음 청정하게 욕심을 적게 하고 법을 위해 몸을 잊으며 많이 듣고 힘써서 기억하여 뒤에 오는 이들을 맞이해 이끄는 것이 진실로 불자가 해야 할 일이다. 지금 승려들은 수행도 하지 않고 스승의 법을 도리어 더럽힌다. 누가 도를 물으면 마치 담장을 마주 보고 선 듯하며 부처를 팔아 제 몸을 봉양하는 밑천으로 삼는다. 그러므로 사찰을 민가로 만들고 승인을 인민으로 만들어 사농공상士農工商 사민四民의 수를 채워서 임금과 나라를 돕게 하는 것이 좋을 것이다.

대답 공자의 문하에 삼천명이 있어도 총명하여 철인哲人으로 불린 이는 열명뿐이었다. 바다와 같은 여래의 법회에서 제일로 칭해지는 이도 열명을 넘지 않았다. 더구나 지금은 성인의 시대와 너무 멀고 사람들의 근기가 미약하고 낮으니, 어찌 사람들에게 가섭迦葉같이 청정한 수행을 하고 아난阿難처럼 많이 듣게 할 수 있겠는가? 공자와 안여 이후에 천년 동안 ㄱ

---

39   『맹자』「등문공하(滕文公下)」.

런 사람이 있다는 말을 들어보지 못했다. 승려다운 승려는 오덕五德[40]과 육화六和[41]를 갖춰야만 그 이름에 부합하게 된다. 그러나 이름과 실제가 서로 맞는 이를 찾기란 쉽지 않다. 숲에는 재목으로 쓰지 못할 나무도 있고 논밭에는 이삭이 나지 않는 벼도 있다. 비록 법대로 받들어 행하지 못하는 이가 있어도 심하게 미워해서는 안 된다. 다만 점차로 익혀서 본성을 이루고 그 도를 잃지 않게 할 뿐이니, 어찌 그 잘못을 따져서 법까지 폐할 수 있겠는가?

다르지 않은 유불도

물음 도교와 유교, 불교의 같은 점과 다른 점, 우열 관계는 어떤가?

대답 노자老子는 "아무것도 하지 않으면서 하지 않는 것이 없고 마땅히 함이 있어도 하는 것이 없어야 한다"고 했다. 부처는 "고요하면서 늘 비추고 비추면서도 항상 고요하다"고 했다. 공자는 "역易은 생각함도 없고 하는 것도 없다. 고요하여 움직임이 없지만 감응하여 마침내 통한다"[42]고 했다. 고요하다는 것이 감응이 없는 것은 아니니 고요하면서도 늘 비춘다. 감응하여 통한다는 것은 고요하지 않은 것이 아니라 비추면서도 늘 고요한 것이다. 하지 않으면서 하지 않음이 없다는 것은 고요하면서도 늘 감응하는 것이고, 함이 있어도 하는 것이 없다는 것은 감응하면서도 항상 고요한 것이다. 이에 근거해서 보면 유불도 삼교에서 말하는 것이 가만히 서로 들

---

40   비구의 다섯가지 덕목으로 마구니를 두렵게 함, 걸식함, 계율을 잘 지킴, 청정하게 삶, 악한 행위를 하지 않음이다.

41   승가 공동체에서 지켜야 할 기본적인 여섯 덕목으로 계율을 함께 존중하며 지킴, 정법에 의한 정견을 같이 함, 이익을 균등히 나눔, 조화롭게 행동함, 자비롭게 말함, 남의 뜻을 존중함이다.

42   『주역』「계사상」.

어맞아 하나의 입에서 나온 것과 같다.

그 실행의 높고 낮음과 쓰임의 같고 다름에 대해서는 마음의 번뇌를 다 씻어내고 지혜의 눈을 크고 맑게 한 뒤에 불교 경전과 유교와 도교의 책들을 두루 보고 일상과 생사生死 화복禍福의 때를 참조해야 한다. 그러면 말을 기다리지 않고도 스스로 고개를 끄덕이게 될 것이니 내 어찌 억지로 판가름하여 그대를 혼란스럽게 하겠는가?

청허휴정

청허휴정(1520~1604) 진영(국립중앙박물관 소장)

1장
세간과 출세간을 넘나든 삶

산승의 행적과 구국의 결단

가계와 출가 전의 일화

부친의 조상은 본래 완산完山 최崔씨이고 모친의 시조는 본이 한남漢南 김金씨입니다. 태종 대에 부계와 모계의 현고조玄高祖가 각각 과거에 급제한 뒤에 창화昌化로 이주했기 때문에 부모가 모두 창화를 본향으로 삼게 되었습니다. 현윤縣尹을 지낸 외조부 김우金禹가 연산군에게 죄를 얻어 안릉安陵으로 유배되었고 부모가 외조부 일에 연루되어 재산을 몰수당하고 관아의 아전이 되었습니다. 8년이 지나 특별히 사면을 받고 벼슬길에 나갈 수 있게 되었습니다만 결국 관서關西(평안도)의 평민이 되었습니다.

부친인 최세창崔世昌은 스스로 힘써 노력하는 성품이었으나 음주와 시 읊기를 좋아하는 습성이 있어서, 고치려 했으나 할 수 없었습니다. 잘했던 것은 오직 평생토록 남의 잘잘못을 입 밖에 내지 않은 것이었습니다. 나이 30이 되어서 어떤 사람의 추천으로 기성箕城(평양) 영전影殿의 미관말직이

되었습니다. 그런데 관리들이 와서 부임하기를 청하며 날짜를 정해 알리자, 부친이 웃으면서 "선산先山의 연기 어린 달빛과 한 병의 백주白酒, 처와 자식의 기쁘고 즐거워하는 마음이 있으니 내 분수에 매우 만족합니다"라 하고는 바로 관인官印 끈을 풀고 남쪽으로 머리를 두고 누워서 길게 소리를 읊자 관인이 물러갔습니다. 향읍鄕邑에 풀리지 않는 문제가 있으면 해결해주고 소송이 있으면 끝까지 했기 때문에 결국 향관鄕官을 13년이나 맡았고 고을 사람들이 덕로德老라 불렀습니다.

모친 김씨는 성품이 본디 조용하고 여유 있었습니다. 평소 하는 말이 다 좋을 수는 없겠지만 잘한 것은 평생 마음속의 성난 기색을 얼굴에 드러내지 않는 것이었습니다. 가난한 사람을 보면 넉넉히 베풀었고 웃어른을 만나면 정성껏 공양했습니다. 단지 세개에 술을 빚어두고 번번이 채워서 남편이 하루도 손님과 함께 취하지 않는 날이 없게 했습니다. 비록 문밖에 사람과 말이 줄을 잇고 밤새 술을 마실 때도 그저 미소를 짓고 술을 가져다줄 뿐 마음속으로 거역하지 않았습니다. 이에 부친은 늘 기쁘게 따랐습니다.

정덕正德 기묘년(1519) 여름에 모친은 몇 달 동안 정신과 기운이 고르지 않았는데, 하루는 창가에서 설핏 잠이 들었습니다. 한 노파가 와서 인사를 올리며 "근심 걱정을 마십시오. 대장부 남아를 임신하셔서 어머니께 축하하러 왔습니다"라고 말하고는 예를 올리고 갔습니다. 이에 모친이 깜짝 놀라 잠에서 깨며 "이상하다. 우리 부부가 갑오년생 동갑으로 나이 50에 가까운데 어찌 지금 그런 일이 있겠는가?"라고 했습니다. 계속 의아하게 여기다가 이듬해(1520) 3월에 과연 제가 태어나자 모친은 매우 기뻐하며 기이하게 생각했습니다.

몇 년 지나지 않아 세살이 된 임오년(1522) 4월 초파일 낮에 부친이 술에 취해서 누각에서 잠들었을 때 한 노인이 꿈속에 나타나 "작은 사문沙門을 찾아왔습니다"라고 하면서 두 손으로 아이를 안고 주문 몇 마디를 외웠는데 범어梵語 같은 소리라서 잘 알 수가 없었습니다. 주문을 마친 뒤 아이를 내려놓고 머리를 쓰다듬으며 "운학雲鶴 두 글자로 네 이름을 지어줄 테니 소중히 여기시오"라고 말했습니다. 부친이 운학이 어떤 뜻인지를 묻자 "이 아이의 일평생 행동거지가 바로 구름 위의 학 같을 것이기 때문입니다"라고 말하고는 문밖으로 나갔는데 간 곳을 알 수 없었습니다. 부친이 꿈에서 깨어나 모친과 서로 꿈속 일을 말하며 매우 기이하게 여겼습니다. 저는 아이들과 어울려 놀 때도 모래를 쌓아서 탑을 만들고 기와로 절을 세우는 등 항상 하는 일이 대체로 이와 같았습니다.

불행히도 제 나이 겨우 9세 때에 모친이 갑자기 먼저 세상을 떠났고, 또 1년이 지나서 부친도 곧이어 돌아가셨습니다. 100년의 생계가 하루아침에 무너지면서 무한한 애통함으로 시묘侍墓하는 여막에서 애달파했습니다. 고을 수령인 이사증李思曾이 겨울에 불러서 멀리 숲속 눈 덮인 소나무를 가리키며 "내가 운韻을 떼면 시구를 지을 수 있겠는가?"라고 물었습니다. 제가 머리를 숙이고 감히 못 하겠다고 하면서도 수령이 사斜 자를 첫 운으로 떼기에 그에 맞추어 "향기 어린 높은 누각에 해 기울기 시작하네"라고 했고, 또 화花 자를 부르기에 그에 따라 "천 리 강산에 꽃처럼 눈 날리네"라고 했습니다. 그러자 수령이 손을 잡고 등을 어루만지며 "내 아이일세"라고 했으니 그때 나이가 정확히 10세였습니다.

얼마 뒤 고을 수령이 저를 서울로 데리고 갔고 반궁泮宮(성균관)에서 많은 유생儒生들의 명단 끝에 등록했으니 그때 나이가 12세였습니다. 그 뒤로 학문이 더 향상되지 않았고 다만 동료와 벗을 따라 돌아다녔습니다. 하루는 나이 든 학자 한 사람이 저를 보고는 "자네는 나를 알아볼 수 있겠는가? 자네 고향이 여기서 멀지 않고 부친이 나와 교분이 있었으니 내 모른 체할 수가 없네"라 하고는 흥인문興仁門 밖으로 데리고 가서 모래가 많은 냇가의 늙은 버드나무가 있는 언덕을 가리키며 "여기가 자네 부친의 옛 집터일세"라고 했습니다. 이어서 그는 몇 칸짜리 서당書堂을 세우고 학생 대

여섯명을 모아놓고 "너희들은 형제가 될 것을 약조하고 여기에서 공부하되 게을리하지 마라"라고 훈계했습니다.

그로부터 3년 동안 스승을 택해 공부했고 한번 과거 시험을 보았지만 합격하지 못하자 더 힘을 내어 열심히 했습니다. 당시 나이가 15세였는데 마침 수업하던 스승이 호남湖南에 지방관으로 내려가게 되어 함께 배우던 동학 몇 명과 즉시 따라갔는데, 스승이 부임한 지 몇 날 만에 갑자기 부친상을 당하여 서울로 돌아갔습니다. 한데 모여 걱정하고 답답해하던 중에 동학 하나가 "스승을 찾아 천 리를 온 일이 비록 틀어졌지만 이처럼 경치 좋은 곳에 왔다가 빈손으로 돌아가기보다는 조용히 남방의 산천을 유람하는 것이 낫지 않겠는가?"라고 말을 꺼냈습니다. 이에 동학들이 좋다고 하여 각자 행장을 가볍게 꾸려 두류산頭流山(지리산)을 향해 출발했습니다. 화엄동華嚴洞과 연곡동燕谷洞, 칠불동七佛洞과 의신동義神洞, 청학동靑鶴洞의 크고 작은 사찰에 묵으면서 여행하고 마음대로 유력한 것이 반년에 이르렀습니다.

──『청허당집』1 권7,「상완산노부윤서上完山盧府尹書」2

출가 후의 공부와 유력 수행

하루는 한 노승(법명 숭인崇仁)이 찾아와서 "그대를 보니 기골이 맑고 빼

---

1 청허 휴정의 생애와 사상을 알 수 있는 시문집으로 1630년 경기도 삭녕 용복사(龍腹寺) 간행 7권 2책 본이 주로 유통되고 있다. 이 밖에 1612년 초간 후 1666년 태안사(泰安寺)에서 개판된 2권 1책 본, 18세기 말 이후 간행된 묘향산 장판 4권 2책 본이 있다. 오언절구·칠언율시 등 다양한 형식의 시(詩), 사(辭)와 잡저(雜著), 기문(記文)과 명(銘), 서문(序文)과 발문(跋文), 소(疏)와 모연문(募緣文), 서간문(書簡文) 등이 수록되어 있는데 휴정의 행적과 교유 관계, 시대 분위기와 사상적 경향을 볼 수 있으며 충의를 실천한 고승이자 선승으로서의 면모가 잘 드러나 있다.

2 완산(전주의 옛 이름) 부윤이었던 옥계(玉溪) 노진(盧禛, 1518~78)에게 보낸 편지.

어나서 진정 보통 사람은 아니다. 심공급제心空及第[3]에 마음을 돌리고 세간의 명예와 이익을 좇는 마음을 영구히 끊어야 할 것이다. 글 읽는 서생의 업은 비록 종일토록 애를 써도 100년 동안 얻는 것은 오직 하나 헛된 이름뿐이니 정말로 아쉬울 만하다"라고 했습니다. 제가 "무엇을 심공급제라고 합니까?"라고 묻자 그는 오래도록 침묵하다가 눈을 깜박이며 "알겠는가?"라고 했고, 모르겠다고 말하자 답하지 않았습니다. 이에 『전등록傳燈錄』 『선문염송禪門拈頌』『화엄경華嚴經』『원각경圓覺經』『능엄경楞嚴經』『법화경法華經』『유마경維摩經』『반야경般若經』 등 수십본의 경론을 꺼내서 보여주며 "자세히 살펴보고 신중히 생각하면 차차 문안으로 들어갈 수 있을 것이다"라고 했습니다. 그리고는 영관靈觀 대사에게 저를 부탁했는데 대사는 한번 보고서 기특하게 여겼습니다. 결국 3년 동안 수업을 받으면서 하루도 부지런히 하지 않은 적이 없었는데, 말을 꺼내고 묻고 따지는 것이 모두 가려운 곳을 긁는 것과 같았습니다.

이때 함께 공부하던 동학 몇몇은 각자 서울로 돌아가고 저만 선방禪房에 머물렀는데, 앉아서 여러 경전을 찾아보았지만 이름과 형상에 더욱 얽매이며 해탈의 경지에 들어갈 수 없었고 답답함만 늘어날 뿐이었습니다. 어느 날 밤 문득 문자를 떠난 오묘함을 얻게 되었고 마침내 "창밖에 우는 두견새 소리 문득 들으니 눈에 가득한 봄 산이 곧 고향이로다"라는 시를 읊었고 얼마 후 다시 "물 길어 돌아오다 문득 고개 돌리니 푸른 산 흰 구름 속 수없이 많구나"라고 읊었습니다.

다음 날 아침 은장도를 손에 쥐고 스스로 머리를 깎으면서 "차라리 한평생을 어리석은 놈으로 살지언정 맹세코 문자에 빠진 법사가 되지는 않으리"라고 했습니다. 그리고는 일선一禪 대사를 수계사授戒師, 석희釋熙 법사와 육공六空 장로와 각원覺圓 상좌를 증계사證戒師, 영관 대사를 전법사

---

3 허공과 같이 어느 것에도 구애받지 않는 마음의 상태를 가리킨다.

傳法師, 숭인 장로를 양육사養育師로 삼았습니다. 또 도솔산兜率山으로 가서 학묵學黙 대사를 뵈니 대사도 아끼면서 인가印可해주었습니다. 다시 두류 산의 삼철굴三鐵窟에 들어가 세번 여름을 지내고 대승사大乘寺에서 하안거 夏安居를 두번 지냈으며, 의신義神·원통圓通·원적圓寂·은신隱神 등 여러 암 자에 노닐며 세번 봄과 가을을 헤아렸습니다. 그 밖의 세세한 행적은 일일 이 다 기록할 수 없습니다.

어느 날 용성龍城으로 벗을 찾아가다가 성촌星村을 지날 적에 재미 삼아 두 수의 게송을 읊었습니다. "머리가 흴 뿐 마음이 흰 것 아니라고 옛사람 이 일찍이 드러내어 알게 했네. 지금 닭 소리 한번 듣고 장부가 잘하는 일 모두 마쳤도다." 또 "문득 내 집 소식을 얻으니 모든 일이 다만 이러할 따 름이네. 천금 만금 보배로운 경전이 원래 하나의 빈 종이일 뿐이로다." 그 리고는 바로 산으로 돌아왔습니다.

병오년(1546) 가을에 문득 여러 지역을 다닐 생각이 나서 표주박 하나와 가사 한 벌로 멀리 관동關東(강원도)의 오대산五臺山으로 가서 반년을 지냈 습니다. 또 풍악산楓嶽山(금강산)으로 들어가 미륵봉彌勒峯을 찾았고, 구연 동九淵洞에서 한여름, 향로봉香爐峯에서 여름 한 철을 머물렀습니다. 성불 成佛·영은靈隱·영대靈臺의 여러 암자에서 각각 한번씩 하안거를 보냈고, 또 함일각含日閣으로 옮겨 머물며 한 해 가을을 보냈습니다. 그사이 배고픔과 추위에 시달린 적도 몇 번인지 모르고 꿈처럼 7~8년을 보냈으니 당시 나 이가 30세였습니다.

—『청허당집』 권7, 「상완산노부윤서」

내 나이 스무살 약관弱冠이 지나도록 사방을 유람하지 못한 것을 늘 매 우 아쉽게 여겼습니다. 내 뜻은 산수山水를 감상하려는 것만이 아니라 선 지식善知識을 두루 찾아뵙고 심법心法에 대한 의심을 해결함을 자신의 임 무로 삼으려 했습니다. 더군다나 봉래蓬萊와 풍악楓嶽은 그 이름이 불전에

나오므로 생각해본 지 오래되었습니다. 인간세상이 무상無常한데 어찌 내
년까지 기다리겠습니까? 내 여행 차림은 지팡이와 신발뿐인데 그대도 그
렇습니까? 출발 날짜는 초가을 보름을 넘기지 않을 터인데 그대는 어떻습
니까? 몇 년을 뒤로 미룬 것은 오로지 그대 때문인데 지금 또 중지함은 정
말로 있을 수 없습니다. 남산南山은 옮길 수 있어도 마음속 뜻은 옮길 수 없
으니 양해 바랍니다.

—『청허당집』 권7,「답희선자서荅熙禪子書」

판사를 그만두고 다시 산사로

30세 무렵 조정에서 선종禪宗과 교종敎宗의 양종兩宗을 복구하자 다른
사람들의 요청에 못 이겨 억지로 좇아서 대선大選의 호칭을 얻은 것이 1년
이고, 주지住持의 명칭을 얻은 것이 2년이었으며, 전법傳法의 이름을 얻은
것이 3개월, 교종 판사判事의 이름을 얻은 것이 3개월, 선종 판사의 명칭을
얻은 것이 또 3년이었습니다. 그사이 괴로운 적도 영화로운 적도 많았습니
다만, 이 또한 자신도 모르게 5~6년을 꿈같이 보냈는데, 그때 나이가 정확
히 37세였습니다.

어느 날 홀연히 초심으로 돌아가서 바로 관인 끈을 풀어버리고 청려장
青藜杖(명아주 지팡이) 하나를 짚고 금강산의 물과 돌 사이로 다시 들어가 반
년을 지냈습니다. 또 두류산 내은적암內隱寂庵으로 가서 3년을 보냈고 이
어서 황령黃嶺·능인能仁·칠불七佛의 여러 암자를 거치며 다시 3년을 지냈
습니다. 또한 관동의 태백太白·오대五臺·풍악楓岳으로 향했고 세 산을 재차
밟은 뒤에 멀리 관서의 묘향산妙香山 보현사普賢寺 관음전觀音殿과 내원內
院·영운靈雲·백운白雲·심경心鏡·금선金仙·법왕法王의 누대, 그리고 넓고 아
득한 하늘과 땅, 무수히 많은 산과 물로 향했습니다. 기러기 털처럼 또 바
람과 구름처럼 정처 없이 이 한 몸 떠돌아다녔으니 저의 행적은 이 정도뿐

입니다.

—『청허당집』 권7, 「상완산노부윤서」

청허자淸虛子(휴정)는 가정 을묘년(1555, 명종 10) 여름에 처음 교종의 판사가 되었고 같은 해 가을에는 다시 선종 판사에 임명되었다. 정사년(1557) 겨울에 관인 끈을 풀고 풍악산으로 들어갔고, 무오년(1558) 가을에는 석장錫杖을 날려 두류산으로 향했다. 한 유학자 선비가 비웃으며 " 처음에 판사가 되었을 때는 영광이 더할 나위가 없었는데 지금 판사직을 잃으니 그 궁벽함이 또한 더할 나위 없게 되었군요. 몸이 괴롭고 마음이 울적하지는 않으신가요?"라고 말했다. 내 웃으면서 다음과 같이 답했다.

"내 일찍이 판사를 맡기 전에 옷 하나 그릇 하나로 금강산에 높이 누웠고, 지금 판사를 그만두고 나서도 가사 하나 바리 하나로 지리산에 높이 누웠도다. 장차 한 평생을 산림에 머물고 세속에는 있지 않을 것이다. 그렇기에 이익과 손해, 기쁨과 슬픔은 밖에 있을 뿐 내 안에 있지 않으며, 나가고 물러남, 영광과 치욕은 일신상의 문제이지 본성과는 상관이 없다. 옛사람은 높은 당 위에 앉아서 진수성찬을 먹어도 기뻐하지 않았으니 이는 오늘날 판사를 맡은 것과 유사하다. 좁고 누추한 마을에서 변변치 않은 음식을 먹어도 슬퍼하지 않았으니 지금 판사를 그만둔 것과 흡사하다. 그러므로 나가고 물러남에 즐거움도 없고 수치도 없으니 얻고 잃는 것이 어찌 기쁘거나 슬프겠는가? 기쁨과 성냄, 슬픔과 즐거움이 마음에서 나왔다가 마음에서 멈추니 또한 안개와 구름, 바람과 비가 허공에서 일어났다 허공으로 사라지는 것과 같도다. 아! 통달한 사람이 행하는 바는 대상이 다가오면 순순히 응하고 대상이 떠나가면 편안히 따르는 것이니, 스스로 자기 마음을 쉬고 스스로 자기 본성에 맞출 뿐이다."

—『청허당집』 권6, 「자락가自樂歌」

나이 30세에 선과禪科에 합격하여 선종과 교종 양종의 판사를 겸직했다. 하루는 "내가 출가한 본뜻이 어찌 여기에 있었겠는가?"라고 탄식하고 떠나서 금강산으로 들어가 미륵봉彌勒峯 아래에 혼자 머물렀다. 산중의 달이 공중으로 올라가 천지가 밝게 빛나는 것을 보고 스스로 터득했음을 기뻐하며 깨달음의 시를 지었는데 "발이 셋 달린 금 까마귀 한밤에 날아오르네"라는 구절이 있었다.

──『청허당집』 보유,「청허당행장淸虛堂行狀」

제가 물러나서 깊은 숲속에 들어온 지 거의 18년이 되는데, 한강漢江 가에서의 대화를 떠올리면 아득히 한바탕 꿈처럼 더욱 아련해집니다. 저는 성격이 본디 조급하여, 양종에 있던 때에는 일이 번거롭고 손님이 많아서 자고 먹는 것이 편치 않았습니다. 그러다가 정사년(1557) 가을 어느 날 한밤중에 정신이 매우 불안정하더니 갑자기 목구멍에서 혈기가 가슴 쪽으로 연달아 몇 점 떨어지는 것 같았는데, 그 뒤로 마음이 혼란스러울 뿐만 아니라 꿈속 생각도 불안했습니다.

이로 인해 스승과 벗의 죽음에 자주 놀라고 심혈心血이 더욱 격동되면서 눈병을 얻었는데 3년이 되도록 아직 완전히 낫지 않아서 베개에 엎드려 신음하고 있습니다. 지금 겨우 증세가 조금 나아졌다곤 해도 눈이 건조해지면 밤톨 가시처럼 찌르고 축축해지면 아교처럼 달라붙으니 답답하기 그지없습니다. 이에 사미沙彌를 보내 신묘한 가르침을 여쭈니 완벽하고 오묘한 솜씨를 아끼지 말고 간곡히 가르쳐주셔서 이미 끊어질 듯한 목숨을 구해주길 바랍니다. 그리하여 천지와 일월의 광명을 다시 보게 해주신다면 성문聖門(유교)의 음덕과 선가禪家(불교)의 후대의 보응이 모두 끝이 없을 테니 부디 보살펴주기를 바랍니다.

──『청허당집』 권7,「상이유부서上李兪拊書」4

나라 사랑하고 종사宗社 걱정하니 산승 역시도 한 신하일세
장안(서울)이 어느 곳에 있던가 돌아보며 눈물로 수건을 적시네

—『청허당집』 권2, 「곡강릉哭康陵」5

나이 이미 서른이 넘어서 잘못 알았으니 본래의 진면목으로 돌아가야지
한 몸에 이로움과 해로움 겸했으니 수많은 계책 무엇이 맞을지 맞지 않을지
구름 낀 산이 돌아갈 길이건만 속세를 아직 벗어나지 못한 이여
아련히 막 꿈속에 드는데 종소리와 북소리 새봄을 알리네

—『청허당집』 권1, 「입춘정사미득해수고운立春丁巳未得解綬故云」6

고별하고 남쪽으로 떠나니 산은 붉고 계곡은 푸른 때이네
인간세상 참으로 불타는 집 같으니 백련白蓮(극락정토)의 기약 잊지 말기를

선과 교의 승려 명리에 휩쓸리고 영화로움은 세간에 의혹을 낳네
꿈속에서도 한없이 좋은 것은 오직 청산에 있을 뿐이로다

—『청허당집』 권2, 「증별백련사처민선자贈別白蓮社處敏禪子」

부귀에 마음을 두지 않으니 공과 명예 어찌 탐내겠는가
세상을 향한 마음 이미 재가 되어 푸른 구름 속 나래를 떨치네

---

4   충청도 보은 현감을 지낸 이유(李瑜)에게 보낸 편지.
5   강릉(康陵)은 조선 제13대 왕 명종의 능.
6   정사년 입춘에 판사의 사직을 허락받지 못해 이렇게 지음.

몸은 흰 구름과 한 짝이 되고 마음은 밝은 달과 하나가 되어

우주에 활보하나니 자유자재하여 필적할 자 없도다

——『청허당집』권2,「환암幻庵」

긴 골짜기 바람 기세 거세고 가까운 냇물에 달빛이 차가워라

나그네 속마음 처량하고 고달프니 산으로 돌아가야 비로소 한가함 얻
으리

——『청허당집』권2,「성오도중省塢途中」

인생은 대개 시간이 귀하니 지금에야 옛날 행동 뉘우치네

어찌하면 하늘과 맞닿은 바다에 물 부어 산승의 판사 명칭 한번에 씻어
내리오

——『청허당집』권3,「자조自嘲」

팔십년 전에는 그가 나이더니 팔십년 후에는 내가 그로구나

——『청허당집』보유,「자찬自贊」

선조와의 인연과 승장 활동

기축년(1589, 선조 22)에 역적을 도왔다는 잘못을 뒤집어쓰고 잡혀 왔으
나, 선조께서 진술서를 보고 털끝만큼도 죄가 없다고 여기시고 "상인上人
이 운림雲林의 객으로서 어찌 이처럼 요망한 일을 했겠는가?"라고 하셨다.
시집詩集을 가져다 직접 보시고는 어필御筆로 묵죽墨竹을 그려서 하사하며
위로하셨다.

——『청허당집』보유,「청허당행장淸虛堂行狀」

선조가 어필 묵죽을 하사하며 시를 짓게 하자 그 자리에서 바로 절구 한 수를 지어 바쳤다.

소수瀟水와 상강湘江의 한 줄기 대나무[7] 성인 군주의 붓끝에서 피어나니
산승이 향불 사르는 곳에 잎사귀마다 가을 소리 묻어나리라
——『청허당집』 권3,「선조대왕사어필묵죽잉명제시宣祖大王賜御筆墨竹仍命製詩」

임진년(1592)에 왜적이 서울, 개성, 평양의 삼경三京을 함락하자 왕의 수레가 서쪽 용만龍灣(의주)으로 행차했다. 선조가 문득 기억이 떠올라 주변에 묻기를 "상인上人은 지금 어디에 있느냐? 그가 어찌 나를 잊겠는가? 급히 불러서 오게 하라"고 하셨다. 도착하자 주렴 밖에 앉히고는 명을 전하기를 "지금 이처럼 큰 위기이니 급하고 곤란한 상황을 도와주길 바라노라"라고 하시고 즉시 8도 16종 선교도총섭禪敎都摠攝에 임명했다.

——『청허당집』 보유,「청허당행장」

나라 안의 승려 가운데 늙고 병들어 나설 수 없는 자들은 신이 이미 명해서 각자 있는 곳에서 수행하며 신령의 도움을 기원하게 했습니다. 그리고 나머지는 신이 모두 소집해 오게 하여 종군케 하려고 합니다. 신 등이 비록 군역을 지는 부류는 아니어도 이 나라에서 태어나 임금의 은혜와 훈육을 입었는데 어찌 죽음을 아끼겠습니까? 목숨을 바쳐 충심을 다하겠습니다.

——『대동야승大東野乘』 권36,「재조번방지再造藩邦志」 20

대사가 울면서 하직하고 물러 나와서 말을 달려 평안도 순안順安 법흥사

---

7   소상반죽(瀟湘斑竹). 순(舜)임금이 창오(蒼梧)의 들판에서 세상을 떠나자 두 왕비인 아황(娥皇)과 여영(女英)이 통곡하며 소수(瀟水)와 상강(湘江)에 빠져 죽었는데, 그때 흘린 눈물이 대나무 위에 떨어져 얼룩이 졌다는 고사다.

法興寺에 이르러 승도僧徒를 모아 천병天兵(명군)과 왕사王師(조선군)를 도와 서경西京(평양)을 수복하게 했다. 왜적이 남쪽으로 달아나자 송도松都(개성)까지 추격해 가서 명성과 위세를 도왔고, 남쪽으로 한강 나루를 건너 경기도 안성安城에 진을 쳤다.

　스스로 나이가 들어 민첩하게 도모하지 못할 것을 걱정하여 문도인 사명 유정四溟惟政과 뇌묵 처영雷默處英 등을 불러 승도 무리를 맡기며 "나는 나라를 위한 마음으로 비록 화살과 돌팔매에 맞아 죽더라도 여한이 없다. 다만 나이가 장차 80이니 어떻게 승장僧將의 임무를 다할 수 있겠는가. 그렇기에 승장을 대신 맡아서 그대들이 반드시 힘을 모아서 행하라"고 하고는 총섭摠攝의 관인을 봉하여 상납하고 묘향산의 옛 은거지로 물러갔다. 국난을 극복하고 공을 논할 때 조정에서 논의하기를 "비록 산인山人이지만 공이 있으므로 상이 없을 수 없다"고 하여 '국일도대선사國一都大禪師 선교도총섭禪敎都摠攝 부종수교보제등계扶宗樹敎普濟登階'의 직호職號를 내렸다.

—『청허당집』 보유, 「청허당행장」

하늘을 우러러 한목소리로 탄식하니 화살도 다 쓰고 활조차도 꺾였노라
만약에 다시 헤아려본다고 해도 마찬가지로 귀신 굴에 들어가리라

—『청허당집』 권2, 「응화선자應和禪子」

떠올려보니 당시 수전을 벌일 때
만 척의 배 하늘 위 송골매처럼 바다를 날았지
양쪽 군사 교전함에 멀어서 분간할 수 없고
고통 참는 큰 소리에 물결이 마르려 하는데
서릿발 칼날은 숲에 나부끼는 햇빛 같았고
천개의 머리 머리칼 자르듯이 다 베었네

넓고 아득한 푸른 바다에 죽은 이의 혼령 흐느끼고

밤 달은 차디찬 모래사장 백골을 비추니

백 리의 봄 숲에는 제비가 날고

버드나무 촌락엔 인적 없이 꾀꼬리 소리만 어지럽도다

그대는 듣지 못했는가 태평세월 오래되어 인심이 사나워지니

거리낌 없고 게을러져서 하늘 또한 벌을 내렸으니

지나가는 객이 가을바람 속 지팡이 짚고 가는데

옛 사찰 깨진 비석 잡초 속에 묻혀 있구나

—『청허당집』 권1, 「전장행戰場行」

변방의 장군의 명령 납승의 집안도 비슷한데

칼을 용호龍虎의 진지로 향하니 사람 피가 모래밭을 가득 채웠노라

—『청허당집』 권2, 「천희선자天熙禪子」

산에 눈 쌓이고 강이 얼던 와중에 당시 말에 물을 먹인 사람이었네[8]

누런 모래밭엔 백골이 남아 있고 피비린내 풀밭은 절로 푸른 봄이로다

—『청허당집』 권2, 「과고전장過古戰場」

충의를 높이고 기리다

이식이 평가한 휴정

청허당淸虛堂이 입적한 지 20여 년이 지나 그 문도인 보진葆眞, 언기彦機,

8　중국 춘추시대에 북방에서는 남쪽 양자강의 물을 말에게 먹이려 하고 남방에서는 북쪽 황하
　　의 물을 말에게 먹이려 했다는 것으로, 전쟁에서 승리하겠다는 의지를 표현한 말이다.

쌍흘雙仡 등 여러 승도들이 그의 시문을 모아 몇 권을 판각하고 인쇄하여 배포하려 하면서 그 서문序文을 나에게 요청해 왔다. 내가 아무렇게나 응대하기를 "청허자는 석가의 무리이고 나는 평범한 유학자로 언어와 문자가 같지 않다. 그러니 어떻게 문집에 서문을 쓰겠는가? 청허의 영령이 그대들에게 호통을 치면서 뭐라 하면 어쩌겠는가?"라고 했다.

보진 등이 "우리 스승은 임제臨濟의 정통 후손입니다. 원元나라 말에 석옥 청공石屋淸珙 화상이 고려의 태고 보우太古普愚 선사에게 전했고 태고는 환암 혼수幻庵混修에게 전했으며, 환암은 구곡 각운龜谷覺雲에게 전하고 구곡은 벽계 정심碧溪正心에게 전했습니다. 정심은 벽송 지엄碧松智嚴에게 전했고 지엄은 부용 영관芙蓉靈觀에게 전했으며 영관은 우리 스승에게 전했습니다. 지금 화두話頭를 참구參究한 선禪의 게송이 모두 있으니 이것으로 문집의 서문을 쓸 수 있지 않겠습니까?"라고 했다. 나는 "불교를 공부하지 않았는데 어찌 그 전해진 내용을 알겠는가? 이것만으로는 감히 서문을 쓸 수가 없네"라고 답했다.

보진 등이 "우리 스승은 일찍이 선종과 교종의 양종 판사判事를 겸하고 팔방의 총림叢林을 총괄하며 도량道場을 크게 열었습니다. 얼마 지나지 않아 바리때 하나와 주장자를 들고 남쪽으로 두류산頭流山(지리산)에 들어가 돌아오지 않았으므로 온 나라의 현명한 관료와 뛰어난 유학자가 모두 그 뜻을 높이 기렸습니다. 임진왜란의 국난을 당하여 우리 스승은 비로소 서산西山(묘향산)에서 나와서 군문軍門에 이르러 승도를 소집하고 제자인 유정 등에게 당부하여 왜적을 막는 일을 도왔으므로 온 나라의 장수와 재상, 군인과 백성이 모두 그 공을 높이 받들었습니다. 이 사실로 문집의 서문을 쓰면 어떻겠습니까?"라고 했다.

보진 등이 다시 "우리 스승은 일찍이 선교양종의 판사를 겸하고 팔방의 총림을 모두 이끌며 도량을 크게 열었습니다. 그러다 얼마 지나지 않아 바리때와 지팡이만 들고 남쪽 두류산으로 들어가 돌아오지 않았으므로 온 나라의 관리들과 유학자들이 모두 그 뜻을 높이 평가했습니다. 임진왜란을 당하자 서산에서 나와서 군문에 나아가 승려들을 소집하고, 제자 유정 등에게 당부하여 왜적을 막는 일을 돕게 했으므로 온 나라 사람들이 모두 그 공을 추앙했습니다. 이것을 가지고 문집의 서문을 쓸 수 있지 않겠습니까?"라고 했다.

또 "전에 우리 선조宣祖께서는 유교를 높이고 불교를 제어하고 억눌렀으므로 우리 승도들은 겨우겨우 생활하며 유생儒生의 노역에 종사했습니다. 그러나 선조께서도 유독 우리 스승만은 돌보아주셨으니 일찍이 저술을 읽고 그 진실함을 가상히 여기셨기 때문입니다. 그래서 억울한 죄를 씻어주고 지극하게 대우하셨으니, 친히 먹을 갈아 그림을 그려주시고 시를 지어 올리게 하셨습니다. 또 특별히 선사禪師에 부여하는 호칭을 내려주셨고 붉은 자색 가사를 갖추어 착용하게 하셨습니다. 이는 세상에 보기 드문 특별한 예우이니 우리 임금께서 어째서 그리하셨겠습니까? 이 일로 문집의 서문을 쓰면 되지 않겠습니까?"라고 했다.

내가 그 자리에서 "아! 선조께서 어찌 취할 바가 없는데도 그렇게 하셨겠는가? 내가 전에 이 시문집을 한번 보았는데 느끼는 바가 있었다. 그의 말은 현묘한 뜻에 깊이 들어맞았고 성조와 음률에 구애되지 않고 대구對句가 뒤섞이지 않으면서 뜻과 취지가 고매하고 말과 행동이 예리하고 신속했다. 요컨대 총채를 세워서 후려치는 선 수행에서 얻은 것이니 관휴貫休[9]와 광선廣宣[10] 같은 무리가 아침에 끙끙 앓고 저녁에 탄식하면서 유명한 시인 묵객과 비교하며 다듬고 고친 것과는 사뭇 달랐다.

옛사람은 먼저 반드시 내실을 갖춘 뒤에 글로 나타냈다. 곧 『시경詩經』과 『서경書經』, 공자와 맹자의 가르침과 훈계 같은 것은 말할 필요도 없고, 아래로 구류九流의 제자백가, 소진蘇秦과 장의張儀의 변론, 신불해申不害나

---

9   중국 오대(五代) 전촉(前蜀)의 승려로 시서화(詩書畵)에 모두 뛰어났다고 한다.

10   당나라 헌종 때인 9세기 초에 장안(長安) 안국사(安國寺)에 주석한 승려. 시(詩)로 유명했다.

한비자韓非子의 학술 같은 것도 여러 성인聖人들과 비록 비교할 수는 없지만 모두 내실 있는 글이라고 할 수 있다. 더구나 청허자는 한 시대 선문禪門의 종장宗匠으로서 자성自性을 보고 마음을 밝혀 이치를 깨달았으니 그 정수를 드러냄이 진실로 이러하도다.

옛날 주자朱子(주희)가 오래된 사찰에 갔다가 여러 조사祖師들의 전기傳記를 보고 그 뛰어나고 훌륭함을 아름답게 여겼지만 당시 도학道學이 없어서 불교에 사로잡힌 것을 애석해 했으니, 이는 쇠퇴한 세상을 탄식한 것이다. 그렇다면 선조께서 청허자에게 각별한 관심을 가진 것도 깊은 속뜻이 여기에서 나오지 않았는지 어찌 알겠는가?

경오년(1630) 7월 15일 덕수德水 이식李植[11]이 쓰다.

—『청허당집』, 「청허당집서」

정조, 충의의 업적을 기림

석가釋家를 통칭하여 사미沙彌라고 하는데 사미는 식자息慈이니 자비慈悲의 땅에서 편히 쉬는 안식安息을 뜻한다. 그런데 불교에는 삼장三藏이 있는데 경전인 수다라修多羅가 첫번째이고, 불교에는 십회향十回向이 있는데 중생을 구제하는 것이 으뜸이 된다. 계율戒律과 선정禪定과 지혜智慧 또한 궁극에는 자비 아닌 것이 하나도 없다. 법계法界의 공덕功德이 여기에 있고 셀 수 없는 복전福田이 여기에 있으니, 자비보다 더 높은 가르침은 없다. 그런데 후세의 사미는 그렇지 않아서 구름 낀 하늘 밑에서 물병을 들고 실상實相의 밖에서 마음을 노니며,[12] 푸른 대나무와 누런 꽃으로 무정無情의 만

---

11 이식(1584~1647)은 조선 인조 대에 대사헌, 형조판서, 예조판서 등을 역임한 문신이다. 호는 택당(澤堂)이고 문장에 뛰어나 신흠(申欽), 이정구(李廷龜), 장유(張維)와 함께 한문 4대가로 꼽혔다.

12 당나라 이고(李翺)가 약산 유엄(藥山惟儼)의 "구름은 푸른 하늘에 있고 물은 병 속에 있다"는 말에서 깨달음을 얻었다는 고사에서 유래했다.

물에 몸을 견준다.[13] 그래서 우리 유자儒者가 결국 마른 나무와 꺼져버린 재라고 비판하게 되었으니, 이는 우리 유자가 조롱한 것이 아니라 후세의 사미들이 스스로 비판을 불러온 것이다.

서산西山 대사 휴정休靜도 사미이지만 그는 세속의 정을 끊고 자비를 행하는 식자息慈의 뜻에 부끄러움이 없다고 하겠다. 처음에는 바랑을 메고 주장자를 쥐고 여러 지방을 두루 다니며 법의 깃발을 세워서 사람과 하늘의 안목이 되었다. 그리하여 운장雲章과 보묵寶墨의 은총이 내려지고 대우가 특별했으니, 지금까지도 정관貞觀(당 태종)과 영락永樂(명 성조)의 서序[14]와 더불어 도솔천(하늘)과 사찰(땅) 사이에서 광채를 다툰다. 중간에는 종풍을 발현하고 국난을 널리 구제하여 의병을 일으켜서 임금을 위해 힘쓰는 큰 공훈을 세웠다. 그렇게 해서 피비린내 나는 전란을 자신의 손으로 깨끗이 없앴으니 방편으로 세상을 구제한 공을 지금까지 길이 의지하고 있다. 끝에는 인연을 따라 몸을 나타내고 인연이 다해 몸을 거두어서 인과因果에 의해 상승上乘의 교주가 되었으니, 매실이 익고[15] 연꽃 향이 나며 홀연히 피안彼岸에 이르렀다. 멀리서 보면 엄숙하고 가까이 가면 온화한[16] 진영이 지금 서쪽(묘향산)과 남쪽(해남)의 향불을 태우는 곳에서 향사되고 있다.

---

13   중국 남조의 도생(道生)이 유정물(有情物)뿐 아니라 무정물(無情物)에도 불성(佛性)이 있다고 하면서 "푸르른 대나무 숲도 모두 다 진여이며 활짝 핀 노란 꽃도 반야 아닌 것이 없다"고 말한 것을 따왔다.

14   불교 고승을 우대한 중국 황제의 예를 든 것으로, 정관은 당 태종(太宗)의 연호이고 영락은 명 성조(成祖)의 연호다. 당 태종은 645년 인도 구법행에서 돌아온 현장(玄奘)에게 삼장 법사(三藏法師)의 호를 내리고 역경(譯經) 사업을 후원했다. 명 성조는 1407년 티베트의 고승 갈리마오사(噶里麻烏斯)를 대보법왕(大寶法王)에 봉하고 7일간 보도대재(普度大齋)를 열게 했다.

15   당의 마조 도일(馬祖道一, 709~788)이 제자 대매 법상(大梅法常)에게 "매실이 익었다"고 하며 깨달음을 인정해준 고사에서 연유한 말이다. 법상의 동문인 염관 제안(鹽官齊安)의 말이라고도 한다.

16   자하(子夏)가 공자에 대해 "멀리서 바라보면 엄숙하고 가까이 나아가면 온화하고 그 말을 들어보면 엄정하다"고 한 『논어』 「자장편(子張篇)」의 말이다.

이 정도가 되어야 끝없는 대천大千세계를 구제하고 속세에 은혜를 베풀었다고 할 수 있을 것이다. 벽을 마주 보며 염주를 세거나 벽돌을 갈아서 거울을 만드는 것17을 어찌 자비라고 하겠으며, 널리 탑묘塔廟를 세우고 경율을 많이 베끼는 것을 어떻게 자비라 할 수 있겠는가? 내 서쪽(평안도)과 남쪽(전라도) 관찰사의 요청에 따라 그 영당影堂에 편액을 내려 남쪽은 표충表忠, 서쪽은 수충酬忠이라 했고, 관에 명하여 제수祭需 물품을 지급해서 매년 제사를 지내게 했다. 올해가 갑인년(1794)이므로 홍무洪武 갑인년(1374)에 선세善世 선사18에게 황제가 시를 내린 옛일을 따라서 서序와 명銘을 지어 영당에 걸게 하노라. 내 비록 불교의 진리를 배우지는 않았지만 일찍이 『법화경法華經』의 뜻 해석을 들으니 "게송의 뜻은 우리 쪽에서 서문 뒤에 붙이는 명銘과 같은 것이다"라고 했다. 그렇다면 이 명은 불교의 게송 같은 것이다. 명은 다음과 같다.

부처의 해가 처음 비추니 자비의 구름 경전이 되고
오랜 세월 심인을 전하며 정성스럽게 이어졌도다
서원을 물으면 누구나 자비를 베푼다고 하지 않겠는가
교학의 바다 넓고도 아득하여 나루터에 도착하는 이 드물었는데
나라에 복이 있고 하늘이 보우하여 고승이 때맞추어 나타났구나
석장을 세우고 일갈하니 마군魔軍이 뿔뿔이 흩어지고
하늘이 맑고 달이 밝아 거센 물결 잠잠해지도다

---

17 6조 혜능(惠能)의 제자 남악 회양(南嶽懷讓, 677~744)이 부처가 되기 위해 선 수행을 한다는 마조 도일의 말을 듣고 벽돌 하나를 가지고 가서 갈기 시작했다. 도일이 이유를 묻자 거울을 만든다고 했고, 다시 "벽돌을 갈아서 어떻게 거울을 만들 수 있습니까?"라고 하자 "그렇다면 좌선을 해서 어떻게 부처가 될 수 있는가?"라고 대답하고 그를 깨달음으로 이끌었다는 고사에서 나온 말이다.

18 명나라 초에 인도에서 온 살갈찰실리(薩曷拶室哩)이다. 명 태조가 1374년에 선세 선사의 호를 내리고 불교를 총괄하는 지위를 부여했다.

우담바라 꽃 동쪽 바닷가에 피어나니

세상에 경하할 일 돌리고 참된 연화세계로 바뀌도다

숙연하고 경건한 종과 목어여! 선의 등불 외로이 빛나노라

명성은 죽간에 전하고 도는 패엽(경전)에 있는데

고즈넉한 향촌의 발사鉢寺[19]에 그 모습 세세히 비치리니

보은의 제사 어떻게 하리오? 관에서 보찬蒲饌[20]을 지급하고

신령스러운 복 내리니 길이 그 초상을 보호하리라

만물이 번창하듯 온 나라가 성세로다

부유하고 안정된 주나라에 필적하고

태평성대인 요임금 때와 견주며

팔만사천 긴 세월 자손 대대로 함께 즐기리라

즉위한 지 18년째 되는 갑인년(1794) 4월 8일에 표충사表忠祠와 수충사酬忠祠에 모신다.

— 『청허당집』 보유, 「정종대왕어제서산대사화상당명병서正宗大王御製西山大師畵像堂銘并序」

갑인년(1794) 4월 초파일에 국왕은 공조정랑 겸 춘추관 기주관 승응조承膺祚를 보내, 국일도대선사國一都大禪師 선교도총섭禪教都摠攝 부종수교보제등계존자扶宗樹教普濟登階尊者 증표충선사贈表忠禪師 휴정休靜의 영령에 제사하노라.

세속에서는 충효이고 출가해서는 자비라

---

19   고승이 입적한 사찰이라는 뜻으로 여기서는 휴정의 영당이라는 의미로 쓰였다. 중국 송대의 중원 문혜(重元文慧)가 천발사(天鉢寺)에서 앉은 채 적멸에 들어갔고 많은 사리가 나온 데서 유래했다.

20   남자 신도를 가리키는 이보새(伊蒲塞) 또는 우바이(優婆夷)가 재를 올릴 때 공양하는 음식을 말한다.

만나는 인연은 비록 다르지만 같은 뿌리에서 어찌 다른 갈래일 건가

선사는 영기를 한 몸에 받아서 매우 뛰어난 자질을 갖추었으니

맑으면서도 자취에 따르고 비우면서도 도리를 잊지 않았다

글과 그림을 내리며 선조께서 총애하셨으니

산문에 돌아가 있어도 어찌 감히 큰 은혜를 잊겠는가

우리 세상에 법을 펼치고 의로운 깃발 드날리니

나쁜 조짐 확연히 사라지고 하늘의 해 다시 빛나도다

종사宗社에 공이 있고 대국에 이름을 알렸는데도

빛을 돌려 스스로 비추어 보고 고요함이 무위의 경지이로다

당나라 업후鄴侯**21** 같은 자취는 또한 얼마나 기이한가

불제자가 동해 바닷가로 석장을 날리니

오랑캐 수장이 두려워하며 국운이 다시 안정되었노라

의발을 전하고 대의를 지키며 시대를 바로잡았으니

실로 선종에 힘입어 우리 백성의 떳떳한 도리를 빛냈기에

내 비록 늦었지만 우선 남쪽에 사당을 세우고

거듭 명하여 현판을 빛나게 했다

우뚝 솟은 묘향산에 진영을 갖추어 모셨는데

나고 자랐고 늙어서 입적한 곳이 서쪽 지역이도다

바로 이곳에 사당을 세울 것을 담당관에 명하니

건물도 새로 만들고 비도 크게 새겼노라

두 자의 아름다운 명호는 위대한 공적을 추모하니

장차 교화를 펼치려 함에 어찌 거듭 베풂을 꺼릴 것인가

지금 갑인년 관불灌佛 의식을 하는 사월 초파일이 되었는데

---

21 업현후(鄴縣侯)에 봉해진 당의 이필(李泌)을 가리킨다. 당 숙종 대에 황제와 국사를 상의하고 중흥의 방책을 논했으며 덕종 대에도 혼란한 나라를 안정시켰다. 모든 직책을 고사하고 스스로 산인(山人)이라 하며 은거했다.

금빛 꽃에 태양 비추고 보개寶蓋 위로 구름이 흘러가도다

오늘은 향을 내려서 중국 조정의 의식을 본받으니

아득히 끝없는 세월 동안 그 명성과 공렬이 소상히 전해지리라

신령은 물처럼 어디에나 있으니[22] 그가 온 것처럼 생각되도다

——『청허당집』보유, 「수충사사제문酬忠祠賜祭文」

---

22 송대의 학자 소식(蘇軾)이 당의 한유(韓愈)를 위해 쓴 「조주한문공묘비(潮州韓文公廟碑)」
    에 "천하에 공의 신령이 있는 것은 물이 땅속에 있는 것과 같아서 어디인들 있지 않은 곳이
    없다"라는 말이 있다.

2장
선과 교의 같고 다름과 선 우위론

선과 교, 하나의 근원 두개의 갈래

하나의 그 무엇, 선과 교의 원류

하나의 그 무엇(일물一物)[1]이 여기에 있다. 본래부터 밝고 신령스러워 일찍이 생겨난 적도 없고 사라진 적도 없으니 이름을 붙일 수도 없고 형상을 나타낼 수도 없다.

하나의 그 무엇이란 어떤 것인가? 옛사람의 게송에 "과거불이 나오기 전의 변치 않는 한 원의 모습【○】, 석가釋迦도 알지 못했는데 가섭迦葉이 어찌 전할 수 있었겠는가?"라고 하니, 이것이 하나의 그 무엇이 일찍이 생겨난 적도 사라진 적도 없어서 이름 붙일 수도, 형상을 나타낼 수도 없는 이유이다.

---

1 『한국전통사상총서 불교편 3: 정선 휴정』(대한불교조계종 2010)의 김영욱 역주에서 일물(一物)을 '하나의 그 무엇'이라고 번역한 것을 따랐다.

6조 혜능惠能이 대중에게 "내게 하나의 그 무엇이 있는데 붙일 이름도 글자도 없다. 그대들은 무엇인지 알겠는가?"라고 물었다. 하택 신회荷澤神會 선사가 앞으로 나와서 "모든 부처의 본래 근원이며 신회의 불성佛性입니다"라고 했다. 이것이 그가 6조의 방계 서자庶子가 되는 까닭이다. 남악 회양南嶽懷讓 선사가 숭산嵩山에서 왔는데 6조가 "어떤 물건이 이렇게 왔는가?"라고 물으니 어찌할 줄 몰랐다. 8년이 지나서 스스로 끄떡이며 "하나의 물건이라 해도 맞지 않습니다"라고 했다. 이것이 6조의 정통 적자嫡子가 되는 까닭이다.

부처와 조사가 세상에 나오니 바람도 없는데 물결이 일어나네.

부처와 조사란 세존과 가섭이다. 세상에 나왔다는 것은 큰 자비를 근본으로 삼아 중생을 제도했다는 것이다. 그러나 하나의 그 무엇으로 바라보면 사람마다 그 참모습이 본래부터 원만히 이루어져 있으니 어찌 다른 사람에게 빌려서 연지를 찍고 분을 바르겠는가? 이것이 세상에 나오니 물결이 일어났다고 한 까닭이다. 『허공장경虛空藏經』에서 "문자도 마업魔業(마구니의 행위)이고 이름과 형상도 마업이며, 부처의 말씀까지도 마업이다"라고 한 것이 바로 이 뜻이다. 이것은 본분을 곧바로 들어 보인 것이니 부처나 조사일지라도 특별한 역할이 없다.

그러나 법에는 다양한 뜻이 있고 사람에게는 여러 근기가 있으니 그에 따라 방편을 펼쳐도 무방하다.

법이란 하나의 그 무엇이고 사람은 중생이다. 법에는 변하지 않는 불변不變과 인연을 따르는 수연隨緣의 뜻이 있고, 사람에게는 단번에 깨치는 돈오頓悟와 점차 닦아가는 점수漸修의 근기가 있다. 그러므로 문자와 언어로 방편을 펼치지 않을 수 없다. 이것이 이른바 "공적으로는 바늘 하나도 용납하지 않지만 사적으로는 수레와 말도 지나간다"는 것이다. 중생이 비록 원만히 이루어져 있다지만 지혜의 눈이 없이 태어나서 윤회를 감수하게 된 것이니, 세간을 벗어나게 하는 금비金鎞[2]가 아니면 누가 무명無明의 두꺼운 꺼풀을 도려낼 수 있겠는가? 고통의 바다를 건너서 극락의 피안에 오르기까지 모두 큰 자비의 은혜로 말미암는 것이다. 그렇기에 항하의 모래알처럼 많은 목숨으로도 그 은혜의 만분의 일조차 갚기 어렵다. 이는 새로 방편으로 얻은 것을 자세히 언급하여 부처와 조사의 깊은 은혜에 감사드리는 것이다.

억지로 여러 가지 이름을 붙여서 마음이라고도 하고 부처라고도 하고 중생이라고도 하는 것이니 이름에 집착하여 이해하려 해서는 안 된다. 있는 그대로가 곧 옳은 것이니 생각을 일으키는 즉시 어긋나버린다.

하나의 그 무엇에 억지로 세가지 이름을 붙인 것은 교학에서 마지못해 한 것이요, 이름에 집착하여 이해해선 안 된다는 것 또한 선에서는 어쩔 수 없는 것이다. 한번은 들어 올리고 한번은 누르며 세웠다가 바로 허물어뜨리니 모두 법왕法王과 법령法令이 자유자재함이다. 이는 앞뒤의 내용을 맺고 연결하기 위해 부처와 조사의 현상과 본체가 각기 다름을 말한 것이다.

——『선가귀감禪家龜鑑』[3]

---

2   인도에서 장님의 눈을 고치기 위해 안막 제거에 쓰였던 안과용 칼로, 번뇌와 무명을 타파하는 지혜를 비유한다.

3   휴정이 1564년(명종 19)에 집필한 후 1569년 묘향산 보현사(普賢寺)에서 언해본이 나왔고 1579년 지리산 신흥사(新興寺)에서 한문본이 간행되었다. 조선 불교의 정체성과 직결되는 임제종(臨濟宗) 간화선(看話禪)을 내세우면서도 선과 교를 함께 닦는 수행 방안을 제시한 책이다. 임제종을 비롯한 선종 5가의 가풍과 선교겸수의 방식, 염불과 계율, 진언다라니 등 다양한 내용이 수록되어 있다.

선과 교, 따로 전해지다

세존이 세 곳에서 마음을 전한 것이 선禪의 뜻이고, 일생토록 설한 가르침이 교教의 문이다. 그러므로 "선은 부처의 마음이고 교는 부처의 말씀이다"라고 하는 것이다.

세 곳이란 다자탑多子塔 앞에서 앉은 자리 반을 나눠서 앉게 한 것이 첫번째이다. 영산회상靈山會上에서 꽃을 들어 보인 것이 두번째이다. 두 그루 사라수娑羅樹 아래에서 관 밖으로 두 발을 내보인 것이 세번째이다. 이른바 가섭迦葉이 선의 등불을 따로 전했다는 것이 이것이다. 일생토록 설한 가르침이란 49년간 5교를 설한 것이니 인천교人天教, 소승교小乘教, 대승교大乘教, 돈교頓教, 원교圓教이다. 이른바 아난阿難이 바다처럼 넓고 깊은 가르침을 널리 흘러서 통하게 했다는 것은 이를 말한다. 그렇기에 선과 교의 근원은 세존이고 선과 교의 갈래는 가섭과 아난이다. 말없이 말 없는 경지에 이르는 것이 선이며 말로써 말이 없는 경지에 이르는 것이 교이다. 마음이 선법이고 말이 교법이니 법은 비록 한가지 맛이지만 견해는 하늘과 땅처럼 큰 차이가 있어서 이렇게 선과 교의 두 길로 나뉜다.

그러므로 누구나 말에서 (근본을) 잃어버리면 염화미소도 모두 교의 자취가 되고 마음으로 깨달으면 세간의 거칠고 자질구레한 말도 모두 교 밖에 별도로 전하는 선의 뜻이 된다.

법은 붙일 이름이 없으므로 말로 표현할 수 없고, 나타낼 모습이 없으므로 마음이 미치지 않는다. 말로 헤아리는 것은 심왕心王(마음 작용의 근본)을 잃는 것이고 본래의 마음 그 자체를 잃으면 세존이 꽃을 들어 보인 것과 가섭이 미소 지은 것 모두 진부한 말로 떨어지고 끝내는 활력을 잃게 될 것이다. 마음에서 얻은 이는 길거리에서도 법의 요체를 잘 설할 수 있을 뿐 아니라 제비의 지저귀는 소리에서도 실상을 깊이 담론할 수 있다. 그래서 보적寶積 선사가 곡소리를 듣고 몸과 마음이 뛸 듯이 기뻐했고, 보수寶壽 선사가 다투고 주먹질하는 것을 보고 본래의 면목을 활연히 깨달은 것은 이 때문이다. 이는 선과 교의 깊고 얕음을 밝힌 것이다.

—『선가귀감』

  대체로 선과 교에서 모두 이렇게 방편을 설했다. (부처는) 하나의 기틀을 따로 전하기 위해 세 곳에서 마음을 전했고 세 종류의 근기를 위해 일생에 걸쳐서 가르침을 펼쳤다. 이에 조사가 나와서 부처에 대한 견해와 법에 대한 견해를 다 꺾어버린 것은 사실 교의 뜻을 돋구어 일으킨 것이지 교를 비난하고 헐뜯은 것은 아니다.

  (중국 선종의) 4조 도신道信이 "그대들은 하루하루 언제나 자신의 마음이 곧 부처의 마음이요 부처의 마음이 바로 자신의 마음임을 믿거라. (초조 달마達摩가) 최상의 일심의 법을 전하여 깨우침의 길을 열었다. 그대들 중 법을 구하는 이라면 구한다는 마음조차 없어야 한다. 마음 밖에 별도로 부처가 없고 부처 밖에 마음이 따로 없다"라고 했다. 참된 마음은 선과 악을 대상으로 삼지 않으니 욕심이 많은 사람은 근기가 얕고, 시시비비를 다투는 사람은 통하지 못하며, 접촉하는 모든 대상과 경계에서 마음을 일으키는 이는 선정에 들기 어렵고, 고요하기만 하고 근기를 잊은 이는 지혜가 가로막히고, 오만하고 자부심 높은 사람은 자아의식이 강하며, 공空에 얽매이거나 유有에 집착하는 사람은 모두 어리석고, 문자에 파고들어 깨달으려는 이는 더욱 막히게 된다. 고행으로 부처가 되기를 구하는 이는 외도이고 마음이 곧 부처라고 고집하는 자는 마군이다. 그러나 정법에는 본래 이와 같은 것이 없도다. 그대들은 본분사를 알아차리고 금강검을 사뿐히

빼어 들기 바라노라. 한 생각 가운데 빛을 돌이키고 내려놓고 또 내려놓으면 본래의 천진한 면목이리라.

(부처가) 세 곳에서 마음을 전한 것이 제1구이고, 화엄의 삼전三轉[4] 방편이 제2구이며, 일생 동안 설한 가르침이 제3구이다. 자성自性에는 본래 범부와 성인의 두가지가 없으니 이를 놓아버리면 일념만이 홀로 일어난다. 눈앞에 드러난 일념은 사람마다 본래 가진 근원적 마음이고 또한 하나의 법이요 신령스럽게 아는 마음이다. 중생은 마음 밖에서 부처를 찾고 현상에 빠져서 부처를 구하기 때문에 부처는 서방(정토淨土)에 있고 자신은 동방(예토穢土)에 있다고 여긴다. 여기서 자성미타自性彌陀와 서방미타西方彌陀라는 명칭이 생겨난 것이니 배우기를 원하는 자는 이러한 견해에 빠져서는 안 된다.

—『심법요초心法要抄』[5]

세존은 설산에서 6년을 있다가 샛별을 보고서 도를 깨우쳤다. 깨우친 법이 아직도 지극한 경지에는 이르지 못했음을 알고서 수십 개월을 유력하다가 임오년에 홀로 진귀조사眞歸祖師를 찾아갔고 비로소 심오하고 지극한 뜻을 전해 얻었다. 이것이 바로 교외별전敎外別傳의 원류이다. (『범일국사집梵日國師集』)

세존이 영산회상靈山會上에서 가섭에게 자리의 반을 나눠서 앉게 하고 꽃가지를 들었으며 두 발을 보여서 대중에게 은밀히 법을 전했다. 문수文殊와 보현普賢 등 8만의 보살 무리 가운데 누구도 가섭이 깨달아 들어간 경

---

4   종밀(宗密)은 화엄의 삼전을, 법의 상을 보여주는 시상전(示相轉), 법에 따라 수행하기를 권하는 권수전(勸修轉), 깨달음을 증명해주는 인증전(引證轉)으로 나누어 설명했다(『화엄경행원품별행소초華嚴經行願品別行疏鈔』권4).

5   휴정의 저술로서 교학자병(敎學者病), 선학자병(禪學者病), 삼승학인병(三乘學人病), 참선문(參禪門), 염불문(念佛門), 삼종정관(三種淨觀), 선송(禪頌), 염송(念誦), 교외별전곡(敎外別傳曲) 등 마음 수행과 관련된 요체와 지침을 정리해놓았다.

지를 알지 못했다. 이것이 바로 교외별전의 갈래이다. (『범왕결의경梵王決疑經』)

〈결결訣〉

가섭과 아난 두 존자로부터 6조 혜능 대사까지가 이른바 33조사이다. 이 교외별전의 뜻은 푸른 하늘 밖으로 멀리 벗어난 경지이므로 5교를 배우는 이들은 믿기 어려울 뿐만 아니라 선종의 하근기도 막막하여 알지 못한다.

—「선교석禪教釋」6

선과 교의 특징과 장단점

교문에서는 오직 일심一心의 법을 전하고 선문에서는 오로지 견성見性의 법을 전한다.

마음은 거울의 본체와 같고 본성은 거울의 빛과 같다. 자성이 청정하니 곧바로 활연히 깨달아 본래의 마음을 다시 얻게 된다. 이는 본분의 뜻을 얻으려는 한 생각을 매우 중요하게 여긴 것이다.

마음에는 두가지가 있는데 하나는 본원의 마음이고 다른 하나는 무명無明으로 현상에 집착하는 마음이다. 성性에도 두가지가 있는데 하나는 본래의 법성法性이요 또 다른 하나는 본성과 현상이 상대를 이루는 성이다. 그러므로 선학자와 교학자가 똑같이 미혹하여 이름에 집착하고 이해를 일으키며 얕은 것을 깊다고 여기거나 깊은 것을 얕다고 생각하여 결국은 관행觀行7에 큰 병통이 되기 때문에 여기에서 이를 밝힌 것이다.

---

6   제자들이 『금강경오가해(金剛經五家解)』를 들고 찾아와 선의 종지를 물어보자 휴정이 답한 내용으로, 선과 교의 차이를 설명하고 선의 우위를 주장했다. 정혜(定慧)와 견성(見性), 조사선(祖師禪)과 여래선(如來禪) 등에 대한 질의와 대답 형식이다. 휴정은 교가 방편이자 입문이고 선은 교외별전의 가르침이라고 하여, 결국 문자나 대상에 집착하지 말고 자신을 직시해야 함을 강조했다.

그러나 여러 부처께서 경을 설할 때는 먼저 모든 법을 분별한 뒤에 궁극적인 공空을 말했고, 조사들이 들어 보인 구절에는 자취가 생각에서 끊어지고 이치가 마음의 근원에서 드러난다.

모든 부처는 만대가 지나도 의지하고 기대게 되므로 이치를 자세히 보여야 했고, 조사는 곧바로 구제하고 벗어나게 하므로 뜻을 깊게 통하게 한 것이다. 자취는 조사의 말 자취이고 뜻은 배우는 이들이 생각하는 바이다.

그러므로 배우는 이는 우선 진실을 그대로 말한 가르침에 의해, 변하지 않는 불변不變과 인연을 따르는 수연隨緣의 두 뜻이 자기 마음의 성性과 상相이요, 돈오頓悟와 점수漸修의 두 문이 자기 수행의 처음과 끝임을 자세히 알아야 한다. 그런 뒤에 교의를 놓아버리고 오로지 자기 마음에서 눈앞에 드러난 일념一念으로 선지를 참구하면 반드시 얻는 바가 있을 것이니, 이것이 바로 얽매인 몸에서 벗어나서 살아나는 길이다.

상근기로 큰 지혜를 가진 이는 이러한 한계가 없지만 중·하의 근기는 이 단계를 뛰어넘을 수 없다. 교의 뜻은 불변과 수연, 돈오와 점수 등에 선후가 있지만, 선의 법은 불변과 수연, 성과 상, 체와 용이 원래부터 한 생각에 함께 있어서 같다는 생각도 버리고 같지 않다는 생각도 버리며 옳기도 하고 옳지 않기도 하다. 그러므로 종사들은 법에 의지하여 말을 떠나서 곧바로 한 생각을 가리켜 본래 성품을 직관하여 성불할 뿐이다. '교의를 놓아버린다'는 말은 이 때문이다.

—『선가귀감』

---

7   실상을 있는 그대로 관찰하고 마음의 본성을 꿰뚫어 보는 수행을 말한다.

오늘날 선학자는 '이것이 우리 스승의 법이다'라고 하고 교학자도 '이것은 우리 스승의 법이다'라고 말한다. 하나의 법에 대해서 같은 것은 같다 하고 다른 것은 다르다고 해야 하는데 손가락〔指〕과 말〔馬〕[8]을 가지고 서로 다투고 있다. 아! 누가 이를 해결할 수 있겠는가?

선은 부처의 마음이고 교는 부처의 말씀이다. 교는 말이 있는 데서 말이 없는 단계에 이르는 것이고, 선은 말이 없는 데서 말이 없는 경계에 도달하는 것이다. 말이 없는 데서 말이 없는 단계에 이르면 누구도 이름을 붙일 수 없기에 억지로 마음이라고 한다. 세상 사람들이 그 이유도 모르면서 '배워서 알고 생각해서 터득한다'고 하니 참으로 우려할 만하다. 교학자가 '교 가운데도 선이 있다'고 하는 것은 성문승聲聞乘에서 나온 것도 아니고 연각승緣覺乘도 보살승菩薩乘도 불승佛乘의 말도 아니다. 그렇기에 이는 선가에서 입문하는 첫 구절이지만 선의 종지는 아니다.

세존이 일생 동안 설한 교는 세가지 자비의 그물을 삼계三界의 생사윤회의 바다에 드리워 작은 그물로는 새우와 조개를 건져 올리고(인천人天의 소승교小乘教), 중간 그물로는 방어와 송어를 건지며(연각緣覺의 중승교中乘教), 큰 그물로는 고래와 거북이를 잡는다(대승大乘의 원돈교圓頓教). 모두 열반의 언덕에 두었으니 이것이 교의 순서이다. 여기에 하나의 그 무엇(일물一物)이 있는데, 수염은 붉은 불길과 같고 손톱은 쇠로 만든 창과 같으며 눈에서는 태양 빛을 쏘고 입으로는 폭풍우와 우레를 쏟아낸다. 몸을 한번 뒤집으면 흰 물결이 하늘에 가득 차고 산과 강이 진동하여 해와 달이 어두워지는데, 세가지 그물 밖으로 뛰쳐나와 곧바로 푸른 구름 위로 올라가 감로수를 쏟으며 중생에게 이익을 준다(조사 문중의 교외별전教外別傳의 근기). 이것이 선이 교와 구별되는 점이다.

---

8   『장자(莊子)』「제물론(齊物論)」의 비유로서 대립적 현상을 상대주의로 파악한 것이다.

이러한 선의 법은 우리 부처 세존께서 또한 진귀조사眞歸祖師에게 별도로 전해 받은 것이고 과거불의 진부한 말이 아니다. 요즘 선의 종지를 잘못 받아들인 이들은 돈점頓漸의 문을 정통으로 여기거나 원돈圓頓의 교를 종승宗乘으로 삼으며, 외도의 책을 인용해 은밀한 뜻을 설하기도 하고 업식業識[9]으로 제멋대로 분별하는 것을 본분으로 삼기도 하며 빛의 그림자를 자신으로 오인하기도 한다. 심지어 냉목적인 방棒과 할喝[10]을 마음대로 행하면서 부끄러움조차 없으니 이는 참으로 어떤 마음인가? 법을 비방하는 잘못을 내 어찌 감히 말하겠는가?

내가 말하는 교외별전은 배워서 알고 생각해서 터득하는 것이 아니며 마음의 길이 끊어진 경계를 궁구한 뒤에야 비로소 알 수 있고 스스로 수긍하여 고개를 끄덕인 후에야 겨우 터득할 수 있다. 들어보지 못했는가? 세존이 꽃을 집어 대중에게 보이자 가섭이 얼굴에 환한 미소를 지었다. 또 입밖으로 드러내어 후세에 전해진 말 가운데 달마의 ‘텅 비어 성스러울 것이 없다’, 6조 혜능의 ‘선이라고도 악이라고도 생각하지 마라’ 등은 모두 이전에 부처와 조사가 다 같이 부른 교외별전의 곡이다. 생각하고 헤아릴 수 있겠는가? 따지고 분별할 수 있겠는가? 모기가 무쇠 소 위에 올라탔다 할 만하다.

요즘은 말법末法시대라서 대개 근기가 낮으니 교외별전의 근기가 아니다. 오직 원돈문圓頓門만을 귀하게 여겨서 이치나 의미, 마음과 언어로 보고 듣고 믿고 이해하는 작용을 일으킨다. 이치나 의미를 따지지 않고 마음으로 헤아리거나 언어 관념에 얽매이지 않으며 아무런 맛도 없고 모색할 방법도 없이 칠통漆桶[11]을 타파하는 경절문徑截門은 귀하게 여기지 않는다.

그렇다면 어떻게 하면 좋겠는가? 지금 그대는 팔방의 승려들을 대할 때

---

9   과거 행위의 과보가 지금 현재 일으키는 마음의 작용.
10   선의 경지를 드러내 상대를 일깨울 때 후려치는 것이 ‘방’이고 크게 소리치는 것이 ‘할’이다.
11   검은 통이라는 뜻으로, 아무것도 보이지 않는 상태나 어리석은 사람을 비유하는 말이다.

방편의 칼을 요긴하게 쓰되 분별하고 파고들어서는 안 된다. 오직 본분의 경절문 활구活句로 스스로 깨닫고 스스로 터득하게 하는 것이 바로 종사가 남을 대하는 태도이다. 배우는 이가 잘하지 못한다고 해서 자신의 몸을 더럽힐 각오로 가르침을 설한다면 그 눈을 멀게 하는 일이 적지 않을 것이다. 만일 종사가 이 법을 어긴다면 비록 법을 설하여 하늘에서 꽃이 어지러이 내린다 해도 모두가 어리석게 미쳐서 밖으로만 내달리는 꼴이 될 것이다. 만약 배우는 이들이 이 법을 믿으면 비록 이번 생에 철저한 깨달음을 얻지 못하더라도 목숨이 끝날 때 악업에 끌려가지 않고 곧바로 진정한 깨달음인 보리의 바른길로 들어가게 될 것이다.

—「선교결禪敎訣」12

선과 교의 병통과 실제

교학자는 활구를 참구하지 않고 다만 총명한 지혜를 가지고 귀로 듣고 입으로 외우는 학문을 세상에 자랑하지만, 실상의 경지를 밟지 못했으니 말과 행동이 서로 어긋난다. 이리저리 산과 물을 찾아다니며 식량만 허비하고 자신은 경론에 속으면서 일생을 보내다 끝내 지옥의 찌꺼기가 될 뿐이지 세상을 구제하는 배는 아니다.

선학자는 한가로움이 습성이 되어 모범이 되는 스승을 찾지 않고 여우굴에 헛되이 앉아서 졸다 보면 눈앞에 일어나는 현상세계에서 깨달을 수가 없다. 입을 다물고 수수께끼를 풀 듯이 궁리하는 자는 다만 풀에 의지하고 나무에 붙어사는 정령이 될 뿐이니 또한 세상을 구제할 만한 배가 못

---

12   휴정이 선과 교의 요점을 정리하고 양자를 비교하며 선의 우위를 주장한 이 글에서는 선과 교를 닦는 이들이 자신의 법만 고집하며 무엇이 옳은지를 제대로 알지 못한다고 진단하고 선교일치의 당위성을 말한 후, 교는 선에 들어가는 입문이고 선은 교 밖에 따로 전하는 조사의 기풍임을 강조했다.

된다.

밤에 새끼줄이 가만히 놓여 있는데도 그것을 뱀이라 의심하고, 어두운 방이 비어 있는 데도 귀신이 있을까 두려워한다. 마음에서 진실이니 거짓이니 분별을 일으키고 본성으로 범부와 성인을 구분하는 것이 누에가 실을 뽑아 제 몸을 스스로 엮는 것과 같으니, 이는 누구의 잘못인가? 만약 한 찰나에 지혜의 빛을 되돌려서 비추게 되면 바로 이것이 깨달음의 바른길이다. 천만가지 온갖 생각을 하면 자신의 마음의 근본인 심왕心王을 잃게 된다. 심왕이란 언어의 길이 끊어지고 마음의 작용이 사라진 경계이다.

팔만대장경에서 찾아도 얻지 못하는 것이 위로 향하는 향상向上의 한 길이고, 삼천三千의 옛 부처가 설해도 미치지 못하는 것이 틀 밖 격외格外의 선의 취지이다. 만약 생각을 잊고 텅 비어 맑기만 하여 나무나 돌 같고 허공 같다면 도에 일부 상응할 뿐이다. 배우는 이가 죽은 말만 고수하고 항상 깨끗함에 사로잡혀서 마음속의 그윽함과 한가함을 지킬 줄만 알고 활구에서 참구함을 알지 못한다면, 마치 꿩이 이미 고개를 넘어갔는데도 부질없이 빈 숲을 지키는 것과 같다.

방편을 고수하는 자는 마음이 장벽처럼 되는 것을 도리어 도라고 생각하니, 텅 비고 고요한 분별 없는 상태(무기無記)에 가로막혀 다른 사람이 목을 베도 알아차리지 못한다. 이렇게 공부하면 미륵보살이 세상에 내려올 때까지 좌선을 한다 해도 (번뇌를) 타파할 수 없으니 계현戒賢[13]과 같은 부류이다. 방편을 버리는 자는 장벽 위에서 참구하여 (의식분별을) 다 끊은 다음에 되살아나서 지혜의 빛이 더 밝아진다. 말로 미칠 수 없는 경계를 또렷하게 스스로 아니 혜가慧可[14] 같은 이들이다.

---

13   계현(529~645)은 인도의 유식학 논사로서 나란다 사원의 학장을 지냈다. 636년 당에서 온 현장(玄奘)에게 유식학을 가르쳤다.
14   중국 선종의 제2조로 달마(達磨)의 전법제자이며 단비(斷臂) 공안으로 유명하다.

요즘 배우는 이들은 달마가 2조 혜가에게 해준 말[15]의 뜻을 알지 못하기에 도리어 그것을 조주趙州의 무자無字 화두에 끌어다가 앞뒤로 방편으로 세우는 경우가 종종 있는데 이는 매우 잘못 안 것이라고 할 만하다. 또 어떤 이는 스스로 무심無心을 방편으로 여겨서 이름을 세우고 뜻을 정리한 후 다만 그렇게 생각하고 넘어간다. 달마가 하나하나 열거한 뜻을 전혀 알지 못하여 뒤로 물러나서 장벽 위에서 참구할 수 없으니 활발한 조사의 뜻을 매몰시키고 이름과 말에서 착각한다.

또 죽은 말을 분별하는 데 집착하고 텅 비고 고요한 상태에 눌러앉은 채 본래의 면목을 활짝 열지 못하는 이 또한 방편을 버리지 않고 집착하며 종사宗師 노릇을 한다. 그로부터 배워서 심의식心意識(마음의 작용)으로 헤아려 판단하고 비밀스러운 종지에 천착하여, 생각으로써 이해를 얻고 담담하게 맑고 고요함에 들어가 합하는 것을 구경의 법으로 삼는 이들이 수없이 많다. 학인들은 조사의 활구에서 곧바로 타파해야 하니 비록 깨닫지 못했어도 언젠가는 깨닫게 될 것이다.

지금 여러 곳에서, 옻칠한 칠통 같은 이들이 조사가 보여준 빠른 경절徑截의 방편만 고수하고 여기에 집착하여 실제의 법이라고 사람들에게 가르친다. 그렇게 남들의 눈을 멀게 하는 일이 적지 않으니 이 또한 알지 않으면 안 된다. 뜻을 참구하는 참의參意는 활구에서 깨우침을 얻지 못하고 교학의 어구에 의지하여 도리어 심의식으로 헤아려서 이해하는 것이다. 그렇지만 활구는 심의식으로 미칠 수 없는 것이어서 본래 심왕이 살아 있는 것이 마치 달리는 맹수와 같고, 사구는 심의식이 미치는 바여서 본래의 심왕이 죽은 것이 달리는 개와 같다.

선이나 교나 일념에서 일어난다. 심의식으로 미치는 것은 생각하고 헤

---

15 안심법문(安心法門). 혜가가 "마음이 편치 않으니 편안히 해주십시오"라고 하자 달마가 "그 마음을 가져오면 편안하게 해주겠다"라고 답했고, 다시 "마음을 찾아보았지만 찾을 수 없었습니다"라고 하자 "내가 이미 너의 마음을 편안하게 해주었다"고 말했다 한다.

아림에 속하므로 교이고, 심의식으로 미치지 못하는 것은 참구參究에 속하므로 선이다. 조사들이 제시한 것은 모두 한 구절에 팔만사천의 법문을 본래부터 갖추고 있다. 그러므로 수연隨緣과 불변不變, 성상性相과 체용體用, 돈오頓悟와 점수漸修 등이 자유자재하여 걸림이 없으니 본래부터 다 같은 시간이요 앞뒤 차별이 없는 것이 선이다. 여러 부처께서 펼쳐 보인 돈오와 점수, 수연과 불변, 성상과 체용 등에 서로 걸림이 없는 사사무애事事無碍의 법문이 갖추어져 있지만 수행과 증득에 계급과 차례의 선후가 있는 것이 교이다.

선의 등불이 가섭의 마음에 붙여지고 여러 조사가 그 근본을 전하고 이름을 드러내며 그 본체를 말없이 보여주니, 바른 선맥을 서로 잇고 종지의 근원을 직접 전한 것이다. 교의 바다가 아난의 입에서 흘러나와 여러 부처의 가르침을 전해서 법과 의미, 원인과 결과를 보여줌으로써 믿고 이해하고 닦고 증득하게 했다. 이것이 만대에 걸쳐 의지하는 근거가 되어 여러 유파로 올바로 계승된 것이다.

——『심법요초』

이에 교학자 대여섯명이 흥분한 얼굴로 청허(휴정)에게 "선가의 발언은 분에 넘치고 도가 지나칩니다. 눈은 있지만 발이 없는 격이 아니겠습니까?"라고 물었다. 청허는 정색을 하고 다음과 같이 답했다. "선가는 눈도 갖추고 발도 갖추었다. 영원히 생사윤회에 빠져 있을지라도 여러 성인의 해탈을 뒤따르지 않는 것이 선가의 안목이다. 다른 사람의 잘못을 보지 않고 언제나 자신의 허물을 스스로 보는 것이 선가의 발이다. 아! 시대가 흘러서 성인이 멀어질수록 마魔는 강해지고 법法은 약해져서 정법을 흙덩이처럼 보니, 내 이 말은 한잔의 물로 수레의 불을 끄려는 것과 같은 것이다. 선종의 5조 홍인弘忍은 '내 본심을 지키는 것이 모든 부처를 칭념하는 것보다 나으리라'고 했고 하늘을 가리키며 '내가 만일 속인 것이라면 나는 대대로 호랑이와 이리에게 먹힐 것이다'라고 맹세했다. 배우는 이가 이 대목에서 비감함이 들지 않는다면 목석과 다르지 않다고 할 수 있다. 그러므로 옛 고덕은 '교법만 중시하고 마음을 가볍게 여기면 비록 오랜 세월이 지나도 모두 천마天魔나 외도外道가 될 것이다'라고 한 것이다."

—「선교석」

휴정의 교학 이해

경전 읽기와 출가자의 자세

경전 읽는 소리를 듣거나 귀에 스치기만 해도 인연이 되니 다른 이의 공덕을 기뻐하면 복을 쌓게 되고 덧없는 몸이 다하여 없어져도 진실한 수행은 사라지지 않는다.

이는 지혜로운 이의 배움을 밝힌 것이니 금강석을 먹은 것처럼 번뇌가 없어지고 일곱가지 보화를 보시하는 것보다도 훌륭하다. 영명 연수永明延壽[16] 선사는 "듣고서 믿지 않더라도 오히려 부처의 씨앗을 인연으로 맺은 것이고, 배우고 이루지 못해도 도리어 사람과 하늘의 복이 될 것이다"라고 했다.

경전을 읽을 때 자기 본분상에서 공부하지 않는다면 비록 대장경을 다 본다고 해도 아무런 이익이 없다.

---

[16] 영명 연수(904~975)는 중국 북송대의 승려로 선종 5가인 법안종(法眼宗)의 제3조이다. 『종경록(宗鏡錄)』 100권 등을 남겼다.

이는 어리석은 이의 배움에 대해 밝힌 것이니 마치 봄날에 새가 지저귀고 가을밤에 벌레가 우는 것과 같다. 종밀宗密[17]은 "글자를 알아서 경전을 읽더라도 원래부터가 증득하여 깨달을 수 없고, 문구를 새기고 뜻을 해석한다 해도 탐욕과 성냄, 삿된 견해가 무성해질 뿐이다"라고 했다.

출가하여 승려가 되는 것이 어찌 작은 일이겠는가? 편안하고 한가로움을 구하는 것이 아니고 따뜻하고 배부름을 찾는 것도 아니며 이익과 명성을 얻으려는 것도 아니다. 생사의 윤회를 벗어나기 위함이요 번뇌를 끊기 위함이며 부처의 혜명을 잇기 위함이고 욕계欲界·색계色界·무색계無色界의 삼계에서 벗어나 중생을 제도하기 위함이다.

도를 닦는 이들은 스스로를 경계하여 깨우치기를 마치 머리에 붙은 불을 끄듯이 긴급하게 해야 할 것이다.

아! 부처님 제자들이 한 벌 옷과 한 그릇 밥도 농부의 피와 베 짜는 여인의 노고가 아님이 없거늘 도의 안목을 밝히지 못하면 어떻게 쓸 수 있겠는가?

— 『선가귀감』

경술년 가을 풍악산楓岳山 향로봉香爐峯에 머물 때 한 선승이 묘향산妙香山에서 나를 찾아와서 모든 부처 및 중생, 삼도三途(지옥·아귀·축생)의 장애의 연기緣起에 대한 이유를 물었는데, 부지런하고 간절하기에 마침내 게송 하나를 엮어서 질문에 답했다.

불성佛性을 보고자 하면 마음이 곧 부처의 본성임을 알고
삼도三途를 면하고자 하면 마음이 바로 삼도임을 알라
정진하는 이가 석가불이고 바른 마음이 곧 미타불이네

---

17   종밀(780~841)은 중국 화엄종의 제5조로 『선원제전집도서(禪源諸詮集都序)』『원각경대소석의초(圓覺經大疏釋義抄)』 등 다수의 저작을 남겼다.

밝은 마음이 문수보살이고 원만한 행동이 곧 보현보살일세

자비는 바로 관세음보살이고 희사함은 대세지보살이라

성내는 마음이 지옥이고 탐하는 마음이 아귀이며

어리석은 마음이 축생이고 음욕과 살생 또한 이와 같구나

마음을 일으킴은 천마天魔이고 일으키지 않음은 음마陰魔로다

일으키거나 일으키지 않는 것은 그 이름이 번뇌마煩惱魔라

그러나 우리 정법에는 본래 이와 같은 일이 없으니

청컨대 그대는 이 일을 알고 금강의 칼을 호쾌하게 들어라

빛을 돌리는 한 생각에 만법이 모두 환영을 이루니

환상을 만들고 병을 일으키는 한 생각도 내려놓아야 하리

내려놓고 또 내려놓으면 예로부터의 천진한 면목이도다

──『청허당집』권4, 「선교게어禪教偈語」

원각경을 펴내며

박가범薄伽梵[18]이 변하지 않는 광명의 세계[19]에서 가르침을 베푼 것은 참된 본체를 비춰서 꿈의 환영을 없앤 것이며, 함허당涵虛堂[20]이 뜻을 해석하고 글을 풀이한 것은 허공을 잘게 자르고 뱀의 다리를 그린 것입니다. 그러나 문자와 지식이 아니면 끝내 무슨 수로 은밀한 뜻과 종지를 궁구할 수 있겠습니까? 생각건대 본래 일으킨 원인을 물은 뒤에 궁극의 결과를 주로 제시했는데, 다만 두 문의 내용에 들어감에 따라 십계十界[21]로 다르게 나타

18　석가모니 부처의 이칭으로 바가바(婆伽婆)라고도 한다.

19　상적광토(常寂光土). 법신인 비로자나불의 정토나 광명의 세계를 뜻한다.

20　조선 초에 활동했던 함허 기화(涵虛己和, 1376~1433)이다. 무학 자초(無學自超)의 제자로 『함허당어록』『현정론』 등을 썼으며 『원각경』 등 경전에 대한 주석서를 남겼다.

21　십법계(十法界). 세계를 중생의 세계와 깨달음의 세계로 나눈 것으로 전자는 지옥·아귀·축생·아수라·인간·천상계의 6계, 후자는 성문·연각·보살·불계의 4계다.

난다고 판정했습니다. 청정한 법이 행해지니 모든 부처가 실제에 두루 미쳤고 원만하게 오묘한 본성을 이루니 중생이 참된 근원에서 온전히 갖추어졌습니다. 모든 환영幻影도 깨달은 마음에서 나오고 뭇 꽃들도 공중에서 사라집니다.

위와 아래를 바꾸고 순서대로 이으면서 '구름이 흘러가면 달이 움직이고 배가 떠가면 언덕이 옮겨 감'이라고 자세히 밝혔고, 행行과 상相이 얽혀서 어긋나는 것은 애하愛河와 금광金鑛[22]이라고 구체적으로 판별했습니다. 혹은 사병四病[23]이나 사상四相[24] 등을 떨쳐버리고 삼관三觀[25]이나 삼기三期[26]에 힘썼습니다.

대장경의 원만하게 다 갖춘 진리를 포괄하고 대승의 단박에 깨닫는 가르침을 드러냈으니, 어떤 근기도 포함되지 않음이 없고 어떤 법도 보전하지 않음이 없습니다. 다섯 유형의 이름만 들어도 세속의 보시보다 낫고 게송의 반만 뜻을 설해도 수없이 많은 소승小乘보다는 낫습니다. 그렇기에 입으로 암송하고 마음으로 간직하려 하며 나무에 새겨서 세상에 전하고자 합니다. 옛 판본이 권수가 많고 글자가 큰 것이 문제였는데, 기쁘게도 지금 이 경전은 글자를 조밀하게 하고 행간은 넓게 판각하게 하여 몇 달 안에

22　'애하'는 애착의 강물이라는 뜻으로 『능엄경』에 보이며 탐욕과 집착을 비유한 말이다. '금광'은 『원각경약소(圓覺經略疏)』 권2에 "금이 광석 안에 있을 때 광석을 녹여야 금이 드러나는 것과 같다"는 비유가 나온다.

23　원각(圓覺)을 잘못 이해한 네가지 병으로 ① 여러 수행을 통해 원각을 구하려는 작병(作病) ② 해탈을 구하지도 않고 원각이 스스로 나타나길 기다리는 임병(任病) ③ 모든 생각을 끊어 고요하고 평등하게 원각을 구하려는 지병(止病) ④ 일체의 번뇌를 끊어 원각을 구하려는 멸병(滅病)이다.

24　① 인간의 일생인 생(生)·노(老)·병(病)·사(死) ② 만물의 변화상인 생(生)·주(住)·이(異)·멸(滅) ③ 『금강경』의 아상(我相)·인상(人相)·중생상(衆生相)·수명상(壽命相) 등이 있다.

25　모든 현상을 관찰하는 방식으로 ① 공관(空觀)·가관(假觀)·중관(中觀) ② 진공관(眞空觀)·이사무애관(理事無礙觀)·주편함용관(周遍含容觀) 등이 있는데 여기서는 『원각경』에 나오는 원각삼관(圓覺三觀)인 사마타관(奢摩他觀, 지止)·삼마발저관(三摩鉢底觀, 관觀)·선나관(禪那觀, 사유思惟)을 가리킨다.

26　80·100·120일의 안거하는 기간.

일을 마쳤습니다.

　법은 문자를 떠났으니 이는 얼음에 새긴 문장이며, 도는 언어의 설명을 끊었으니 모래를 쪄서 밥을 지은 격입니다. 그러나 글로 말미암아 비록 간략하지만 한권의 경전이 되고 한번 눈을 스치기만 해도 삼각三覺[27]의 뜻이 분명해질 것입니다. 지금 불교의 고승들을 모아 부처의 진리의 세계인 적광정토寂光淨土의 참된 법을 강설하게 했습니다.

　바라건대 나라는 태평하고 백성은 풍요로우며 비바람이 순조로워서 거리마다 요순堯舜의 시대라고 노래하게 해주십시오. 시주施主 등은 장수하는 수산壽山이 더욱 높아지고 복이 오는 복해福海가 더욱 깊어져서, 여름에 구름이 일듯이 소원을 성취하고 봄에 얼음이 녹듯이 재앙이 사라지게 해주십시오. 또 바라건대 선조들 역시 업業의 바람과 파도 속에서 반야般若의 자비로운 배에 조속히 올라타게 하고, 큰 불구덩이 옆에서 청량한 법의 비에 빨리 적시도록 해주십시오.

——『청허당집』 권6, 「원각경경찬소圓覺經慶讚疏」

　확연히 텅 비고 넓고 넓어서 마음과 입으로 헤아릴 수 없네
　가련하다 부처의 국토가 결국 시시비비의 장이 되고 말았구나

　환한 대낮에 우렛소리 울리니 푸른 못의 늙은 용이 놀라고
　맑은 바람 취령鷲嶺[28]에 불고 밝은 달 규봉圭峰[29]에 떠오르네

——『청허당집』 권2, 「강원각講圓覺」

27　자신이 깨닫는 자각(自覺), 남을 깨닫게 하는 각타(覺他), 지행(知行)이 일치하는 각행원만(覺行圓滿)을 말한다.

28　석가모니가 법을 설했던 영취산(靈鷲山)을 가리킨다. 영산(靈山)이라고도 하며 당시 마가다국 왕사성(王舍城)의 동북쪽에 있었다.

29　당나라 때의 고승으로 중국 화엄종의 제5조인 종밀(宗密)의 호이다. 종밀은 『원각경』을 중시하여 주석서인 『원각경약소(圓覺經略疏)』 등을 지었다.

교학을 입문으로 삼음

옛날에 불교를 배우는 이들은 부처의 말씀이 아니면 말하지 않았고 부처의 실천행이 아니면 행하지 않았다. 그렇기에 보배로 삼은 것은 오직 경전의 훌륭한 글이었다. 그런데 지금 불교를 배우는 이들이 전하고 암송하는 것은 사대부의 구절이며, 요청해서 지니는 것은 사대부의 시구이다. 심지어는 붉고 푸른빛으로 종이를 칠하고 아름다운 비단으로 두루마리를 장정하여, 아무리 많아도 부족하다고 여기며 매우 중요한 보배로 삼고 있다. 아 어찌하여 옛날과 지금의 불교를 배우는 이들이 보배로 삼는 것이 다르단 말인가?

내 비록 어리석기는 하지만 옛날 배움에 뜻을 두고 경전의 훌륭한 글을 보배로 삼아왔다. 그런데 그 글이 매우 번다하고 대장경이 바다처럼 광대하여 뒷날 뜻을 같이하는 이들이 그 잎을 따는 노고를 면하지 못할 것이기에 글 중에서 요긴하고 중요한 수백 어구를 가려 뽑아 종이 하나에 적었으니 글은 비록 간략해도 뜻은 지극하다고 할 수 있다. 이 어구를 가지고 엄격한 스승 밑에서 연구하여 오묘한 뜻을 얻는다면 구절마다 살아 있는 석가가 그 안에 있을 것이니 힘쓸지어다. 그럼에도 문자를 떠난 한 구절을 격외格外의 기이한 보배로 써야 하겠지만 이는 또한 다음 기회를 기다릴 것이다.

갑자년(1564) 여름 청허당淸虛堂 백화도인白華道人이 쓰다.

──『청허당집』 권6, 「선문귀감서禪門龜鑑序」

원교圓敎와 돈교頓敎 두 문에서 마음의 안정을 얻었고
조계曹溪의 한 구절에서 또한 몸을 편안히 했네
푸른 산 고향으로 돌아가는 환향곡還鄕曲 부르니

분명 선가의 편히 쉬는 사람이로다

진여眞如의 거울 위에 마음의 조짐 일으키게 하고
적멸寂滅의 바다에서 식識의 물결 파헤치네
한번 큰소리쳐서 생과 사의 군대에 칼끝을 돌리고
태허太虛에 자유자재로 푸른 지팡이 날렸도다

한평생 특별한 일없이 구름 사이에 누웠으니
소동파蘇東坡의 한나절 한가함[30] 도리어 우습구나
잘잘못과 옳고 그름을 모두 내려놓고
장난 삼아 자라 끌어와 삼산三山을 이게 했네[31]

—『청허당집』권3, 「시이환선자示離幻禪子」

마주 대하며 어찌 격외선格外禪을 논하리요
눈썹 같은 초승달 푸른 하늘에 걸렸구나
바다를 먹물로 삼고 산을 붓으로 해도
가슴속의 한없는 말 다 쓰기 어렵도다

눈만 마주쳐도 환히 드러나는 일미선一味禪[32]
창에 든 소나무와 달은 바로 하늘에 닿고
이제야 이 본성이 문자 여읜 것 알았는데

---

30 소식(蘇軾)의 『소동파시집(蘇東坡詩集)』권8, 「증손신로(贈孫莘老)」에 "지난해 납일(臘日)에 고산(孤山)을 방문하여 승방의 창가에서 한나절 한가함을 빌렸네"라는 구절이 나온다.

31 동해의 삼신산(三神山)이 어디로 흘러갈지 몰라서 천제(天帝)가 거대한 자라 여섯마리로 산을 떠받치게 했다는 신화가 『열자(列子)』「탕문(湯問)」에 나온다.

32 순수한 최상승(最上乘)의 선(禪)으로 조사선(祖師禪)을 가리킨다. 여래선(如來禪)은 오미선(五味禪)이라고 한다.

화엄의 수많은 글 헛되이 읽었구나

──『청허당집』 권3, 「차운대사운次允大師韻」

선 수행의 실천과 방법

참선문

한 생각 일어나고 사라지는 것을 나고(生) 죽음(死)이라 한다. 나고 죽는 때를 당해서는 힘을 다해 화두를 들어야 하는데, 만약 화두가 잠깐 끊어짐이 있으면 이를 생사라 하고 번뇌라고 한다. 화두에 어둡지 않으면 이를 바로 당사자요 자기 집이라고 하는데, 이렇게 어둡지 않을 때 혹여라도 다른 생각이 일어난다면 분명 그림자에 미혹된 것이다.

아직 관문을 뚫지 못했다면 아이가 어미를 생각하듯, 암탉이 알을 품듯, 배고픈 자가 음식을 떠올리듯, 목마른 자가 물을 찾듯이 해야 하니, 이것이 어찌 억지로 지어낸 마음이겠는가? 이처럼 주도면밀하게 참구하며 생각하고 또 깊이 생각하면 반드시 집에 돌아갈 때가 있을 것이니 힘쓰고 힘쓸지어다. 지·수·화·풍地水火風의 사대四大로 이루어진 추한 육신이 매 순간 노쇠해짐을 아는가? 사람의 목숨이 호흡에 달려 있음을 아는가? 편안히 있을 때 도리어 지옥의 고통을 생각하는 것이 참선하는 사람들의 일상사이니 또한 점검하고 점검할지어다.

──『청허당집』 권6, 「참선문 증징장로參禪門贈澄長老」

출가하여 도 닦는 이들은 재물과 여색 가장 먼저 금하네
여럿이 있을 때 입 삼가야 하고 혼자 있을 때 마음 단속해야 하네
현명한 스승 늘 받들어 모시고 나쁜 친구와 이불 함께 덮지 말라

말할 때는 장난치며 비웃지 말고 잠잘 때도 정신을 흐트러트리지 말게

법은 거북이가 나무에 오르는 것 같고 몸은 바다에서 바늘 찾는 것과 같구나[33]

회광回光[34]은 참으로 즐거운 일이니 어찌 좋은 세월 저버리려나

뜻과 서원 산과 바다같이 하여 큰 깨달음의 성에 오르기를 기약하네

스승을 택하고 벗을 가려서 정미하고 오묘하게 또 정성스럽고 분명하게 하리니

앉아서는 반드시 서쪽을 향해 앉으며 걸을 때는 모름지기 땅을 보고 걷네

하루 한끼로 몸을 유지하고 자정 무렵에만 눈을 붙이며

불서佛書를 손에서 놓지 않고 외전에는 마음을 두지 않았네

인간세상 즐겁다 하지만 죽음의 마귀는 갑자기 놀라게 하니

우리 함께 실상을 논할 뿐 어찌 헛된 이름을 숭상하리오

—『청허당집』 권1, 「시명감상주언화제문배示明鑑尙珠彥和諸門輩」

생사의 윤회를 벗어나려면 반드시 조사선祖師禪을 참구해야 한다. 조사선이란 '구자무불성狗子無佛性' 화두이니 1,700칙의 공안 가운데 제일의 공안으로 세상의 승려들이 모두 이 무자無字 화두를 든다. 옛날에 어느 승려가 조주趙州에게 "개에게도 불성이 있습니까?"라고 묻자 "없다"라고 했다. 영혼이 있는 모든 존재에게 불성이 있는데 조주는 무엇 때문에 없다고 했을까? 그 뜻은 무엇이었을까? 이 무자 화두를 매 순간 계속 들고서 다닐 때나 머물 때, 앉거나 누워서나 눈앞에서 마주해야 한다. 그런데 그것은 하나의 불덩어리와 같아서 가까이하면 얼굴을 태워버릴 것이다. 불법에 대한

---

33 윤회에서 사람의 몸으로 태어나 불법을 만나는 것이 매우 희소하고 어려운 일임을 비유한 말이다.

34 회광반조(回光返照)의 준말로 마음을 돌이켜서 자신의 불성을 환히 꿰뚫어 보는 것을 말한다.

분별적 지해知解로 집착할 곳도 없고 전혀 알 수도 없으며 완전히 이해할 수도 없으니 분별의식으로 헤아려서는 미칠 수 없다.

무심하게 구할 수 없고 마음을 써서 얻을 수도 없으며 언어로도 나타낼 수 없고 말없이 통할 수도 없는데 어떻게 헤아릴 수 있겠는가? 이치로 모색할 수 있는 길도 없고 마음으로 미칠 수 있는 길도 없으며 언어로 나타낼 수 있는 길도 없고 아무 맛도 나지 않고 움켜잡을 것도 없으니 모색할 방도가 전혀 없다.

이 하나의 화두가 터지듯이 한번에 부서져야 비로소 생사의 이치를 얻을 수 있다. 분별의식이 깨지기 전에는 마음의 불이 타오를 것이니 바로 이럴 때 오직 의심하고 있는 화두를 들어야 한다. 천개 만개 온갖 의심이 다만 이 하나의 의심일 뿐이니 이렇게 저렇게 헤아려보아도 다 옳지 않다.

배우는 이들은 반드시 활구活句를 참구해야 하고 사구死句를 참구해서는 안 된다. 활구로 알아차린다면 부처나 조사의 스승이 될 만하지만 사구로 알아차리면 자기 자신도 구하지 못한다. 활구는 경절문이니 마음으로 미칠 수 있는 길도 없고 언어로 나타낼 수 있는 길도 없어서 모색할 방도가 없기 때문이다. 사구는 원돈문이니 이치로 모색할 길도 있고 마음으로 헤아리는 길도 있어서 듣고 이해하고 생각함이 있기 때문이다.

—『심법요초』

선의 실천 방식

모든 수행자가 자신의 마음을 깊이 믿되 스스로 굽히지도 높이지도 않기를 바란다.

마음은 평등하여 본래 범부와 성인이 없지만 사람에 따라 미혹과 깨달음, 범부와 성인의 구별이 있다. 스승이 격발시켜 참된 나와 부처가 다름이 없음을 홀연히 깨닫는 것이 돈頓이다. 이것이 자기를 굽히지 않아야 하는 이유이니 "본래 하나의 그 무엇도 없다"고 한 말과 같다. 깨달음에 의해 훈습을 끊고 범부가 바뀌어 성인이 되는 것이 점漸이다. 이것이 자기를 높이지 않아야 하는 이유이니 "항상 부지런히 털고 닦는다"는 말과 같다. 굽히는 것은 교학자의 병통이고 높이는 것은 선학자의 병이다. 교를 배우는 자는 선문에 깨달아 들어가는 비결이 있음을 믿지 않고 방편적 가르침에 깊이 매여 진실과 거짓에 특별히 집착하고 관행을 닦지 않으니 남의 진귀한 보배를 세는 셈이다. 그러므로 스스로 물러나서 굽히려 한다. 선을 배우는 자는 수행하여 번뇌를 끊는 바른길이 교문에 있음을 믿지 않고 축적되어 물든 훈습이 일어나도 부끄러운 마음을 일으키지 않는다. 수행 단계가 초심자 수준이라도 법에 대해 교만한 생각을 많이 내어 하는 말마다 지나치게 높인다. 이런 까닭에 마음을 닦으려고 뜻한 자는 스스로 굽히지도 말고 높이지도 말아야 한다.

이치로는 비록 단박에 깨달을 수 있지만 현실에서는 번뇌 망상이 단번에 제거되지 않는다.

> 생사윤회에서 벗어나려 한다면 먼저 탐욕과 모든 애착 및 갈망을 끊어야 한다.
> 걸림 없는 청정한 지혜는 모두 선정禪定에서 생겨난다.
> 마음이 선정에 들면 세간의 생멸하는 모든 현상을 알 수가 있다.
> 본래의 진심을 지키는 것이 최고의 정진이다.
>
> ──『선가귀감』

수없는 수행법 중에 참선이 가장 뛰어나네
천번 만번 태어나도 여래의 방에 바로 앉으리
이 일을 알려 하면 반드시 조사의 관문을 참구하라

바다처럼 넓은 믿음 일으키고 산처럼 높은 뜻을 세워서
일상의 모든 행위 온 힘을 다해 의심의 덩어리 일으키라
맑고 담담하여 어떤 맛도 사라지고 화두만 또렷이 드러나니
분별 가라앉고 마음 길 끊겨 장부의 뼛속 한기 뭉치리라

의심하지 않아도 저절로 의심할 때 그 사람이 힘 얻는 순간이네
바로 이 경지에 이르고서야 생사의 횃불을 끌 수 있도다
만약 이 말을 따르지 않으면 끝내 이룰 수 없으리라

또렷이 공안 들고 들뜨거나 침잠되지 않게 하며
물에 비친 달처럼 맑고 밝게 거문고 타듯이 느리고 빠르게
병든 이가 의사 찾는 의지와 갓난아기 엄마 생각하는 마음으로
정성스럽고 간절히 공부하면 붉은 해 동쪽 봉우리 위로 떠오르리라

활구에 마음을 둔 선객 그 누가 상대할 수 있으리오?
주어진 인연 다하는 날 염라대왕 스스로 항복하리니
삼도三途[35] 바다에서 벗어나려면 조사선을 참구해야 하네
가는 세월 참으로 아까우니 부디 별일 아니듯 쉬지 말기를

공부는 먼저 분한 뜻[36] 일으키고 법을 위해 몸마저 잊어야 하네
활구로 의심 덩어리 깨뜨려야 비로소 대장부라고 할 수 있네
조주趙州가 걸어놓은 관문의 빗장을 깨고 여는 승려라면

---

35 육도 윤회의 길 가운데 지옥, 아귀, 축생의 삼악도(三惡道)를 말함.

36 화두 수행에 필수적인 대신심(大信心), 대분지(大憤志), 대의정(大疑情) 가운데 크게 분한 뜻을 일으키는 대분지에 해당.

천하의 노화상 콧구멍도 꿰뚫어버리리라

서쪽에서 온 조사의 뜻 뜰 안에 잣나무[37] 서 있네
우습다 남쪽에 물으러 간 이여 백십성百十城을 헛되이 다녔구나[38]

──『심법요초』

조사의 심요

물음 어떤 방편을 행해야만 한 생각을 돌려서 자성自性을 바로 깨달을
수 있는가?

대답 오직 그대 자신의 마음뿐이지 다시 무슨 방편을 행한다는 말인가?
도는 알거나 알지 못하는 데 있지 않다. 그대가 지금 만약 방편을 행한다면
이는 다시 지해知解로 이해함을 구하는 것이다. 비유하자면 사람이 자신의
눈을 보지 못하므로 눈이 없다고 여겨서 다시 눈을 보려 하는 것과 같다.
이미 자신의 눈이 있는데 어찌 다시 보려고 한단 말인가? 눈을 잃지 않았
음을 안다면 이야말로 눈을 보았다고 하는 것이다. 지금 세상 사람들은 자
기 마음이 진정한 부처요 자기 본성이 진정한 법임을 알지 못한 채, 부처를
찾으려 하면서도 자신의 마음은 관찰하려 하지 않는다. 만약 자기 마음 밖
에 부처가 있고 자기 본성 밖에 법이 있다고 하면서 이런 생각을 굳게 가
진 채 불교의 도를 구하려 한다면, 오랜 세월을 거쳐 몸을 사르고 팔뚝을
태우는 등 갖은 고행을 한다고 해도 모래를 쪄서 밥을 짓는 것과 같아서

---

37 조주 종심(趙州從諗, 778~897)의 유명한 화두인 '뜰 앞의 잣나무'는 "달마가 서쪽에서 온
   뜻은 무엇입니까?"라는 실문에 답한 말이다.
38 『화엄경(華嚴經)』「입법계품(入法界品)」에서 선재동자(善財童子)가 남쪽 110성을 다니며
   문수보살에서 보현보살까지 53선지식을 찾아가 가르침을 구한 것을 말한다.

단지 헛고생만 할 뿐이다.

바른 생각을 하는 것이야말로 도인이 일상에서 할 일이다. 팔과 다리의 관절이 풀어지고 목숨이 끊어질 때도 바른 생각을 잃지 않으면 바로 성불할 수 있다. 모든 중생이 본래 보리菩提이니 깨달음의 지혜인 보리를 다시 얻으려 할 것이 없다. 지금 만일 보리심菩提心을 내야 한다는 말을 듣고 이 하나의 마음으로 부처를 배워 불도를 얻겠다고 한다면, 그대가 삼지겁三祇劫[39]의 세월 동안 닦는다고 해도 얻는 것은 단지 보신불報身佛이나 화신불化身佛일 따름이니 그대의 본래 근원인 진성불眞性佛과 무슨 상관이 있겠는가?

물음 어떻게 해야 삼계三界에서 빠져나올 수 있는가?

대답 선과 악 모두를 생각하고 헤아리지 않으면 곧바로 삼계에서 나올 수 있다.[40] 만약 부처는 각覺(깨달음), 중생은 망妄(거짓)이라고 하면서 이와 같은 견해를 낸다면 비록 백겁의 긴 세월을 수행한다고 해도 육도를 윤회하며 쉴 때가 없을 것이다. 왜 그런가 하면 본원인 자성불自性佛을 비방하기 때문이다. 그대가 만약 생각마다 밖으로 치달려서 구하는 마음을 내려놓을 수 있다면 바로 조사나 부처와 다르지 않게 될 것이다. 조사와 부처를 알려고 하는가? 그대 앞에서 법을 듣는 이가 바로 그이다. 학인들이 여기에 미치지 못한다고 믿고 밖으로만 내달려 구하니 참으로 애석한 일이다. 비록 구해서 얻는 것이 있다 해도 모두 문자상의 일이라서 끝내 조사의 살아 있는 뜻을 얻을 수 없다. 지금 깨닫지 않으면 만겁의 세월을 윤회할 것

---

39 삼아승지겁(三阿僧祇劫)의 준말. 아승지는 끝없는 수로서 보살이 수행하여 불과(佛果)를 얻을 때까지 걸리는 시간을 말한다.

40 선종 공안(公案)에 '불사선불사악(不思善不思惡)'이 있는데, 시비와 선악을 따지는 단계를 초월해야 깨달을 수 있다는 뜻이다.

이요, 한 생각의 청정한 빛은 법신불法身佛이고 한 생각의 분별없는 빛은 보신불報身佛이며 한 생각의 차별 없는 빛이 화신불化身佛이다. 산승이 얻은 견지는 보신불과 화신불의 머리를 앉은 채 끊어버리고, 십지十地 수행 계위의 최상위인 만위滿位를 손님으로 여기며, 등각等覺과 묘각妙覺에 대해 똥통을 짊어진 귀신으로 본다.

오대산五臺山에 문수文殊는 없다. 그대는 문수를 알고 싶은가? 오직 그대의 눈앞에서 끝내 의심하지 않는 것이 바로 살아 있는 문수이다. 또 보현普賢과 관음觀音도 역시 이와 같다. 일법一法이라는 것은 사람들의 눈앞에 드러나는 일념一念이다. 만약 마음을 비우고 스스로 비춰보며 그 빛을 돌이키는 노력을 조금이라도 하면, 일념의 연기緣起가 일어나지 않음을 믿게 될 것이다. 오직 일념에 달려 있을 뿐이니 많은 힘을 들이지 않아도 된다. 그러므로 "지금 범부가 외계 대상을 헤아리고 분별함은 모두 진성眞性에서 일어난 것이니 일어나도 일어난 것이 없고 그 자리에서 바로 고요해지게 된다"라고 하는 것이다.

이는 "갑자기 미친 증세를 보이다 사라졌으니 머리는 밖에서 얻는 것이 아니다"[41]라 한 것과 같다. 연약달다演若達多의 머리는 본래 그대로인데 스스로 없어졌다고 생각한 것이니 광기가 발동했기 때문이다. 그러므로 참과 거짓, 얻고 잃음의 견해는 단지 허망한 생각에서 나온 것으로 미친 증상이 나타나는 것과 같은 것이다. 거짓이 있다고 생각하기 때문에 참된 것으로 거짓을 고치려 하지만, 거짓된 본성을 끝까지 추궁하면 그것이 본래 없다는 것을 알게 된다. 그러므로 어찌 참된 것이 있다고 하여 또 얻을 수 있겠는가? 만약 참됨과 거짓됨을 하나라도 얻을 수 없음을 알고 또 얻을 것이 없다는 것조차 얻지 못함을 안다면, 이처럼 예로부터 이름을 인식하고

---

41 인도 실라성(室羅城)의 연약달다(演若達多)가 거울에 비친 자기 얼굴을 보고 기뻐하다가 머리를 돌려서 보려 해도 보이지 않자 화를 내면서 귀신의 장난이라 여기고 미친 듯 질주했다는 『능엄경』의 이야기를 인용한 것이다.

형상에 집착해온 병통이 당장에 영원히 사라질 것이다.

──『청허당집』권3, 「조사심요 증원준대사祖師心要贈圓俊大師」

화두를 들다

배우는 사라면 반드시 활구活句를 참구하고 사구死句를 참구하시 마라.

활구로 알아차리면 부처나 조사의 스승이 될 만하지만 사구로 알아차리면 스스로도 구제하지 못한다. 아래는 특별히 활구를 들어 스스로 깨달음에 들어가게 하는 내용이다.

화두에는 구절(句)과 뜻(意)의 두 문이 있다. 구절을 궁구하는 참구參句는 경절문徑截門의 활구이니 마음으로 헤아릴 길도 없고 말을 따를 길도 없어서 모색할 방도가 없다. 뜻을 궁구하는 참의參意는 원돈문圓頓門의 사구이니 이치로 통하는 길이 있고 말로 따라갈 길도 있어서 듣고 이해하고 헤아림이 있다.

본래 참구하던 공안公案에서 절실한 마음으로 공부하라. 마치 닭이 알을 품듯이, 고양이가 쥐를 잡듯이, 배고플 때 먹을 것을 생각하고 목마를 때 물을 찾듯이, 어린아이가 엄마를 떠올리듯이 반드시 철저히 꿰뚫을 때가 있으리라.

조사들의 공안은 1,700칙이 있다. '개에게 불성이 없다' '뜰 앞의 잣나무' 등이 대표적으로, 닭이 알을 품을 때 따뜻한 기운을 이어가고 고양이가 쥐를 잡을 때 눈을 움직이지 않는 것처럼, 모두가 진심에서 나온 것이며 억지로 지어낸 마음이 아니기 때문에 간절하다고 하는 것이다. 참선하면서 이렇게 절박한 마음이 없이 꿰뚫는 일은 없다.

참선은 반드시 세가지 요건을 갖추어야 한다. 첫째는 깊은 믿음의 뿌리인 대신근大信根이 있어야 하고, 둘째는 매우 분하게 여기는 의지인 대분지大憤志가 있어야 하며, 세번째는 철저히 의심하는 생각인 대의정大疑情이 있어야 한다. 만일 하나라도 빠지면 다리 부러진 세발솥이 결국 버려지는 것과 같다.

부처는 "성불에는 믿음이 근본이 된다"고 했고 영가 현각永嘉玄覺은 "도를 닦는 자는 먼저 뜻을 세워야 한다"고 했으며, 몽산 덕이蒙山德異는 "참선하는 이가 말이나 구절을 의심하지 않으면 이는 큰 병통이다"라고 하면서 또 "크게 의심하면 반드시 큰 깨달음이 있게 된다"고 했다.

화두를 들고 있는 것만으로는 깨달을 수 없고 생각으로 분별할 수도 없으며 또한 미혹한 상태에서 깨달음을 기다려서만도 안 된다. 생각으로 미칠 수 없는 곳까지 헤아려보려 하지만 마음이 더 나아갈 곳이 없다. 마치 늙은 쥐가 소뿔로 만든 쥐틀에 들어가서 오도 가도 못하는 것과 같다. 요즘 사람들은 이런 병통을 알지 못하고 오직 이 안에서 나타났다 사라졌다 할 뿐이다.

한 생각이 폭발하듯이 단박에 타파된 뒤에는 반드시 눈 밝은 스승을 찾아가 올바른 안목을 갖추었는지 확인받아야 한다.

이 일은 지극히 쉽지 않으니 부끄러운 마음을 가져야 비로소 얻을 수 있다. 도는 큰 바다와 같아서 들어갈수록 깊어지니 작은 것을 얻고서 만족하지 않도록 삼가야 한다. 깨달은 후 만약 그 경지를 봐줄 수 있는 사람을 만나지 못하면 우유죽의 뛰어난 맛이 도리어 독약이 되는 셈이다.

──『선가귀감』

헤어진 뒤에 도 닦는 공부는 어떻습니까? 화두는 힘을 얻었습니까? 세운 뜻과 발원한 내용은 지금도 한결같습니까? 오탁五濁[42]의 혼란한 세상에서 정말로 당신처럼 기질이 맑고 순수하고 의지가 굳고 기개가 있는 사람은 드뭅니다. 그래서 내가 그대를 아끼고 중시하는데 날이 갈수록 생각이 더욱 깊어집니다. 스승과 제자의 직분이 한두겁에 쌓인 종자種子가 아니며 아승지겁 전부터 함께 훈습해온 것임을 잘 알고 있습니다.

하지만 공부는 쉽지 않아서 해마다 달마다 참회하고 날마다 시각마다 참회하며 충분히 정진해야 하니, 계속 나아가고 물러서지 않는 것이 상부가 잘하는 일입니다. 믿음은 바다와 같고 뜻은 산과 같아서 이전에 배우고 이해한 불견佛見·법견法見과 기이하고 오묘한 연구를 모두 큰 바다에 쓸어버리고 다시는 거론하고 드러내지 말며, 팔만사천의 미세한 머릿속 생각은 앉은 자리에서 다 끊어버려야 합니다. 오직 하루 스물네 시간 사위의四威儀[43] 속에서 공안公案을 들어 참구를 하되, 들고 왔다 갔다 하고 의심했다 버렸다 하면서 마음과 생각의 길이 끊어지고 의식이 미치지 않아서 자신도 없고 어떤 맛도 없으며 더는 모색할 것도 없는 데까지 이르러야 합니다.

내심 답답해질 때도 공空에 떨어질까 봐 걱정할 것이 없으니 여기가 바로 화두가 힘을 얻는 곳이요 힘을 더는 곳이며 생사를 내려놓는 곳입니다. 화두가 환히 밝아져서 들지 않아도 저절로 들게 되고 의심 덩어리가 더 뚜렷해져서 의심하지 않아도 저절로 의심하게 됩니다. 빠르게 흐르는 여울물에 달빛이 부딪쳐도 흩어지지 않고 쓸어버려도 없어지지 않는 것과 같으며, 또 모기가 무쇠 소의 등에 올라타서 물려고 해도 안 되는 것과 마찬가지입니다. 팔만의 마군魔軍이 모두 창을 거꾸로 들고 삼천의 지옥 지키는 귀신들이 쇠갈고리를 내려놓으니, 삼세의 여러 부처도 찬양하되 미치지 못하고 역대의 조사들이 전하려고 해도 못 했던 바로 그 당사자가 되는 것입니다.

---

42 세속의 다섯가지 혼탁한 현상을 가리키는데, 겁탁(劫濁)·번뇌탁(煩惱濁)·중생탁(衆生濁)·견탁(見濁)·명탁(命濁)이다.

43 행(行)·주(住)·좌(坐)·와(臥)의 행동거지가 그대로 법도에 들어맞는 것이다.

이때 그 당사자가 만약 다른 생각을 일으킨다면 반드시 마귀의 경계에 빠져서 보리의 씨앗을 잃게 될 것이니 어찌 조심하지 않을 수 있겠으며 어찌 두려워하지 않을 수 있겠습니까? 당신은 법의 안목이 밝게 열려 있어서 분명 이런 지경에는 이르지 않겠지만, 철갑 장군이 달리는 말에 채찍질한다는 것은 이를 두고 한 말입니다. 그릇된 스승이나 동료가 마음대로 헤아리는 것을 배우지 말고 한 해나 하루의 좋은 일을 사라지게 하지 말고 시간을 아끼고 아껴야 할 것입니다.

—『청허당집』 권7 「기오대산일학장로寄五臺山一學長老」

작용은 하늘과 땅도 덮을 수 없고 본체는 산과 강도 숨길 수 없다. 그 빛은 안을 들여다보아도 쌓인 것이 없고 밖을 바라보아도 남는 것이 없다. 팔만대장경도 거두어들일 수 없고 제자백가로도 설명할 수 없다. 널리 헤아리는 총명함을 가지고도 알 수 없는 것이며 문장과 글귀로도 기록할 수 없는 것이다. 말로 하면 어그러지고 생각을 해도 어긋나는데 글로 나타낼 수 있겠는가? 진공眞空을 헤아려서 알려는 것은 작은 병에 법의 바다를 채우려는 것이니 곧바로 꽃을 들거나 면벽 수행을 한다 해도 철로 낯가죽을 감싸서 부끄러움을 모르는 것과 같다. 부끄러움이 없는 학자들은 책으로 갈등을 타파하러 처음부터 깊이 궁구하지만 눈먼 개나 나귀의 안목과 같으니 어찌 다 알 수 있겠는가? 법을 비방하는 죄인이 적지 않으니 삼가고 또 삼가라. 만일 배우러 오는 이를 보면, 어떤 맛도 없고 모색할 방법도 없는 화두를 온 힘을 다해 들고 스스로 깨달아 들어가 얻을 수 있도록 해야 한다.

부처는 "참 부처는 형상이 없고 진실한 법에는 차별상이 없다. 학인들이 본보기 삼아 부처를 구하고 법을 구하려는 것은 모두 그릇된 외도의 견해일 뿐이다"라고 했다. 만약 진인이 홀로 우뚝 나와서 부처를 드러내 구하지 않고 법에 매여 구하지 않는다면 지옥의 갖가지 잔악상을 비록 보더라도 허공에 핀 꽃처럼 여기고, 여러 부처의 다양한 뛰어난 상호相好를 보더라도 어린아이 장난처럼 여길 것이니, 억지로 법이 이렇다고 하지 않는 이유이다. 그러므로 우리 바른 법에서는 범부나 성인이라는 두가지 견해가 모두 착오이고 마귀나 부처의 두 갈래 길도 착각이며 범부와 성인이 없다는 견해 또한 잘못이고 마귀와 부처가 없다는 이해 또한 어긋난 것이다.

불법은 본래 공이기 때문에 공으로 다시 공을 얻을 수 없고, 불법은 본래 얻는 것이 없으므로 또 얻을 바 없는 것으로 다시 얻을 수 없다. 한 줄기 영험한 빛이 확 트이고 비게 하니 어찌 억지로 시비를 가릴 수 있겠는가? 그러므로 늘 조사의 공안을 들어 올리고 온 힘을 다해 참구하여 마음이 확 트이고 크게 깨우침을 입문으로 삼는 것만 못하다.

—『심법요초』

말라비틀어진 선[44]을 하는 자들 본받지 말지니 참선하되 활구를 의심하지 마라

몸이 비록 매미 껍질로 변하더라도 마음은 널리 퍼지는 아지랑이 같도다

격외의 활구는 무엇이던가 볼수록 불 속에서 연꽃 피어나네

시대가 청정하면 부처와 조사를 원망하고 세상이 혼란하면 사람과 하늘의 덕으로 여기네

—『청허당집』 권2, 「증일암도인贈一庵道人」

조사의 관문을 한번 깨뜨리니 삼세의 부처 의심하지 않네

황매黃梅에서 야밤에 전한 소식[45] 우스운데 이 무슨 물건인가

만 겹의 구름 모두 다 헤치고 영원히 조계曹溪의 적자가 되었구나

---

44 고선(枯禪). 마른나무인 고목(枯木) 같은 참선이라는 말로, 간화선의 입장에서 조동종(曹洞宗)의 묵조선(默照禪)을 비판할 때 쓰는 말이다.

45 중국 선종의 5조 홍인(弘忍)이 6조 혜능(惠能)에게 법을 전수한 것을 말함.

크게 웃으며 텅 빈 산에 누우니 달빛 속 솔방울 떨어지도다

—『청허당집』 권2, 「원철대사圓徹大師」

유학자와의 교류

퇴계 이황

휴정은 삼가 두번 절하고 퇴계退溪 상국相國 합하에게 글을 올립니다. 저는 항상 합하의 맑고 안온한 높은 품격을 태산泰山과 화산華山에 비기면서 망매望梅[1] 경규傾葵[2]의 정성을 하루라도 힘써 하지 않은 적이 없습니다. 그런데 친필로 쓴 귀중한 두루마리 한 축을 갑자기 받고 보니 마치 계주髻珠[3]를 얻은 것과 같아서 그지없이 감사하여 이고 받들면서 선방禪房의 상자에 두고 길이 감상하고자 합니다. 더욱이 집자集字[4]와 짧은 문장의 자획이 엄정할 뿐 아니라 뜻과 생각이 밝게 울려서 후학에게 정성스럽게 마음 쓰는

---

1   망매지갈(望梅止渴). 신 매실을 생각하며 갈증을 달랜다는 뜻으로 조조(曹操)가 군사들에게 한 말로 유명하다.
2   해바라기가 해를 따라 방향을 바꾸는 것처럼, 아랫사람이 윗사람을 사모함을 뜻한다.
3   상투 속의 구슬이라는 말로 최고의 보배나 진리를 의미한다.
4   이전 사람의 시에서 단어와 문구를 취하여 시편을 이룬 것.

규범을 보여주셨기에 더욱 감개하고 감사할 따름입니다. 살펴 보아주시기를 바라며 삼가 아룁니다.

—『청허당집』 권7, 「상퇴계상국서上退溪相國書」

복희伏羲의 수數의 이치는 천지인天地人 삼재三才의 주인이요
공자孔子의 강상綱常의 도리는 만세의 스승이라
충서忠恕와 경성敬誠을 공께서 이미 이루었으니
해동 천지에 으뜸가는 대장부로다

—『청허당집』 권3, 「서퇴계권書退溪卷」

남명 조식

휴정이 아룁니다. 강가의 정자에서 한번 헤어진 뒤로 다섯번이나 반딧불 나는 것을 보며 멀리서 풍모를 우러르고 갈증을 느끼는 심정을 스스로 잠시라도 그만둘 수 없었습니다. 저는 멀리서 은혜의 빛을 입고 예전처럼 산골짜기를 지키고 있을 뿐입니다. 지금 집자를 해놓은 귀한 두루마리와 직접 쓴 짧은 문장 한 폭을 받았는데 글자체가 굳세고 뜻이 맑아서 뒷사람의 마음과 눈을 열어줄 만하니 더더욱 감사합니다. 운치 있는 필적이 아스라하니 어느 날에 다시 찾아뵙고 가르침의 말씀을 들으며 뼛속까지 씻어낼 수 있을지 모르겠습니다. 사람의 일이 곧잘 어그러지니 처연함을 금하지 못하겠습니다. 양해 바라며 몇 번씩 근심하면서 슬픈 마음으로 머리를 조아립니다.

—『청허당집』 권7, 「상남명처사서上南溟處士書」

윤춘년을 회고하며

어떤 사람이 와서 전하기를 일상에 복이 많지만 평안도 병영에서 조금 변고가 있었다 하기에 기쁨과 우려가 교차하면서 아침저녁으로 잊지 못했는데, 지금 상황은 어떠합니까? 곁을 떠나온 지 거의 10년이 되는데 바람을 쐬고 달을 보면서 스스로 위로할 따름입니다. 또한 듣건대 합하께서 돌아가신 스승(부용 영관)을 위해 많은 부의금을 내어 도와주셔서 후하게 장례를 치렀다 하니, 너무나도 감사하고 큰 은혜를 갚을 길이 없습니다.

제가 선종과 교종의 양종에서 직책을 맡은 지 얼마 뒤에 윤춘년尹春年 판서判書와 친분을 맺기 시작한 후 귀천貴賤을 서로 잊은 지 오래되었습니다. 정사년(1557) 봄에 그가 『화엄경華嚴經』을 빌렸고 나는 『두시杜詩』를 빌려서 바꾸어 보며 3년 안에 서로 돌려주기로 약속했습니다. 그 뒤에 저는 두류산頭流山(지리산)으로 들어가고 그는 도성에 있었기에 안부를 묻기가 막연했는데, 갑자기 세상을 떠나서 약속을 저버리게 되었으니 참으로 애통한 일입니다. 지금 윤 판서의 두 아들이 나에게 『두시』를 돌려달라고 은근하고 간절하게 요청하니 어찌해야 합니까? 듣기로는 『두시』를 합하의 아드님이 빌려 보고 있다 하는데, 맞는지 잘 모르겠습니다만 만약 그렇다면 급히 주인에게 돌려보내도록 해주신다면 다행이겠습니다.

저는 수염과 머리털이 모두 흰 눈처럼 변하고 마음과 뜻도 재처럼 되었습니다. 불서佛書도 이미 눈에 티끌이 되었는데 하물며 「국풍國風」과 「이소離騷」[5] 같은 불교 밖의 글에 뜻을 두겠습니까? 매우 많은 그리운 생각들을 종이와 먹으로 다 옮길 수는 없어서 여기서 줄입니다. 삼가 용서를 바라며 절하고 올립니다. 덧붙여 합하의 아드님이 조속히 청운靑雲의 길(입신출세)에 올라 가문을 빛내기를 밤낮으로 기원합니다.

---

5   『시경(詩經)』의 「국풍」과 『초사(楚辭)』의 「이소」로 뛰어난 시문을 의미한다.

그 밖의 인연

편지를 받고 안심이 되었습니다. 보여주신 옛 시 2수에 대해서는 각 구절 밑에 각주를 달았으니 한번 웃어주시면 좋겠습니다.

거울 속의 온갖 형상은 원래 실재가 아니고【헛것을 보지 말기를】
마음 위의 작은 아이가 바로 참이네【그래도 조금 낫네】
부디 여기에 나아가 일이관지한 뜻을 밝힐지니【밤 가시를 삼켜 넘기고】
형체와 그림자를 가지고 정신을 희롱하지 말지라【헛것을 보지 마시라】

학문은 원개元凱[7] 같아야 비로소 습관을 이루고【반은 구제받고】
문장은 상여相如[8] 같아야 도리어 광대와 비슷하네【열병에 땀을 내네】
공자孔子의 문하에 홀로 서서 하나의 일도 없으니【눈은 째지고 코는 바로 서 있고】
안연顏淵이 심재心齋[9]를 얻은 것보다 못하도다【다시 삼십년쯤 해야 얻으리】

공이 편지에서 "앞의 시는 반은 알겠고 반은 모르겠으며 또 사아些兒(작

---

6 옥계(玉溪) 정승복(鄭承復, 1520~1580). 무과 출신으로 을묘왜변 때 왜적을 막았고 함흥 판관을 지냈다.

7 진(晉)나라 두예(杜預)의 자이다. 그가 왕제(王濟)는 말에 빠져 있고 화교(和嶠)는 돈에 집착한다고 하자 무제(武帝)가 "경은 무슨 버릇이 있는가?"라고 하니 "신은 좌전(左傳)을 읽는 습관이 있습니다"라 답했다고 한다(『진서晉書』「두예전杜預傳」).

8 전한(前漢)의 문장가 사마상여(司馬相如)를 가리킨다.

9 마음으로 삼가고 재계함을 뜻하니, 마음을 비워서 잡념이 없게 하는 것을 이른다. 『장자』「인간세(人間世)」에 공자의 제자 안회(顏回)가 이러한 경지를 터득했다는 이야기가 나온다.

은 아이)라는 두 글자는 더욱 모르겠으니 제발 가르쳐주시오"라고 했습니다. 산인山人이 질문을 받고 답하지 않을 수 없어서 각 구절 옆에 각주를 붙였으니, 자세히 살펴보고 그냥 넘기지 마십시오. 사아 두 글자는 마음과 언어의 발단으로서 자신의 마음 위의 적寂과 지知 두 글자의 뜻을 가리킵니다.

격치格致와 충서忠恕, 성誠과 경敬의 뜻이 상장上章의 제3구에 갖추어져 있으니, 또한 소를 타고서 다시 소를 찾지 마십시오. 인간세상에서 양생養生하는 묘법이 하장下章의 제4구에 역시 갖추어져 있습니다. 인人과 아我를 잊고 시是와 비非를 잊은 채 텅 빈 마음을 따라 외물에 응함이 마치 손바닥 위에 있는 밝은 구슬과 같은데, 공은 이 뜻을 아십니까? 다만 그 뜻을 듣지도 않고서 글자만 묻는다면, 산인을 업신여기는 것이 아니겠습니까?

또 편지 속에서 "만약 여래의 경지에 들어가지 못했다면 배우는 이들을 가르쳐서는 안 된다"고 했는데, 이 말은 더욱 웃을 만합니다. 세상 사람들은 공자를 만난 뒤에야 다 배울 수 있는 것입니까? 세상에 공자가 없는데 공은 어디에서 마음을 비우는 심재心齋의 구절을 배웠습니까? 배우기를 싫어하지 않음이 지智이고 가르치기를 게을리 하지 않음이 인仁이라 했고,[10] 또 먼저 깨달은 사람이 뒤늦게 깨우치는 이를 깨닫게 한다고 했는데,[11] 이 모두는 유가儒家의 말입니다. 후학이 태어나면서부터 알 수 없는 까닭에 천 리 길을 멀다 하지 않고 스승을 찾아가 눈밭에 서 있기도 하고 눈물을 흘리며 슬피 울기도 하는데, 만일 도道를 지닌 군자라면 차마 입을 다물고 혀를 묶어둘 수 없는 일입니다.

---

10 공자가 "나는 배우기를 싫어하지 않고 가르치길 게을리하지 않는다"고 하자, 자공(子貢)이 "배우기 싫어하지 않음이 지(智)요, 가르치기를 게을리 하지 않음이 인(仁)이다"라고 말한 기록이 나온다(『맹자孟子』「공손추상公孫丑上」).

11 『맹자』「만장상(萬章上)」에 이윤((伊尹)이 은(殷)나라 탕왕(湯王)의 부름을 받고 나아가 자신의 포부를 말하면서 "하늘이 사람을 이 세상에 낼 적에 먼저 알게 된 사람이 늦게 아는 사람을 알게 하고, 먼저 깨달은 이가 늦게 깨닫는 자를 깨우치게 했다"라고 말한 내용이 나온다.

이를 비유하면 어두운 곳에 보물이 있어도 등불이 없이는 볼 수 없는 것과 같으니, 큰 도를 설해주는 사람이 없으면 비록 지혜가 있다 해도 알 수 없는 것입니다. 이는 무슨 뜻이겠습니까? 밝은 스승이 학교에 있는 것은 밝은 거울이 대臺에 있는 것과 같습니다. 오랑캐와 한족이 각기 나타나 빈 몸으로 왔다가 채우고 돌아가며[12] 스스로 기뻐하고 슬퍼하니, 그것이 나와 무슨 관계가 있겠습니까? 마치 하나의 등불이 백개 천개의 등에 전해지는 것과 같습니다.

사람을 안 뒤에야 그 사람을 논할 수 있으니, 사람들의 말만 듣고 사람을 판단해서는 안 될 것입니다. 공은 경솔하게 말하지 말고 자만하지도 마십시오. 그리고 자주 수암守庵의 문을 두드려 마음을 다스리는 방법을 배우고, 그 오묘한 법을 얻어 입문으로 삼으십시오. 수암 그분은 도를 지키는 선생입니다. 허물없이 지내는 친분이 조금 있다고 해서 나도 모르게 멋대로 붓을 휘둘러 이렇게 별별 소리를 다 했습니다. 이해해주시기를.

— 『청허당집』 권3, 「답박수재서答朴秀才書」

봄 초부터 남녘의 까치가 북쪽 가지로 옮겨가고 등화燈花가 또 자주 맺혀서 내가 늘 기이하게 여기고 항상 팔구정八九亭에 올라서 봉래蓬萊(봉래선자)를 하염없이 그리워하며 옆구리를 자리에 붙이지 않은 채로 몇 달이 지났습니다. 아! 혼자 생각하기를 "봉래가 여기에서 몇천 리이길래 강산江山이 내 마음을 시름겹게 하겠는가?"라고 했습니다.

사람의 일이 갑자기 변하는 것이 백의창구白衣蒼狗[13]와 같으니, 15년의 세월이 한번 웃기에도 부족합니다. 매번 새벽 종소리를 들을 때면 멀리 생

---

12   『장자』 「덕충부(德充符)」에 왕태(王駘)라는 사람이 "서서 가르치지도 않고 앉아서 의논하지도 않는데 사람들이 빈 몸으로 찾아갔다가 가득 채워 돌아갔다"는 말이 나온다.

13   세상의 변화무쌍함을 비유한 말로 "하늘의 뜬구름 흰옷과 같더니 어느새 푸른 개로 모습을 바꿨네"라는 두보(杜甫)의 시(『두소릉시집杜少陵詩集』 권21 「가탄可歎」)에 나온다.

각이 더욱 깊어지는데, 오직 한 떨기 난과 대나무, 수많은 층층의 산봉우리를 보면서 봉래의 면목을 마주할 뿐입니다. 지금 의능義能과 보안保安이 가져온 한 줄의 주옥珠玉이 문득 책상 위에 오르니, 마치 창자를 뒤바꾸는 화타華佗의 처방을 얻은 것 같아서 사물의 효험을 비로소 깨닫겠습니다.

지난해 봉래는 약속을 저버렸고 청허淸虛는 기다리지 않았으니, 사람의 일이 바로바로인 것이 이와 같습니다. 선서善逝(부처)의 정업定業(바른 행위)과 이부尼父(공자)의 천명天命은 말이 극진하지만 시루는 이미 깨졌으니[14] 이 일 하나는 그냥 넘어가는 것이 좋겠습니다.

또한 묘향妙香(묘향산)과 두류頭流(지리산)의 일이 과장되게 전하는 것도 잘못입니다. 내가 취한 것은 다만 고요함과 따스함일 뿐입니다. 풍악楓岳(금강산)이 비록 뛰어나다고 해도 이 몸은 나뭇잎과 같아서 여러 구멍으로 바람을 맞아 소리를 죽일 수 없었습니다. 우습게도 도인道人의 헛된 이름은 비린내를 좇아온 개미가 표범 가죽을 뒤덮은 것과 같으니 어찌 오래 있을 수 있겠습니까?

또 듣건대 봉래가 이미 안식처로 돌아갈 것을 결심했다 하니, 홀로 울적한 마음이 더해집니다. 때마침 멀리서 절박한 요청을 받고 의리상 감히 거절할 수 없어서 억지로 따랐을 뿐인데 지금 관인官印을 다 풀어버리고 신선의 세계로 돌아가게 되었으니 귀여歸歟[15]의 흥취를 금하지 못하겠습니다. 바로 여안呂安을 본받아 천 리 길을 가고 싶습니다만,[16] 지금 한창 장마와 무더위가 번갈아서 심하니 우선 병든 다리를 쉬었다가 하늘이 맑고 높

---

14 후한(後漢)의 맹민(孟敏)이 시루를 시장에 팔기 위해 등에 지고 가다가 땅에 떨어뜨려서 깨졌지만 거들떠보지 않고 홀홀 떠나가는 모습을 보고 곽태(郭泰)가 그 이유를 묻자, "시루가 이미 깨졌는데 다시 돌아본들 무슨 소용이 있겠는가?"라고 답했다고 한다(『후한서後漢書』 권68「맹민전孟敏傳」).

15 세상을 버리고 전원(田園)으로 돌아감을 말한다. 공자가 진(陳)나라에 있을 때 "돌아가자, 돌아가자"라고 말한 데서 나온 말이다(『논어』「공야장公冶長」).

16 진(晉)나라 여안(呂安)이 친구 혜강(嵇康)이 생각날 때마다 천 리 길을 마다하지 않고 달려가 만났다는 고사가 있다(『진서』「혜강전嵇康傳」).

은 가을을 기다려 지팡이를 떨칠까 생각 중입니다. 흰 구름이 가고 멈추는 것은 늘 푸른 하늘에 있으니, 누가 이를 막을 수 있겠습니까? 절대로 의심하지 마십시오.

봉래에게는 증점曾點의 거문고[17]가 있고 청허에게는 서래西來의 노래[18]가 있으니, 푸른 바다 흰 모래밭에서 각자 천기天機(하늘의 기밀)를 다한다면 그 즐거움이 어떠하겠습니까? 도의道義를 따르는 것은 몸이 아니며 의기意氣를 허여하는 것은 문자가 아니니, 평생 기약한 바를 오직 스스로 알 뿐입니다.

또 봉래가 마음을 백성에게 둔다고 들었는데, 관아는 도를 닦는 사원과 같고 관리는 유생儒生과 같아서 성안에 악기와 노랫소리가 가득 퍼지고 나무하는 아이가 입으로 칭송하니 축하할 일입니다. 천지를 위해 마음을 세우고 생민生民을 위해 법도를 세우는 것은 모두 유자儒者의 일입니다. 봉래가 예전에 흰 구름과 무성한 숲 사이에 앉아서 기운을 다스리다가 이제 우뚝 솟구쳐서 황하黃河의 지주砥柱[19]처럼 되었으니, 육씨陸氏[20]가 "말세에 버려진 인재는 모두 왕업王業을 일으키는 충성스러운 신하들이다"라고 말한 것도 이를 이르는 것입니다. 삼가 바라건대 나라를 위해 몸을 보중하소서.

——『청허당집』권2, 「답봉래선자서荅蓬萊仙子書」

---

17 공자의 제자 증점이 거문고를 연주하다가 공자의 물음에 "늦은 봄에 봄옷이 만들어지면 어른 대여섯명, 아이들 예닐곱명과 기수에 가서 목욕하고 기우제 드리는 곳에서 바람 쐰 뒤에 읊조리며 돌아오겠다"라고 답하자, 공자가 감탄했다는 고사를 인용한 것이다(『논어』「선진先進」).

18 달마(達磨)가 서쪽 인도에서 가져온 노래라는 뜻으로 선(禪)을 가리킨다.

19 중국 삼협(三峽)의 지주산(砥柱山)을 가리킨다. 황하의 급류 속에 우뚝 버티고 서서 거센 물결을 혼자 감당하고 있다는 고사에 빗대어 중책을 지고 난국을 수습하는 사람을 비유했다.

20 당나라 덕종(德宗) 때 한림학사(翰林學士)를 지내며 내상(內相)으로 칭해진 육지(陸贄)를 가리킨다. 선공(宣公)은 그의 시호이며 그의 『육선공주의(陸宣公奏議)』에 "왕업을 일으킨 유능한 신하는 모두 말세에 버려진 인재들이다"라는 말이 나온다.

보내오신 글과 편지를 삼가 받아 받들며 고마운 마음 그칠 수 없습니다. 산인山人이 비록 호계虎溪의 인연은 없지만 합하께서 이 산인을 여산廬山의 사람으로 여겨주시니 삼소三笑가 남긴 풍모가 아직도 사라지지 않았습니다.[21] 한유韓愈와 태전太顚의 관계나 유종원柳宗元과 호초浩初의 관계[22]도이보다 더할 수 없으니 더욱 감사합니다. 산인이 고요한 자연에서 병으로 누워 있다가 마침 청하靑霞 좌의정께서 부용芙蓉 가지 여덟 개를 산인에게 주셨으니 산인도 합하에게 편지를 보냅니다. 이것은 정情이지 물건이 아니므로 밝게 살펴주소서. 삼가 절하며 글을 올립니다.

— 『청허당집』 권7, 「상철옹윤서上鐵瓮尹書」

매우 보고 싶던 차에 편지를 받고 보니 반갑고도 고맙도다. 스승과 제자의 입설立雪의 인연[23]이 아니었다면 어떻게 여기에 이르렀겠는가? 정성껏 공경하며 힘을 써서 유자儒者로서 행실을 잃지 말아야 하니, 얼음에 새기는 듯한 문장은 아무런 쓸데가 없다. 그렇지만 차라리 변소邊韶가 배가 부르다는 조롱을 받을지라도,[24] 기창紀昌이 비위飛衛를 스승으로 섬긴 것처럼은 하지 말라.[25] 나머지 말을 하지 않는 무언無言과 흔들림이 없는 부동

---

21 호계삼소(虎溪三笑)의 고사를 말한다. 여산 혜원(廬山慧遠, 334~416)이 동림사(東林寺)에 있을 때 절 앞의 호계를 건너간 적이 없었다. 어느 날 도연명(陶淵明), 도사(道士) 육수정(陸修靜)과 함께 도를 논하다가 자신도 모르게 호계를 건너게 되자 세 사람이 서로 마주보며 크게 웃었다고 한다. 유불 교류를 지칭할 때 주로 거론된다.

22 당나라의 명유이자 배불론자였던 한유(韓愈)와 승려 태전(太顚)의 교류, 불교를 변호한 유종원(柳宗元)과 호초(浩初)와의 친분도 유불 교류의 대표적 사례다.

23 스승과 제자 사이의 인연을 말하며, 중국 선종의 제2조 혜가(慧可)가 초조 달마(達磨)에게 법을 구할 때 눈이 무릎까지 쌓이도록 자리를 떠나지 않고 가르침을 구했다는 고사에서 유래한다.

24 후한 때의 문인인 변소는 많은 제자를 두었는데, 한 제자가 그가 낮잠을 자는 것을 보고 "배가 불러서 글 읽기는 싫어하고 잠만 자려고 한다"고 비웃자 "배가 부른 것은 오경(五經)이 들어서이고 잠을 자려는 것은 오경을 생각하기 위함이다"라고 답했다는 고사가 전한다.

25 중국 고대의 활의 명수인 기창이 스승 비위에게 활쏘기를 배울 때, 벼룩을 실에다 꿰어 창문에 걸어두고는 매일 집중하는 훈련을 한 결과 3년 만에 그것이 수레바퀴처럼 크게 보여 버

不動은 모두 공자와 맹자를 본받도록 하라.

—『청허당집』 권7, 「답문인이수재서荅門人李秀才書」

유불도의 비교 설명

고견을 받들어 알게 되어 다행입니다. 몸에서 개미를 끌어당기는 비린 내가 나니 어찌 무안하지 않겠습니까? 멀리 서산西山(묘향산)으로 들어가 평생 자취를 감출까 하는 생각이 들기도 합니다. 당신께서 조용히 육침陸沈하시는 것 26이 도리어 부럽기만 합니다. 하지만 깊이 통달한 사람이라면 도시와 자연을 굳이 따지겠습니까? 앞의 말은 농담일 뿐이고 하늘과 땅처럼 비록 공간이 다르다고 해도 바라건대 도를 지키며 몸을 소중히 하십시오. 이만 줄이면서 삼가 절하며 답합니다.

도가道家의 '내가 나를 버림'은 오직 무아無我이고 그 속에 또 다른 무엇이 없음을 말했으니, 이는 잘못된 것을 떨쳐버린 것으로 비록 공적空寂한 체體는 있어도 자성自性의 영지靈知의 용用은 빠뜨린 것입니다. 선가禪家의 '그는 내가 아니지만 지금 나는 바로 그'라는 말은 무아와 그 속의 진정한 유아有我의 두 측면을 밝힌 것입니다. 이는 옳은 것을 드러낸 것으로 공적한 본체 위에 또 영지의 작용이 있습니다. 그러므로 "무심無心이 이 도道라고 하지 말라. 무심에도 오히려 한 겹의 빗장이 가로놓여 있다"라 한 것인데, 이는 모두 이 점을 드러낸 것입니다.

지금 『장자구의莊子口義』에서 끌어와서 증명한 것은 다만 '그는 내가 아니다'라는 말의 어세가 대체로 같은 점을 취한 것입니다. 그래서 임희일林希逸이 '이와 같은 맥락'이라는 말로 결론을 맺은 것입니다.27 당신이 만약

룩의 심장을 관통했다는 이야기가 전한다.

26   육지에 물이 없는데 그 속에 빠졌다는 말로 은거를 의미한다.

27   『장자(莊子)』 「제물론(齊物論)」의 첫머리에 "내가 나를 잃었는데 너는 그것을 알았는가?"라

이러한 특별한 식견을 가지지 않았더라면 같고 다른 묘미를 구별하지 못했을 텐데, 도에 대한 안목을 가지고 계시니 당신을 위해 거듭 축하드립니다.

제자諸子의 학설에서 무심無心을 말하기도 하고 자연自然을 말하기도 하며 나아가 성性을 말하기도 하고 이理를 말하기도 합니다. 또 도道를 말하고 심心을 말하기도 하는데 이는 모두 사어死語입니다. 선가禪家는 이와는 달리 가르침을 내리는 한 구절마다 심과 성, 도와 이, 체와 용, 범凡과 성聖을 모두 갖추고 있어 막힘 없이 원융하며 일시에 전과 후가 없이 문자를 여의었기 때문에 불가사의한 활구活句라고 하는 것입니다.

한 구절이라는 것은 사람마다 바로 눈앞의 일념一念을 말하는데, 일념은 본각本覺의 진심眞心입니다. 지금 이와 같은 활구【'개에게 불성이 없다'는 '구자무불성狗子無佛性'이나 '뜰앞의 잣나무'라는 '정전백수자庭前柏樹子' 등의 화두 같은 것】를 참구하는 이가 이치와 뜻으로 찾는 이로理路도 없고 의로義路도 없고 모색摸索할 수도 없는 가운데 공부해서 칠통漆桶을 깨뜨리면 천만가지 의심이 일시에 타파된다고 하는 것은 모두 이 때문입니다. 사구死句와 활구가 이처럼 분명한데 당신의 생각은 어떻습니까?

—『청허당집』 권7, 「답박학관서答朴學官書」

청년 때는 유가의 경전 부지런히 익히고
장년이 되어서는 불교 경서를 깊이 궁구하네
오랜 세월 온 세상을 허깨비에 견주고
백년의 신세는 하나의 오두막 거처일세
산마루 위 구름이 이는 곳에서 푹 잠을 자고

는 구절이 나온다. 이에 대해 송대의 문사 임희일이 『장자구의(莊子口義)』에서 "동산(洞山, 양개良价)이 '그는 지금 내가 아니나, 나는 지금 바로 그이다'라 한 것이 바로 이와 같은 맥락이다"라고 해석했다.

산새 우는 때에도 귀는 또한 공허하니
홀로 앉아 고요히 흰 달 대하면서
솔 이슬이 소매 적시는 줄도 모르도다

—『청허당집』 권1, 「증욱선자贈昱禪子」

십년 공부한 사람 쌓인 근심이 얼음 녹듯 하네
대장경 다 보고 나서 향 사르며 다시 주역 읽도다

나도 잊고 또 세상도 잊으니 퇴락한 것은 단지 이 한 몸
밤 깊어 바람도 일지 않는데 소나무 달그림자 사람을 찌르네

흰 구름 벗으로 삼으니 밝은 달이 이 생애로다
수많은 골짜기와 봉우리 속에서 사람을 만나 차를 권하네

—『청허당집』 권2, 「시행주선자示行珠禪子」

유불도 삼교가 크고 둥근 거울이라면 문장은 다만 하나의 기능일 뿐
품을 많이 들이며 헛되이 땀 흘리니 모래로 밥 짓고 얼음에 새긴다네

헤아리고 분별함은 귀신 굴이요 문자 또한 술 찌꺼기네
어떤 종지인지 묻고 이해하면 수행함도 빗방울 떨어지는 소리 듣는 것 같도다

—『청허당집』 권2, 「증일선자贈一禪子」

활발한 공자와 공적한 석가세존
한입에 삼켜버린 나그네가 구름의 수레에 누운 줄 누가 알리오

참선하는 평상에는 가을빛 쓸쓸하고 반딧불 창가에는 달빛이 새로워라

그중에 오직 한 맛이니 쓰다 달다 부디 따지지 말기를

—『청허당집』권2, 「차신상사운次申上舍韻」

공자가 이미 시작이 아닌데 노자가 어찌 끝이 될 수 있으리

석막하고 공허한 하늘과 땅 밖 조화에 따라 무궁한 경지에 들어가네

—『청허당집』권2, 「찬유도讚儒道」

무심한 구름 피어오르고 뜻있는 새는 돌아올 줄 아네[28]

유교와 불교가 비록 하나라고 하지만 하나는 바쁘고 하나는 한가하다네

—『청허당집』권2, 「차이수재운次李秀才韻」

청년 때는 공자와 석가를 분간하려 하고 마음공부 죽기 전에 마치려 했는데

세월은 화살처럼 빠르고 몸은 병이 많아 이룬 일 하나 없이 헛되이 머리만 하얗게 셌도다

—『청허당집』권3, 「서회書懷」

일찍이 크게 깨달은 스승을 통해 본래의 영지靈知 단박에 깨쳤네

흔들림 없는 부동不動은 맹자에게 구하고 말 없는 무언無言은 공자를 본받노라[29]

경전에 정통하고 도에 이르렀으니 글자 베껴 쓰고 시를 읊으리

---

28 중국 진(晉)의 도잠(陶潛, 도연명陶淵明)이 지은 「귀거래사(歸去來辭)」에 나오는 "구름은 무심히 산봉우리에서 나오고, 새는 날다가 지쳐 돌아올 줄 아네"를 차용한 것이다.

29 '부동심(不動心)'은 『맹자』 「공손추상(公孫丑上)」에 나오는데 『청허당집』 원문에는 '부동' 만 적혀 있다. '무언'은 『논어』 「양화(陽貨)」에 나온다.

글씨 쓰면서 참된 성품 조절하고 시를 읊으며 생각하는 대로 적는다네
문인이 배우기를 청해 오면 눈 똑바로 뜬 채 눈썹 찡그리도다
【사람들이 그 뜻을 알지 못했기에 이렇게 말함】

—『청허당집』 권3,「새서산노인구회賽西山老人求懷」

『삼가귀감』에 나타난 유교와 도교

휴정의 유교 이해

공자는 "하늘이 무엇을 말하던가?"라고 했고 동중서董仲舒[30]는 "도의 큰
근원은 하늘에서 나온다"고 했으며 채침蔡沉[31]은 "하늘은 바로 그 마음이
나온 곳이다"라고 했으니, 이는 바로 주돈이周敦頤[32]가 "무극無極이면서 태
극太極이다"라고 한 것이다. 『서전書傳』의 서문에서 "하나를 정미하게 하
여 그 가운데를 잡는 것은 요堯와 순舜, 우禹가 서로 전한 심법이고, 중도
를 세우고 태극을 세운 것은 은의 탕湯임금과 주의 무왕武王이 서로 전한
마음의 법이다. 덕德이나 인仁이라 하고 경敬이나 성誠이라고 하니, 용어
는 비록 다르지만 이치는 하나여서 이 마음의 현묘함을 밝히지 않은 것이
없다.

『중용中庸』의 성性, 도道, 교敎 세 글자는 이름은 다르지만 실제는 같아서

---

30 동중서(기원전 176~104)는 중국 전한시대의 대표적 유학자로 유가를 선양하여 국가 정치
    이념으로 자리 잡는 데 크게 기여했다. 음양설에 입각한 재이(災異)설을 주장했다.
31 채침(1167~1230)은 송대의 유학자로 주희(朱熹)에게 배웠고『상서(尙書)』에 주를 단『서집
    전(書集傳)』을 펴냈다.
32 수논이(1017~1073)는 북송의 유명한 사상가로서 자는 무숙(茂叔), 호는 염계(濂溪)다. 유가
    사상에 음양오행설을 결합하여 친리(天理)와 인성(人性)을 설한『태극도설(太極圖說)』을
    지었다.

본체와 작용을 갖추고 있는데 이것이 공자와 맹자가 전하고 받은 심법이다. 도는 성에서 나왔는데 도만 말하고 성을 말하지 않으면 사람들이 도의 근원을 알지 못하게 되고, 도는 교에 의해 밝혀지는데 도만 말하고 교를 말하지 않으면 사람들이 도의 공능과 작용을 알지 못한다. 그러므로 도라는 한 글자는 성과 교를 아우르기 때문에 그 본원을 따지면 반드시 천명天命으로 돌아가게 된다. 『대학大學』의 삼강三綱[33]과 여덟 조목 또한 여기에서 벗어나지 않는다.

『주역周易』에서는 먼저 도를 말한 뒤에 성을 말했으니 여기서 도는 모든 체를 통괄하는 하나의 태극인 것이고, 자사子思의 경우 먼저 성을 말한 뒤에 도를 말했으니 여기서 도는 각각 하나의 태극을 갖추었다는 것이다. 세상에서 도를 말하는 자들은 황당하거나 형상과 기운에 빠지니 지금 말하는 도는 다름 아닌 성을 따르는 것이다.

경계하고 조심함은 하늘의 이치를 보존하여 지키는 것이니 아직 움직이지 않은 상태의 공경함이다. 혼자 있을 때 삼가는 것은 사람의 욕심을 단속하여 막는 것이니 이미 움직인 뒤의 공경함이다. 그러므로 군자의 마음은 항상 공경하고 두려워한다. 혼자일 때 삼가는 것은 한 생각이 일어났을 때의 공부이고, 경계하고 조심하는 것은 한 생각이 아직 일어나기 전의 공부이다. 그러나 아직 일어나지 않았음을 아는 순간 이미 일어난 것이 되어 일치하지 않으며, 일치한다면 천지만물이 한 몸이 된다. 어두우면 귀신이 있고 밝으면 해와 달이 있다는 것도 혼자 있을 때 삼가라는 구절과 같은 뜻이다.

함양涵養은 고요할 때 수양하는 공부이니 한결같이 엄숙하게 주재하며, 성찰省察은 움직일 때 (마음을) 움직이는 공부이니 감정과 생각이 일어나면 알아차리고 다스리는 것이다. 그러므로 정미하게 살피고 전일하게 하여

---

33   유교의 근본 윤리로서 군주와 신하, 아버지와 자식, 남편과 아내 사이에 지켜야 할 기본 도리를 말한다.

지키라고 했으니 바로 '하늘의 밝은 명命을 돌아보라'는 것이다. 대장부의 마음 씀은 마땅히 하늘의 밝은 해처럼 떳떳하게 해야 한다. 사치하고 화려함은 사람의 큰 허물이고 순박하고 꾸밈없음은 사람의 큰 덕이다. 옛날의 현인은 때가 되어서야 말하여 사람들이 그 말을 싫어하지 않았고, 즐거운 일이 있은 뒤에야 웃었기에 사람들이 그 웃음을 싫어하지 않았다. 의를 앞세운 뒤에 가지니 사람들이 그가 갖는 것을 싫어하지 않았다.

군자는 행동하여 얻음이 없으면 자기를 반성하고 남을 책망하지 않으므로 마음이 늘 개운하고 상쾌하다. 보통 사람은 하늘에서 얻지 못하면 바로 하늘을 원망하고 남들과 뜻이 맞지 않으면 바로 사람을 원망하므로 마음이 항상 편안하지 못하고 분하고 성내며 근심하고 어지럽다. 식견과 도량이 크면 비방이나 칭찬, 기쁨과 슬픔이 그 마음을 흔들지 못한다. 성인의 마음은 사물을 대할 때 편안하여 조금의 움직임도 없다. 마음이 정성되고 얼굴빛이 온화하며 기색이 평온하고 말이 은근하면 반드시 사람을 감동시킨다. 오직 바른 것만이 사람을 감복시킬 수 있다. 그러므로 삿되면서 여유가 있는 것보다 차라리 바르면서 부족한 것이 낫다. 그 뜻을 바르게 하고 이익을 꾀하지 말며 그 도를 밝힐 뿐 공을 도모하지 말라. 하나의 행동에 허물이 있으면 백가지 행동으로도 메꾸기 어려우니 지엽적인 것을 막는 것은 근본에 있다.

사람들은 대개 즐겁게 여기는 일에서 도를 잊는다. 정치하는 사람은 백성들의 생각을 잘 아는 것이 중요하고 일을 처리할 때 마음이 공평하고 온화해야 한다. 일은 무엇보다 경솔히 급하게 해서는 안 되며 비록 아무리 작고 쉬운 일이라도 모두 신중히 처리해야 한다. 다른 사람의 선함을 보면 자신의 선을 찾고 남의 잘못을 보면 자신의 잘못을 찾는다. 따라 하고 고칠 것이 모두 다 나의 스승이다. 자기보다 나은 이를 벗으로 삼아야 하니 나와 비슷한 친구는 없느니만 못하다. 잘못은 잘못을 덮어서 가리는 것만 한 것이 없고 허물은 꾸미는 것만 한 것이 없다. 덕으로 원한을 갚고 선으로 악을 갚는 것이다.

사람은 말을 가지고 그 소양이 깊은지 얕은지를 볼 수 있다. 만족할 줄 아는 자는 가난하고 천해도 즐거운 것이고 만족할 줄을 모르는 자는 부유하고 귀해도 근심을 한다. 편안함을 아는 것이 바로 영화로운 것이고 만족할 줄 아는 것이 곧 부유한 것이다. 천 칸의 큰 집에 살아도 밤에 눕는 자리는 여덟 자이고 만 이랑의 좋은 밭이 있어도 날마다 먹는 것은 두 되뿐이다. 사람들은 대개 좋은 진주와 옥을 아끼지만 나는 어진 스승과 벗을 소중히 여긴다. 황금 천 냥도 귀하게 여기지 않으니 사람에게 듣는 말 한마디가 천금보다 낫다. 만일 남이 나를 소중히 여기기를 바라면 먼저 내가 남을 귀하게 여겨야 한다.

자식이 되어 효를 위해 죽고 신하가 되어 충성을 다해 죽으니 사람에게 충과 효의 마음이 없으면 그 나머지는 볼 것이 없다. 마음은 성性과 정情을 통괄하니 군자의 마음가짐은 항상 거울처럼 비고 저울처럼 공평하여 천지와 더불어 그 덕을 함께한다. 옛 시인은 솔개와 물고기를 보고 도가 나타남과 감추어짐을 알았고 성인은 냇물의 흐름을 보고 도가 쉬지 않음을 알았는데 지금의 학자들이 어찌 마음을 다하지 않을 수 있겠는가? 주나라 문왕文王의 시에 '하늘은 소리도 없고 냄새도 없다'라 한 것을 자사子思가 인용하여 중용의 이치에 연결했으니 미발지중未發之中[34]이라 했다. 이것이 주돈이가 말한 '태극이 본래 무극'이라는 것이다.

——『삼가귀감三家龜鑑』,[35]「유가귀감儒家龜鑑」

---

34 『중용』에 나오는 말로, 희로애락(喜怒哀樂)의 감정이 아직 나타나지 않은 본래의 마음 상태를 가리킨다.

35 휴정이 유교·도교·불교의 사상적 특징을 요약하고 비교하여 삼교의 일치와 조화를 주장한 책이다. 유교는 여러 경서에서 핵심 개념을 간추리고 그에 대한 주석을 인용했는데, 천(天)과 심(心)의 관계, 계구(戒懼)와 신독(愼獨) 등 마음공부와 실천법을 다루었다. 도교는 『도덕경(道德經)』과 『장자(莊子)』에서 천지인(天地人)의 본체인 도(道)와 작용인 덕(德), 진인(眞人)과 안빈낙도(安貧樂道), 무극(無極) 등에 대해 기술했다. 불교는 『선가귀감(禪家龜鑑)』에서 선, 교와 관련된 주요 내용을 가져왔는데 간화선 우위의 선교겸수 방안이 제시되

휴정의 도고 이해

하나의 어떤 것이 있는데 혼연히 이루어져 천지보다 먼저 생겨났다. 지극히 크고 지극히 오묘하며 지극히 허령하고 넓고 끝이 없으며 환하고 밝아서, 방위로 그 위치를 정할 수 없고 시간의 단위로 그 수명을 셀 수 없다. 내가 그 이름을 알지 못하므로 억지로 마음이라 이름 붙인다. 또 허명虛明하고 영묘靈妙한 곡신谷神36이라고 하니 결국 천지인 삼재三才의 근본이 되며 만물의 어미가 된다. 이름 있는 것과 없는 것, 생각 있는 것과 없는 것이 함께 이로부터 나온 것이다. 그러므로 "현묘하고 현묘하여 온갖 오묘한 것의 문이 된다"라고 했다. 체體는 도라 하고 용用은 덕이라 하니, 용은 체가 없으면 생기지 않고 체는 용이 없으면 오묘하지 않으므로 도와 덕을 함께 든 것이다.

모든 인연을 버리고 그 오묘함을 관찰한다. 이름 없는 성인聖人과 공덕이 없는 신인神人, 자신을 내세우지 않는 덕 높은 지인至人은 도덕의 진실함을 간직하고, 마음을 비우고 무아無我의 경지에서 항상 아무것도 없는 경지에서 노닐며, 인의仁義와 천하 국가를 부질없는 겉치레로 여긴다. 완전히 깨우친 뒤에는 세상이 큰 꿈임을 알게 되니 장주莊周37와 호접胡蝶38이 모두가 꿈이로다. 사람은 하늘을 본받고 하늘은 도를 본받으며 도는 자연을 본받는다. 그러므로 진인眞人은 하나를 품고 기운을 오로지 쓰며, 성인은 다투지 않고 천하도 더불어서 다투지 않는다.

어 있다. 휴정은 유가의 천리(天理), 도가의 곡신(谷神)을 불교의 일심(一心)으로 회통시켜 삼교를 아우르고자 했다.

36 텅 빈 곳의 신으로 현묘한 도를 비유하는 말이다.

37 전국시대 말인 기원전 4세기 중반부터 3세기 초에 살았던 도가 사상가로 『장자』의 저자로 알려져 있다.

38 『장자』에 나오는 나비의 꿈으로 인생의 허무함과 무상함을 말한다.

하늘의 도는 사사로움이 없지만 늘 착한 이와 함께하고, 말이 없지만 언제나 잘 응대한다. 사람의 도는 그렇지 않아서 부족한 이를 버리고 여유 있는 자를 받든다. 매우 아끼면 반드시 크게 허비하고 많이 감추면 반드시 큰 비중으로 없어지니 불행은 충분한 줄 모르는 데서 더 커지게 된다. 큰 공은 공덕이 없고 지극히 친하면 예의가 없으며, 정말로 기쁘면 웃음이 없고 참으로 슬프면 울음소리도 없다. 헛된 이름과 부질없는 이익은 비록 언더라도 반드시 복되지 않고, 비록 잃더라도 화가 미치지 않는다.

겸양하고 마음을 낮춤은 사람들과 사는 데 장점이 되니, 강과 바다가 모든 계곡의 왕이 되는 것은 물이 아래에 있는 것을 좋아하기 때문이다. 하늘은 뒤덮지 않는 것이 없고 땅은 싣지 않는 것이 없으니 군자는 이를 본받아야 한다. 사람이 마음에서 한 생각을 내는 것은 천지가 다 아는 것이니, 인간이 사사로이 말하는 것을 하늘은 우레같이 듣고, 어두운 방에서 마음을 저버리는 것을 귀신은 번개처럼 본다. 군자는 많은 착한 행동을 두루 하여 그 몸을 도우니, 글은 공자의 말만 오로지 하지 말 것이며 약은 편작扁鵲[39]의 처방만 믿어서는 안 된다. 의리에 맞는 것을 따라야 하고, 병을 낫게 함은 좋은 일이니 병이 들면 다 글이요 약이 되리라.

만가지 구멍으로 부는 바람도 빈 곳에서 나오고 빈 곳으로 들어가는데, 제자백가의 논의는 일심이 옳은지 그른지를 따진다. 이 마음은 천지의 숙소이고 만물이 머무는 곳이다. 이 마음은 나올 때도 근본이 없고 들 때도 통로가 없으니, 실상은 있지만 있는 곳이 없고 늘 움직이며 작용한다. 하나에 통하면 만가지 일이 끝나고 마음을 비우면 귀신이 감복한다. 대상에 자신을 잃고 세상에서 본성을 잃으면 이를 처지가 바뀐 백성이라고 한다. 무극無極으로 세우고 태일太一[40]로 주재함이 흐르는 물처럼 움직이고 거울처럼 고요하며 메아리처럼 울린다.

---

39 중국 고대 주(周)나라 때에 활동한 전설적인 명의다.
40 북극성을 말하며 도교에서는 우주의 본원이나 도를 가리키기도 한다.

그림자를 두려워하여 그 자취를 피하는 사람은 발을 더 자주 움직이고 빨리 달릴수록 그림자도 더 급해지고 빨라지니, 그늘에 조용히 있으면 그림자 자취가 사라짐을 모른다. 도는 볼 수 없고 도는 들을 수도 없으니 아는 자는 말하지 않고 말하는 자는 알지 못한다. 또 말은 뜻에 있으니 뜻을 얻고 말을 잊은 자는 말할 수 있다. 그러므로 보아도 형체가 없고 들어도 소리가 없는 것이다.

——『삼가귀감』, 「도가귀감道家龜鑑」

4장
불교 신앙과 불교사에 대한 인식

왕실불교와 극락정토

국왕을 천도하다

임금께서 살피시는 것이 신령하고 밝음이 마치 아침 해가 먼 강 위로 뜨는 것 같고, 보통 사람의 모습이 나타났다 없어지는 것은 밤 달이 맑은 못에 비치는 것과 같습니다. 만약 간절히 귀의한다면 곧 통하여 감응할 것입니다. 제자弟子가 생각건대 임금의 자리에 오른 것은 전몽旃蒙[1]의 해이고 심궁深宮(왕비)과 혼인한 것은 단알單閼[2]의 해입니다. 물고기와 물이 만나는 것처럼 기뻐했고 바람 따라 구름 가듯이 성대한 시대였으니, 문무백관의 정치가 하나의 다스림이 되었고 만백성의 마음이 하나의 마음이었습니다. 아끼고 기르는 것은 아들 손자에게 하듯이 했고, 받들고 우러르는 것은 부

---

1   십간(十干) 중에 을(乙)이며 명종이 즉위한 을사년(1545)을 가리킨다.
2   십이지(十二支) 가운데 묘(卯)이며 명종이 청송(靑松) 심(沈)씨와 결혼한 계묘년(1543)을 말한다.

모를 대하듯이 했습니다.

　조정의 성대한 일을 오랜 세월 동안 듣기 어려웠는데, 어찌 처음에 북궐
北闕(경복궁)의 화재가 발생한 데 이어 남쪽에서 또 왜변倭變이 일어났단 말
입니까?[3] 불법승佛法僧 삼보三寶에 마음을 기울였는데도 이치는 효험이 없
었고, 사공四供[4]에 힘을 다했는데도 사태는 더 위태로워졌습니다. 계해년
(1563) 가을에는 동궁東宮(세자)이 갑자기 세상을 떠났고, 을축년(1565) 여름
에는 자전慈殿(모후)인 문정文定대비께서 승하하셨습니다. 이에 국왕께서
3년 동안 상을 치르며 음식을 줄여서 얼굴이 거뭇하게 되었고 온갖 근심
과 걱정으로 연세가 들기도 전에 머리가 하얗게 변했습니다.

　올해 6월에 이르러 정호鼎湖의 용이 안개 속에서 하늘로 올라갔고,[5] 9월
에는 무릉茂陵의 솔바람 소리가 슬피 울렸습니다.[6] 신민들이 통곡하자 하
늘의 색도 빛을 잃었고 전각은 텅 빈 채 귀뚜라미 소리만 들렸습니다. 수명
은 연장할 수 없으니 어진 이의 수명도 정해진 것이 없고, 죽으면 다시 살
아날 수 없으니 천리天理의 운수를 어찌할 수가 없습니다.

　아! 일찍이 장수를 기원했건만 도리어 세상을 뜨셨고 예전에 복을 빌었
지만 지금 불행에 이르렀습니다. 인과因果의 도리는 없다는 무지한 이들의
의심을 피할 수 없게 되었지만 결과가 뒤따르는 응보應報에는 앞과 뒤가
있으니 그윽한 본보기를 누군들 피할 수 있겠습니까? 이미 지나간 일을 하
소연해본들 어찌하겠습니까? 다만 추모의 마음을 더하고 애욕의 강에 빠
지기보다는 천도재薦度齋를 올려서 복의 바다를 닦는 것이 어떻겠습니까?

3　1553년(명종 8) 9월에 경복궁이 화재로 불탔고 1555년 5월에 왜구가 70여 척의 배를 타고
　　전라도 해남에 상륙하며 을묘왜변이 일어났다.

4　사사공양(四事供養)의 준말로서 승려에게 옷·음식·이불과 숙소나 의약품, 이렇게 네가지를
　　공양하는 것을 말한다.

5　중국의 신화에 나오는 황제(黃帝)가 정호에서 용을 타고 승천했다는 전설에서 따온 것으로
　　군왕이 세상을 떠났음을 말한다.

6　무릉은 한(漢) 무제(武帝)의 능호(陵號). 군왕의 장례를 치른 것을 비유한 말이다.

이에 금강金剛의 정사에 나아가 정성껏 무차無遮 법석을 열었습니다. 귀의歸依는 자성自性 중의 삼신三身의 부처에게 하며, 경전을 넘기는 전독轉讀은 자심自心 위의 한 권 경전으로 합니다. 범음梵音은 최상의 종풍을 멀리 흐르게 하고, 법악法樂은 무생無生의 곡조를 연주하며, 불보살과 같은 고승들은 부처의 화장華藏세계를 종횡으로 누비고, 인간세계와 천상계의 중생들은 영취靈鷲의 도량道場에서 서로 접합니다.

삼가 생각건대 대왕의 선가仙駕[7]는 현세의 업보를 피할 수는 있지만 오랜 전생의 인연은 헤아리기 어려워, 원한 맺힌 인연을 만날까 두렵기도 하고 미로에서 길을 잃을지 의심되기도 하니, 자비의 배를 빌려서 타야만 고통의 바다를 건널 수 있습니다. 대왕의 선가가 황금의 대臺 위에서 나뭇가지 바람소리 들으면서 거닐고 백옥의 연못에서 연꽃을 즈려밟고 자유자재하시기를 삼가 바랍니다.

주상전하는 영원히 하늘의 운수를 받아 군왕의 도를 크게 떨치시고, 제왕의 기업을 회복하고 종사를 거듭 빛내시길 바라옵니다. 또 왕비전하는 오래 사는 장수의 산이 높이 솟구치고 복의 바다가 넓고 깊게 하여주소서. 그런 뒤에 제자는 오장五障[8]을 완전히 없애고 이엄二嚴[9]을 완전히 갖추어 몸은 쇠와 돌처럼 튼튼해지고 수명은 소나무와 참죽나무처럼 보전되게 하여주소서. 감로수의 남은 물결로 왕실과 조정이 함께 씻어내고 삼도三途[10]에서 모두 이익을 얻으며 칠취七趣[11]에서 다 은혜에 젖게 하소서.

—『청허당집』 권6, 「대심대비천대왕소代沈大妃薦大王疏」[12]

---

7   임금이나 신선이 타는 수레를 가리키는데 여기서는 돌아가신 이의 영혼을 의미한다.
8   번뇌장(煩惱障), 생장(生障), 법장(法障), 소지장(所知障), 업장(業障).
9   지혜장엄(智慧莊嚴), 복덕장엄(福德莊嚴).
10 삼악도(三惡道)라고도 하며 윤회 중 아래의 세 길인 지옥, 아귀, 축생을 가리킨다.
11 중생이 미혹하여 윤회하는 일곱개의 길로 지옥, 아귀, 축생, 아수라, 인간, 천상의 육도(六道)에 신선(神仙)을 추가한 것이다.
12 심대비(인순왕후)를 대신해 대왕을 천도하는 소.

왕실의 복을 빌다

여러 부처는 마음의 구슬을 이미 깨달아 그 한 알의 원만한 빛이 안과 밖 없이 비치는데, 중생은 오래도록 지혜의 달을 찾지 못하고 오음五陰(오온五蘊)의 뜬구름만이 헛되이 오고 갑니다. 본래 두 길이 아니고 미혹과 깨달음은 작은 차이인데 시작 없는 지난 일이 슬프고 끝이 없는 미래가 애석합니다. 삼가 생각건대 제자는 다행히 숙세宿世의 인연을 이어서 인간세상에 태어날 수 있었지만, 말법시대의 운수를 만나 성인聖人의 시대와 멀어졌으므로 산에 거주하고 물에 머물면서 세월을 헛되이 보낸 지가 이미 오래되었습니다. 남쪽이나 북쪽으로 선지식善知識을 두루 찾아다닌 것이 지금 몇 년인지 모르겠습니다.

삼가 듣건대 선과 악은 오직 마음이요 죄와 복은 원래 하나라고 했습니다. 이전 시간에 깨닫지 못한 존재를 중생이라고 하니 삼업三業[13]을 짓고 고통에 빠져 있으며, 이후 순간에 잘못을 알게 된 것을 부처라고 하니 일심一心을 청정히 하여 본래로 되돌아갔습니다. 그러나 마음을 내고 마음을 없애는 실마리가 바로 범부가 되고 성인이 되는 단서가 되므로, 세상의 인연에 가탁하여 불법승 삼보에 귀의합니다.

이 산의 이름은 태백太白(묘향산)이고 이 절의 명칭은 보현普賢입니다. 많은 가호家戶의 돈과 재산을 거두어 일곱 칸의 누각을 일으켰고, 몇 년 동안 붉은 용마루와 푸른 기와를 얹고 한여름 철에 벽에 칠을 하고 푸른 창문을 달았습니다. 지금은 황량한 시기이고 절기는 봄의 청명淸明에 속하는데, 공경스럽게 사십팔원四十八願을 내고 경건히 13단壇을 설치했습니다. 법라

13　몸으로 짓는 신업(身業), 말로 짓는 구업(口業), 생각으로 짓는 의업(意業)을 말한다. 또한 행위의 좋고 나쁨에 따라 선업(善業)·악업(惡業), 선에도 악에도 속하지 않는 무기업(無記業)이 있으며, 탐욕(貪慾)·진에(瞋恚)·우치(愚癡)의 세 죄업을 말하기도 한다.

와 자바라는 떠들썩하게 울리고 고승들이 밟고 가니, 등불마다 휘영청 반야般若의 지혜의 빛으로 바뀌고 푸르고 붉은빛에 비로자나毘盧遮那의 면목이 만들어졌습니다.

비록 그렇지만 삶과 죽음의 길이 어두워 부처의 등불에 의지해야만 밝힐 수 있고, 고통의 바다 물결이 거세니 법의 배에 기대어야만 건널 수가 있습니다. 팔난八難[14]과 지옥·아귀·축생의 삼도三途에서 마음 내키는 대로 하는 것은 누에가 고치 속에 있는 것과 같고, 사생四生[15] 및 육도六道[16]에서 진리에 미혹한 것은 개미가 빙빙 도는 것과 같습니다. 보이는 현상은 비록 다양하지만 결론적으로 말하면 모두 마찬가지입니다.

지옥地獄의 경우는 구리 녹인 것을 입에 쏟아부으니 뜨거운 불길이 가슴을 꿰뚫고, 쇠못을 몸에 박으니 온몸이 상처투성이고 맷돌이 몸을 갈아 전신이 모두 부스러졌는데, 이는 억겁의 세월 동안 이동이나 바뀜이 없이 하루에 만번 죽었다가 만번 살아나곤 합니다. 아귀餓鬼 같으면 불을 먹고 수레를 울리며 목구멍에는 바늘이 돋고 배는 항아리처럼 불룩합니다. 피부는 죽은 재처럼 색채가 없고 형체는 마른 나무와 같아서 활발한 움직임이 없습니다. 실수로 인한 잘못도 오히려 재앙을 만나는데 고의로 지은 죄는 벌을 받는 것이 마땅합니다.

군대의 진영에는 창과 칼이 가로지르고 화살과 돌이 서로 날아다닙니다. 봄바람에 우거진 푸른 풀이 겨우 마른 뼈를 감춰주고 차디찬 백사장 가을 달만이 놀란 혼을 비추어줍니다. 이미 막막하여 돌아갈 곳이 없어서 밤마다 몰래 통곡할 뿐입니다. 한편 모여든 파리떼가 술그릇에 몸을 던지기도 하고 날아온 불나방이 등잔불에 몸을 부딪치기도 합니다. 또 꿀을 얻기

---

14 깨달음으로 향하는 수행에 방해가 되는 여덟개의 난관으로 지옥, 아귀, 축생, 장수천(長壽天), 변지(邊地), 맹롱음아(盲聾瘖瘂), 세지변총(世智辯聰), 불전불후(佛前佛後)이다.

15 윤회에서 중생이 출생하는 네 형태로서 태생(胎生), 난생(卵生), 습생(濕生), 화생(化生)이다.

16 윤회의 여섯가지 길로 지옥, 아귀, 축생, 아수라, 인간, 천상이다.

위해 벌통을 줍고 진주를 위해 조개를 깨뜨리기도 하며, 탄환을 끼워 숲속의 참새를 떨어뜨리고 활을 당겨 구름 밖의 독수리를 잡기도 합니다. 이는 단지 미물의 생명을 속이는 것만 알 뿐이고 결국 원수로 대면할 것은 생각하지 못하니, 만약 위신력威神力이 아니라면 제도하여 깨달음에 이르는 도탈度脫의 문을 얻기 어려울 것입니다. 빗장을 한번 쳐서 열어주면 죄지은 자들이 떼로 달려 나와서 빠져나갈 것이니, 귀천을 따지지 말고 원한과 친분을 묻지 말며 모두 도량道場에 이르러 법의 공양供養이 미치게 해주시길 바랍니다.

엎드려 바라건대 주상전하는 우레와 천둥 같은 호령을 내어 왜적의 자취를 쓸어서 강과 바다를 맑게 하고 북두칠성처럼 문장을 빛내고 어진 신하들을 모아서 사직社稷을 견고히 하게 해주소서. 하늘과 수명을 같이하고 근심 없이 세상을 향유하면서 유교와 불교를 모두 숭상하여 삼대三代의 아름다움을 이룩하고, 문무文武를 함께 써서 노랫소리가 온 나라에서 울려 퍼지게 해주소서. 왕비전하는 수명의 산이 더욱 높아지고 복의 바다가 더욱 넓어져서 귀한 자손이 번성하게 해주소서. 대비전하는 마야摩耶부인(세존의 어머니)이 성인을 잉태한 것을 지금 알려서 무구세계無垢世界[17]의 교주가 되게 하소서. 세자저하는 정문에 길한 운이 넘치고 궁전에 상서로움이 쌓이게 해주소서.

온 세상이 한마음이 되고 모든 지역이 동화되며, 각각의 시주들도 천가지 재앙이 봄에 얼음 녹듯이 하고 백가지 복이 여름에 구름 일어나듯이 하며, 수명은 소나무나 참죽나무처럼 오래 보전하고 육신은 쇠와 돌처럼 굳세게 해주소서. 그리고 전생의 부모와 여러 세대의 종친들이 보리수 밑에

---

17 용녀(龍女)가 성불(成佛)한 정토(淨土)의 명칭이다. 용녀가 순식간에 남자로 변해 보살행을 모두 뿌리는 끝바로 남방의 무구세계에 가서 보련화(寶蓮華) 위에 앉아 성사을 이룬 뒤에 일체 중생을 위해 묘법을 연설했다는 내용이 『법화경(法華經)』 권4 「제바달다품(提婆達多品)」에 나온다.

서 부처가 되고 설법하는 사자좌獅子座 위에서 법을 펼치게 해주소서. 그 밖에 은택의 물결이 넘쳐서 미혹한 무리들을 두루 적시게 해주소서. 제자는 간절히 기도하며 지극히 절실한 마음을 어찌할 줄 모르고 금상金相(불상)을 우러러보며 뜻을 밝혀 삼가 소를 올립니다.

— 『청허당집』 권6, 「보현사경찬소普賢寺慶讚疏」

아미타불에 기원하다

염불할 때 입으로 내는 소리는 송誦이라 하고 마음속으로 외는 것은 염念이라 한다. 다만 입으로 소리만 내고 마음에서 잃어버리면 도에 이익됨이 없다.

'나무아미타불南無阿彌陀佛' 6자 법문은 윤회를 벗어나게 하는 지름길이다. 마음으로는 부처의 경계를 대상으로 하여 기억하고 지키면서 잊지 않고, 입으로는 부처의 명호를 부르는 것을 분명하고 또렷하게 해야 한다. 이처럼 마음과 입이 상응하는 것을 염불이라고 한다.

여러 고덕들은 곧바로 본래의 마음을 가리켰을 뿐 별다른 방편을 쓰지 않았다. 이치는 정말로 이와 같지만 방편문에서는 실제로 극락세계가 있고 아미타불의 사십팔대원이 있으니 아미타불을 열번 칭념하면 그 원력을 받아서 정토에 왕생하여 윤회의 굴레에서 바로 벗어날 수 있다. 원하건대 모든 수행하는 이들은 삼가 잘못 알지 말고 힘쓰고 또 힘쓸 것이다.

범어인 아미타阿彌陀는 무량수無量壽나 무량광無量光이라고 하는데, 모든 공간을 가리키는 시방十方과 과거·현재·미래 삼세三世의 제일가는 부처의 이름이다. 법장法藏비구가 사십팔원을 일으켜서 "내가 부처가 되었을 때는 모든 세계와 하늘의 사람들부터 온갖 벌레들까지도 내 이름을 열번 떠올리면 반드시 내 불국토에 나게 해주소서. 이 서원을 이루지 못하면 끝내 성불하지 않으리"라고 했다.

어떤 사람이 "자신의 마음이 정토이니 정토에 태어날 수 없고 자신의 본성이 아미타이니 아미타불을 볼 수가 없다"라고 했는데 이 말은 옳은 것 같지만 그렇지 않다. 모든 사람이 본성은 비록 부처라고 해도 행동은 중생이니 현실의 작용을 논하면 하늘과 땅만큼 큰 차이가 있다. 종밀宗密이 "실제로 단박에 깨쳤다고 해도 결국에는 모름지기 점차적인 수행을 해야 한다"라고 했으니 이 말은 참으로 그러하다. 그렇다면 자신의 본성이 아미타라고 하는 말이 어찌 나면서부터 석가이고 저절로 아미타불이 된다는 뜻이겠는가?

또한 부처께서 직접 "여기에서 서방정토는 십만팔천 리나 떨어져 있다"고 하신 것은 근기가 낮은 자를 위해 현상을 말한 것이다. 또 "서방정토와의 거리가 멀지 않으니 중생의 마음이 곧 아미타불이다"라고 한 것은 근기가 높은 자를 위해 본성을 말한 것이다. 교에는 방편과 진실의 가르침이 있고, 말씀에는 드러난 것과 은밀한 것이 있다. 만약 이해와 행동이 상응한다면 멀거나 가깝거나 모두가 통할 것이다.

──『선가귀감』

마음은 부처의 경계를 좇아서 잊지 않고 기억하고 지키며, 입은 부처의 명호를 부르기를 혼란하지 않게 분명히 한다. 이처럼 마음과 입이 상응하는 가운데 소리 내어 부르고 생각하면, 팔십억겁 생사윤회의 죄업을 없앨 수 있고 팔십억겁의 뛰어난 공덕을 성취할 수 있다. 한번 소리 내어 불러도 그럴진대 더군다나 천번 만번 부르는 것이겠는가? 한번 생각해도 그럴진대 더욱이 천번 만번 생각함에 있어서랴? 이른바 "열번 소리 내 염불하면 연꽃 핀 극락정토에 왕생한다"는 말이 바로 이것이다. 그러나 입으로는 왼다고 하고 마음으로는 생각한다고 하지만 외기만 하고 떠올리지 않으면 이치상 아무런 이익도 없으니, 거듭 생각해보아야 할 것이다.

부처가 상근기를 위해서는 마음이 곧 부처이고 정토이며 자성이 곧 미타라고 설했으니 이른바 서방이 여기서 멀지 않다는 것이 그것이다. 또 부처가 하근기를 위해서는 십만팔천 리라고 말했으니 이른바 서방이 여기서 멀다는 것이다. 그렇다면 서방의 멀고 가까움은 사람에게 달려 있는 것이지 법에 있지 않고, 서방이 드러나고 숨는 것은 말에 달려 있는 것이지 뜻에 있지 않다.

만약 사람이 한 생각을 일으키지 않아서 과거와 미래가 끊어지면 자성의 미타가 홀로 드러나고 자심의 정토가 앞에 나타날 것이다. 이것이 바로 단박에 깨닫는 돈오頓悟이고 일거에 닦는 돈수頓修이며 갑자기 끊어내는 돈단頓斷이고 한번에 증득하는 돈증頓證이므로 거쳐야 할 단계가 없다. 비록 그렇지만 이는 하루아침에 되는 일은 아니고 오랜 세월이 필요하다. 그러므로 부처는 본래 그대로지만 부지런히 생각해야 하고, 업은 본래 공하지만 부지런히 끊어내야 한다고 말한다.

—『청허당집』 권6, 「염불문증백처사念佛門贈白處士」

제자 겸 판선교사判禪敎事 도대선사都大禪師 휴정은 삼가 극락의 교주 아미타불의 존귀하신 모습을 한 폭에 그렸기에 향을 사르고 예를 올리며 큰 서원을 드립니다.

바라건대 제가 임종할 때 죄의 업장을 소멸하여 서방의 크게 자비로운 부처님(아미타불)께 왕생하여 참례하게 해주시고, 금색 빛 속에서 수기授記를 받아 미래세가 다하도록 중생을 구제하게 해주십시오. 허공은 다함이 있지만 서원은 끝이 없으니 온 세상의 모든 부처님이 증명해주시리라.

—『청허당집』 권5, 「탱발幀跋」

염불을 실천하다

마음으로 한 부처님 떠올리며 손으로는 백팔염주 돌리노라

염불하는 자 누구인가 돌이켜보면 마음도 아니고 또 중생도 아니네

서쪽을 향하여 합장하고 마음을 모아 아미타불을 염하니
평생 꿈에서 떠올린 일 늘 (서방정토의) 백련화白蓮花에 있었다네

염불하려 입을 열자마자 금빛 연못에 연꽃이 이미 심어졌네
믿는 마음 물러서지 않는다면 분명 부처를 만나게 되리라

마음을 모아 해 질 녘까지 사바세계 떠나 십육관경十六觀經[18]의 석가 법문 들으니
무한한 색과 소리로 눈과 귀 깨끗이 하면 수많은 천지만물이 한 아미타로다

서방 향해 염불하는 법 반드시 생사를 넘어서리니
마음과 입이 상응하면 지극히 짧은 순간에 왕생하리라

한 생각에 연꽃 밟거늘 누가 팔천 리를 말하겠는가?
공 이루고 수명 마칠 때 아미타불이 그대 맞이하리

참선이 곧 염불이요 염불이 바로 참선이라
본성은 방편을 떠나서 밝디밝고 매우 고요하도다

— 『심법요초』

삼악도의 고해에서 벗어나려면 6조의 선을 참구해야 하리

18　정토 3부경의 하나인 『관무량수불경(觀無量壽佛經)』으로 16관상법(觀想法)을 설했다.

세월은 진정으로 아낄 만하니 부디 대수롭지 않게 보지 말기를

염불하거나 참선하는 법 이루는 이치는 다르지 않네
몸과 마음 내려놓으면 마른 나무에 끝내 꽃이 피리라

──『청허당집』보유, 「증성눌선자贈性訥禪子」

참선이 곧 염불이요 염불이 바로 참선이니
본래의 마음 방편을 떠나 환히 밝으면서 고즈넉하네

──『청허당집』권2, 「증염불승贈念佛僧」

불법의 계승, 동국의 선법과 법통

부처의 일생과 진신사리

우리 존귀하신 석가모니불은 바로 천축국(인도) 정반왕淨飯王의 태자였는데, 과거세에 성불하여 진정한 법신法身을 증득한 지 오래되었다. 「비결秘訣」에서는 "석가釋迦는 성姓인데 능인能仁이라고도 했으니 자비로 중생을 이롭게 한다는 뜻이다. 모니牟尼는 자字이며 적묵寂黙이라고도 하니 지혜가 진리에 그윽이 부합한다는 뜻이다"라고 했다. 자비와 지혜를 함께 갖추었기 때문에 생사의 윤회와 열반에 다 머물지 않는다. 그러나 부처는 오로지 중생을 이롭게 함을 자신의 임무로 삼기에, 온 세계 어디서나 물에 비친 달처럼 몸을 드러내 오랜 세월 중생을 구제함을 꺼리지 않았다. 그래서 다음 부처가 되는 자리에 올라 도솔천兜率天[19]에 왕생해서 호명 대사護明大

19세계의 중심인 수미산(須彌山) 위에 있는 하늘로 석가모니불이 세상에 나오기 전에 머물렀고 미래불인 미륵불(彌勒佛)이 상주하는 곳이다.

土라는 이름으로 도솔천의 중생을 제도했다.

『보요경普曜經』에서 "석가가 도솔천에서 왕궁(카필라성)으로 내려올 때 몸에서 빛이 났고 발은 연꽃을 딛고 사방으로 일곱 걸음을 걸으며 하늘과 땅을 가리켜서 사자처럼 포효하고 세가지 방편을 보였다"고 했는데, 이때는 곧 주周나라 소왕昭王 24년 갑인년(기원전 1027)이었다. 태자의 이름은 실달悉達인데 길吉이라고 번역한다. 문무文武에 뛰어나고 음양陰陽에 밝아서 인간세상과 천상계의 다스리는 법을 배우지 않고도 저절로 모두 알았으므로 부친 정반왕이 지극히 아껴서 왕위를 물려주려고 했다. 태자가 하루는 성의 네 문밖에 나가서 슬픈 일과 기쁜 일을 직접 보고는 출가할 마음을 냈다. 부왕이 이 말을 듣고 놀라서 호위를 더 늘리고 출입을 엄격히 금했다. 그러던 어느 날 밤에 성을 넘어서 출가했으니 그때 태자의 나이 19세였다.

처음에 단특산檀特山에서 세 종류의 선정禪定 수행을 하다가 그만두고 상두산象頭山에 들어가 6년 동안 앉아서 고행을 했다. 샛별을 보고 깨달음을 얻어서 사람과 천상계의 스승이라는 호칭을 얻었으니 이때 나이 30세였다. 이어서 녹야원鹿野苑에서 교진여憍陳如 등 5명에게 깨달은 결과를 말하고 영취산靈鷲山에서 큰 법을 강의했으며 49년 동안 세상에 머물면서 교화했다. 스스로 체득한 바른 법인 정법안장正法眼藏을 대가섭大迦葉에게 맡기고 아울러 아난阿難에게 전하고 교화하는 것을 돕게 하여 단절 없이 각각 법을 전했다.

뒤에 구시라拘尸羅의 두 그루 사라수娑羅樹 아래에서 오른쪽으로 누워 발을 포개고 평정한 상태에서 열반에 들었다. 그리고는 다시 관에서 일어나 법을 설하니 "모든 것은 정해져 있지 않고 변하는데 이것이 나고 없어지는 생멸의 법이다. 나고 없어지는 것이 끝난 적막한 상태가 바로 열반의 즐거움이다"라는 무상게無常偈를 읊었다. 이윽고 금으로 된 관이 자리에서 떠오르며 삼매三昧의 불길로 몸을 태우니 공중에서 사리舍利가 비 오듯 쏟

아져서 여덟 섬 네 말이나 되었다. 이때가 바로 주나라 목왕穆王 53년 임신
년(기원전 949)이었다.

아! 지금도 부처는 세상에 머물면서 중생이 감응할 때 많은 선행을 하려
몸을 나타내고 감응이 없을 때는 삼매의 선정에 들 뿐이니, 헛되이 가고 오
는 것이 아니다. 앞서 지상에 나서 출가하고 도를 이루고 법을 설한 것은
노파가 나뭇잎으로 아이의 울음을 그치게 한 것[20]과 같으며, 나중에 꽃을
들고 자리를 나누고 열반한 뒤에 발을 보인 것[21]은 늙은 아버지가 실성한
아들을 고치고자 다른 지역으로 가면서 약을 남겨둔 것[22]과 같다.

당시에 사리는 모여든 보살菩薩 및 연각緣覺 등의 성중聖衆, 인천人天의
8부部 신중神衆이 각각 나누어서 받아 지녔다. 그리하여 수없이 많은 곳에
흩어져 탑塔을 세우고 석종石鍾에 봉안하여 공양한 것이 얼마인지 모른다.
애석한 것은 인연이 없는 나라의 사람들은 이때 듣지도 보지도 못했으니,
사위성舍衛城의 일부 가호[23]나 중국의 어느 지역이 여기에 해당한다.

다만 중국은 천년이 지난 후한後漢 영평永平 8년(65)에 이르러, 명제明帝
가 꿈에서 감응한 뒤에 사신을 시켜서 불교를 전하게 했을 뿐이다. 오직 영
남 통도사通度寺의 신승神僧인 자장慈藏이 옛날에 봉안했던 석가세존의 금

---

20 『열반경(涅槃經)』 등에서 어린아이가 울 때 누런 잎사귀를 황금이라고 속여 울음을 그치게
하는 것을 부처의 방편에 비유했는데 이를 인용한 것이다.

21 부처가 세 곳에서 제자 가섭(迦葉)에게 마음을 전했다는 선종의 삼처전심(三處傳心)의 내
용이다. 첫째 염화(拈花)는 영산(靈山)에서 꽃을 들었더니 가섭이 미소 지었다는 것이고, 둘
째 분반좌(分半座)는 다자탑(多子塔)에서 앉은 자리의 반을 내주었다는 것이며, 셋째 곽시
쌍부(槨示雙趺)는 쌍림(雙林)에서 열반에 든 뒤 관속에서 두 발을 내밀었다는 것이다.

22 법화(法華)의 일곱개 비유 중 하나인 의자유(醫子喩)의 내용이다.『법화경』「여래수량품(如
來壽量品)」에 어떤 의사가 다른 지역에 간 사이에 아들들이 독약을 잘못 먹었는데 돌아와서
좋은 약을 지어주자 다 나았지만 실성한 아들은 먹지 않았다. 다시 다른 곳으로 떠나며 자신
이 죽었다는 거짓 소식을 전하자 실성한 아들이 매우 슬퍼하다가 정신이 돌아와 약을 먹고
나았다는 이야기다.

23 『대지도론(大智度論)』에는 부처가 활동하던 시대에도 사위성 인구의 3분의 1이 인연이 없
어서 불법(佛法)을 알지 못했다는 이야기가 나온다.

골사리金骨舍利 부도浮屠(탑)에 신기한 증험이 많아서, 결국 많은 이들(천문千門)을 선善에 들게 하고 한 나라에 인仁을 일으키게 했으니 세상의 존귀한 보배라고 할 수 있다.

불행히도 만력萬曆 20년(1592)에 일본 해병海兵이 우리나라 남쪽으로 들어와서 분탕질을 하여 수많은 백성이 물고기 밥이 되었다. 재앙이 부도까지 미쳐서 보배가 장래에 흩어져 없어질까 안타깝고 답답하던 차에 때마침 승대장僧大將 유정惟政(사명 대사)이 수천의 군사를 이끌고 와서 마음을 다해 수호하여 온전할 수 있었다. 그러나 유정은 후환이 없지 않을 것이라 여겨서 금골사리 2함을 금강산에 숨기는 것이 좋겠다고 하며 병든 노인(휴정)에게 봉안해달라고 했다.

이에 내가 감사히 받아들여 봉안하고자 했으나, 가만히 생각해보니 금강산은 물길(바다)과 가까운 만큼 뒷날 반드시 이런 환란이 있을 것이니 금강산에 안치하는 것은 장구한 계책이 아니었다. 전에 일본 해병이 부도를 파헤친 것은 오로지 금은보화 때문이었지 사리 때문은 아니어서 보물을 얻은 뒤에는 사리를 흙처럼 보았다고 하니, 그렇다면 차라리 옛터를 보수하여 그곳에 봉안하는 것만 못하다고 생각되었다.

그래서 함 하나를 유정에게 돌려주었더니 유정도 그럴듯하다고 여기고 함을 받아서 즉시 옛터로 돌려보내 석종에 안치했다. 그리고 나머지 한 함은 내가 받아서 가지고 있다가 태백산太白山으로 들어가 부도를 새로 건립하려 했지만 내 혼자 힘으로는 어찌할 수가 없었다. 이에 문인인 지정智正과 법란法蘭 무리에게 명하여 그 일을 주관해서 석종에 봉안하게 했다. 두 선승이 지극한 정성으로 널리 모금하여 몇 달이 안 되어 부도를 세우고 모셨다. 이 공덕의 아름다움은 『법화경』「여래수량품如來壽量品」에 하나하나 쓰여 있으므로 내 어찌 말을 덧붙이겠는가?

또한 우리 동방은 처음에는 군장이나 제후가 없었는데 신인神人 단군檀君이 태백산 신단수神檀樹 아래로 나와 최초의 왕이 되어 요堯와 나란히 섰다. 그렇다면 태백산은 한 나라의 임금을 처음 배태하여 조선국朝鮮國의 백성들이 동이東夷라는 호칭에서 영원히 벗어나게 했고, 마침내 삼계三界의 스승을 안치함으로써 또한 동방의 많은 백성들이 성불의 인연을 잃지 않게 했으니, 이는 이 산의 영험함 때문이 아니겠는가? 훌륭하도다. 산만 소중해진 것이 아니라 나라도 귀중해졌고 나라만 중요해진 것이 아니라 사람도 존귀해졌으니, 그 차례와 등급을 논한다면 선승 유성이 사장 법사에 못지않으며 태백산은 영취산靈鷲山보다 못하지 않다.

이튿날 지정과 법란 두 선승이 부도를 세우고 낙성대재落成大齋를 개설했다. 내가 법석에 올라앉아 여러 사람들에게 "오늘 이 법회에 우리 세존이 탑묘塔廟 안에 들어 있지 않음을 아는 이가 있는가? 만약 부처가 탑묘 안에 있지 않음을 안다면 인간과 천상계의 공양을 받을 만하다"라고 말했다. 옛사람이 견고한 법신法身에 대하여 문자 조사가 산꽃과 시냇물이라고 답했으니,24 지금 내가 탄성을 지르며 붓을 들고 다음과 같이 쓴다.

청컨대 대중이여 세존에게 참례할지어다. 만약 석가의 진신眞身을 거론한다면 지극히 적막하면서도 오묘하고 매우 크면서도 작으며 하는 것이 없으면서도 하지 않음이 없으니, 무수히 많은 성스러운 대중들의 찬탄도 허공을 재는 것과 같고 팔만 마군魔軍의 헐뜯고 비방함도 바람을 매다는 것과 같다. 비록 그렇지만 오늘의 법회가 이익도 있고 손해도 있음을 아는가? 믿음이 있는 이들은 부처를 공경하기에 분명 극락의 언덕에 오르겠지만, 믿지 않는 자들은 법을 비방하기 때문에 반드시 고통의 바다에 떨어질 것이다. 유가의 전적에서 이른바 "너에게서 나온 것은 너에게로 돌아간다"는 것과 같은 말이다. 아! 각자 마음의 빛을 되돌려 확실히 살펴볼지어다.

---

24 송의 대룡 지홍(大龍智洪)이 "색신(色身)이 무너지면 어떤 것이 이 견고한 법신입니까?"라는 질문에 대해 "산꽃은 비단처럼 피어 있고 시냇물은 쪽빛처럼 맑다"라고 답한 것을 인용했다.

옛날에 공자가 "서방의 큰 성인聖人은 다스리지 않아도 혼란스럽지 않으니 지극히 크고 넓어서 사람들이 이름을 붙일 수가 없다"라고 했다.[25] 그러고 보면 오직 성인이 성인을 알아본다고 할 수 있다. 휴정은 지금 나이가 84세라서 정신이 혼미하고 눈은 어두우며 손 또한 떨리는데, 다른 사람들의 간청에 못 이겨서 비문을 짓고 돌에 쓰게 되었으나, 문자가 거칠어서 후세의 비판을 면하지 못할 테니 황송하고 부끄럽구나. 통달한 군자들이 양해해주시기를 바란다.

금강산의 퇴은退隱 국일도대선사國一都大禪師 선교도총섭禪教都摠攝 부종수교扶宗樹教 겸 등계보제대사登階普濟大師 휴정이 삼가 짓고 쓰다.

──『청허당집』 보유, 「사바교주석가세존금골사리부도비娑婆教主釋迦世尊金骨舍利浮圖碑」

간화선풍과 임제법통

휴정의 조사인 벽송 지엄碧松智嚴은 먼저 연희衍熙 교사를 찾아가 원돈圓頓의 교의를 물었고, 정심正心 선사에게서 서쪽에서 온 비밀스러운 뜻을 듣고 현묘한 진리를 모두 깨쳤고, 깨달아서 이익되는 바가 많았다. 무진년(1508) 가을에 금강산 묘길상妙吉祥에 들어가 『대혜어록大慧語錄』을 보고 개에게는 불성이 없다는 '구자무불성拘子無佛性'의 화두話頭를 붙들고 의심하여 오랜 시간이 걸리지 않아 깜깜한 칠통을 타파했다. 또 『고봉어록高峯語錄』을 보다가 찾아야 할 본분사는 따로 있다는 '양재타방颺在他方' 어구에서 이전의 이해를 단박에 떨쳐냈다. 이로 인해 대사가 평생 발휘한 것은 바로 고봉과 대혜의 선풍이었다.

대혜 화상[26]은 6조 혜능惠能의 17대 직계 후손이었고 고봉 화상[27]은 임

---

25 이는 『불조강목(佛祖綱目)』 권10 「진단국공구시적(震旦國孔丘示寂)」에 나오는 말이다.

26 대혜 종고(大慧宗杲, 1089~1163)를 말한다. 중국 남송의 임제종(臨濟宗) 선승으로 조동종

제臨濟(의현義玄)의 18대 적손이었다 아! 대사가 해외의 사람으로서 500년 전의 종파를 비밀히 이었으니 이는 정호程顥와 정이程頤를 말한다.[28] 주朱(주희)의 무리가 천년 뒤에 나와서 공자孔子와 맹자孟子의 계통을 멀리 이은 것과 같다. 유교나 불교나 도를 전하는 데서는 동일하다.

— 『삼로행적三老行蹟』[29] 「벽송당대사행적碧松堂大師行蹟」

(휴정이) 사람들에게 언구言句를 보일 때는 임제臨濟의 종풍을 잃지 않았으니 그 본원이 있기 때문이었다. 우리 동방의 태고 보우太古普愚 화상이 중국의 하무산霞霧山에 들어가 석옥 청공石屋淸珙[30]의 법을 이은 뒤에 이를 환암 혼수幻庵混修에게 전했고, 환암은 구곡 각운龜谷覺雲에게 전하고 구곡은 등계 정심登階淨心(벽계 정심)에게 전했다. 등계 정심은 벽송 지엄에게 전하고 벽송 지엄은 부용 영관에게 전했으며 부용 영관은 서산 등계西山登階(휴정)에게 전했으니 석옥은 바로 임제의 적손이었다.

이 8대 중에서 오직 서산이 거센 물결을 잠재우고 무너진 기강을 바로잡을 힘을 가졌으니, 뼈를 바꾸는 신령한 처방이자 눈꺼풀을 긁어내는 금으로 된 칼과 같았다. 선禪과 교敎가 뒤섞여 있는 상황에서 옥석을 나누고 보검을 휘두르되 칼날을 상하지 않게 하고 입을 다물고 조용히 바라보되 식어버린 재가 되지 않게 하는 것은 그 누구의 공이런가? 살殺과 활活의 집

(曹洞宗)의 묵조선(默照禪)을 비판하고 화두를 참구하는 간화선(看話禪)을 제창했다. 『대혜어록(大慧語錄)』『대혜서장(大慧書狀)』 등의 저술이 유명하다.

27　고봉 원묘(高峯原妙, 1238~1295)를 말한다. 중국 원대의 임제종 선승으로 간화선풍을 드날렸고 『고봉선요(高峯禪要)』가 대표 저작이다.

28　정호(1032~1085)는 명도(明道)선생, 동생 정이(1033~1107)는 이천(伊川)선생으로 두 사람을 '이정(二程)'이라고 했다. 이들은 하늘의 이치를 존중하고 인간의 욕망을 억제해야 한다는 '존천리(存天理) 멸인욕(滅人慾)'을 중시하여 뒤에 주희(朱熹)가 성리학을 집대성할 수 있는 이론적 기반을 닦았다.

29　휴정이 조사인 벽송 지엄(1464~1534), 전법스승인 부용 영관(1485~1571), 수계사(授戒師) 경성 일선(敬聖一禪, 1488~1568)에 대해 각각 행장을 기록한 것을 한데 모은 책이다.

30　석옥 청공(1272~1352)은 중국 원의 임제선승으로 태고 보우에게 법을 전했다.

게와 망치를 가지고 많은 영재를 길러내며 부처와 조사의 빛으로 인천人天
의 안목을 열어줌이 이렇게 성대한 적은 없었다.

—『청허당집』 보유, 「청허당행장淸虛堂行狀」

비보사와 연고 사찰의 연혁

풍수지리와 비보사탑

말씀하신 은산비隱山碑는 경신년(1560)과 신유년(1561) 사이에 백운산白
雲山의 승려가 탁본을 떠서 준 것입니다. 저는 일찍이 비밀스러운 참설讖
說이 있다는 말을 듣고서 기쁘게 읽어보았는데 도선道詵의 행적은 전혀 없
고 참설도 없었으며, 다만 동국의 지맥과 비보裨補[31]를 설립한 일을 기술
했을 뿐입니다. 내용을 대략 적어서 보냅니다. 지금 탁본을 해서 보내드리
고 싶습니다만 이 산은 구름과 안개가 늘 자욱하게 끼고 궂은비가 부슬부
슬 내리면서 멈추지 않아서 탁본을 뜰 수가 없으니 맑은 가을날을 기다려
야 할 수 있겠습니다. 그러나 뒷날 본 비석을 보시더라도 그 글의 뜻은 또
한 여기서 벗어나지 않을 것입니다.

또 참서讖書의 수십 언구는 사람들이 전하기를 "백운산 서쪽 기슭 아래
에 비석이 묻혀 있는데 그것을 본 사람이 없다"라고 합니다만, 이것 역시
길거리에서 들리는 입소문으로서 믿을 수가 없습니다. 또 전하기를 "묻
힌 비석에는 진辰과 술戌의 해에 난리가 나고 오午와 미未의 해에 그친다"

31　산천의 지기(地氣)가 부족한 곳을 메꾸어 보완한다는 개념으로 고려시대에는 각지에 사찰
　　과 탑을 세워 지덕(地德)을 키움으로써 국토의 안정과 균형 발전을 꾀했다. 풍수의 대가로
　　추앙되는 통일신라의 승려 도선(827~898)의 밀기(密記)에는 각지에 비보소(裨補所)가 지
　　정되었다고 한다.

고 되어 있고, 또 "자子와 축丑의 해에 흥하고 인寅과 묘卯의 해에 망한다"고 되어 있다 합니다만, 이는 더욱 우스운 일입니다. 도선 이후 몇 번이나 진과 술의 해가 지나갔으며 몇 번이나 자와 축의 해가 지나갔습니까? 이는 맹랑한 이야기이니 식견이 있는 군자라면 취해서는 안 될 것입니다. 대체로 흥하고 망하는 것과 번성하고 쇠퇴하는 것은 하늘과 땅의 운수와 관련된 것입니다. 도인은 가슴속에 각기 하나의 귀감을 가지고 있으니 천문과 지리를 관찰하여 그때의 바람 방향을 살핀다면 조짐을 거의 알 수 있으며 다른 논의는 전혀 취하지 않는 것이 좋습니다.

당唐의 일행一行 선사가 일찍이 "골짜기 물이 거꾸로 흐르면 나의 도를 전할 자가 찾아올 것이다"라고 했는데 문인들이 그 말을 기억했습니다. 어느 날 문인이 달려와 "오늘 골짜기 물이 역류했습니다"라고 보고하자 일행이 그 말을 듣고서 바로 행색을 갖추고 문밖으로 나갔더니 해동의 도선이 문득 와서 뵈었습니다. 일행이 "오랫동안 기다렸는데 왜 이렇게 늦었는가?"라고 하고는 서로 크게 기뻐하며 바로 맞아들였습니다. 몇 달을 머물며 도선이 풍수의 이론을 다 터득하고는 떠나겠다고 하자, 일행이 작별하면서 "나의 법이 동쪽으로 가니 소중하고 귀중히 여기라"고 했습니다. 그러면서 붉은 글씨로 쓴 편지 한 통을 건네면서 당부하기를 "부디 빨리 열어보지 말고 왕王씨 집에 맡겨두었다가 7년이 지난 뒤에 열어보면 좋겠다"고 했습니다.

도선이 그 가르침을 받들고 송도松都(지금의 개성)에 이르러 왕륭王隆의 집에 머물면서 위로는 천문을 보고 아래로는 지리를 살피다가 감탄하면서 "내년에 반드시 귀한 아들을 낳아 도탄에 빠진 백성의 고통을 구할 것이오"라고 했습니다. 왕륭이 이 말을 듣고 신발을 거꾸로 신은 채 뛰쳐나왔는데, 이듬해에 과연 고려 태조가 된 왕건王建을 낳았습니다. 이것이 도선의 행적입니다. 은산비에서 일행이 도선에게 말했다는 내용을 대략 소개하면 다음과 같습니다.

부처는 위대한 의학의 왕이시니 몸을 다스리면 재난과 병이 없어지고 마음을 다스리면 번뇌가 사라진다. 또 산천과 토지에 적용하면 흉함과 해로움이 바뀌어 길함과 이로움이 된다. 비보裨補(사탑)를 설치하는 것은 쑥에 비유할 수 있다. 쑥은 세상의 좋은 약이지만 병에 걸리지 않은 사람은 그것을 썩은 흙처럼 여기고 비록 집의 뜰 안에 있어도 힘써 캐려고 하지 않는다. 만약 병이 있는 사람이라면 그렇지 않다. 좋은 의사를 만나 쑥으로 뜸을 뜨면 고질병이 금새 낫는 것이 그림자나 메아리보다 빠르다. 비록 억만금의 소중한 것도 여기에 비할 수 없으니 이는 그 결과에 신비한 효험이 있기 때문이다.

그대의 동쪽 나라 삼한三韓은 여러 산들이 험준함을 겨루고 많은 강물이 그 빠르기를 다투니, 마치 용이나 범이 서로 싸우는 것 같기도 하고 혹은 새나 짐승이 날고 달리는 것 같기도 하다. 또는 저쪽에서 공격해 오는 것도 있고 조금 끊어놓으면 미치지 못하는 것도 있으니 비유하면 병이 많은 사람과 같다. 그러므로 구한九韓이 되기도 하고 삼한이 되기도 하며 서로 쳐들어가 전쟁이 끊이지 않을뿐더러 도적이 횡행하며 홍수와 가뭄이 아무 때나 일어나니 이것은 모두 이 때문이다.

그대가 지금 불법佛法을 쑥으로 삼아 산천을 고치려 하면, 모자란 것은 보충하고 지나친 것은 억제하며 달리는 것은 그치게 하고 물러난 것은 불러와야 한다. 또 해치는 것은 막고 다투는 것은 금하며 선한 것은 세우고 길한 것은 드러내야 한다. 아프고 가려운 땅의 지세를 관찰하여 탑을 세우니 3천 8백여 곳에 탑과 사찰을 건립하면 그대 나라 산천의 결점과 근심거리가 모두 잠기고 숨게 될 것이니, 이 비보의 시설은 병을 치료하기 위해서 만드는 것이다.

이와 같이 하면 그대의 삼한이 크게 하나의 집안이 될 수 있고 도적도 교화되어 새로운 백성이 될 것이며, 심지어 비바람도 때에 맞고 인민도 화목

하고 순박하게 될 것이다. 훗날 왕과 신하들이 만약 잘 다스리는 정치를 알지 못하여 "함부로 무익한 일을 하여 국가를 번거롭게 하는 것보다는 일단 그만두고 그 길함과 흉함을 관찰하는 것이 좋겠다"고 한다면, 이는 병든 자가 의사를 꺼리면서 "함부로 효과 없는 약을 써서 내 생명을 해치기보다 우선 약을 끊고 낫는지 안 낫는지를 살펴보는 것이 좋겠다"고 하는 것과 무엇이 다르겠는가? 위태롭거나 없어지게 되면 후회한들 어떻게 하겠는가?

— 『청허당집』 권7, 「답양창해서答楊滄海書」

지리산 쌍계사

옛날에 유교와 불교에 정통하고 내전과 외전에 통달한 이는 공적과 명예를 헌신짝처럼 버리고 표주박 하나로 가난을 잊었다. 천지와 더불어 나란히 서고 신령과 함께 가며 무위無位의 진인眞人과 어울려서 노닐고 처음과 끝이 없는 것으로 벗을 삼았다.[32] 어쩔 수 없이 응할 경우 만물을 키우고 천하를 조화롭게 했으며 한 손으로 임금을 요순堯舜의 위에 이르게 하기를 손바닥을 뒤집는 것처럼 여겼다. 자신이 걱정할 바를 걱정하고 자신이 즐길 바를 즐겼으니, 어느 겨를에 유교를 비난하고 불교를 비난하며 불교가 아니라고 하고 유교가 아니라고 하면서 서로를 바로잡고 비난하겠는가?

우리나라의 고운孤雲 최치원崔致遠[33]과 진감 혜소眞鑑慧昭[34]가 바로 그런 사람이다. 고운은 유학자이고 진감은 승려이다. 진감은 사찰을 세워서 처

---

32 『장자』 「천하(天下)」 등에 나오는 말이다.

33 최치원(857~?)은 통일신라 말인 9세기의 뛰어난 학자로서 유불도에 모두 정통했다. 중국 당나라에서 「토황소격문(討黃巢檄文)」을 써서 이름을 드날렸으며 '사산비명(四山碑銘)'을 비롯해 많은 글과 시를 남겼다.

34 진감 혜소(774~850)는 통일신라 말기의 승려로 804년 당에 가서 선을 배워 왔고 불교음악인 범패를 도입했다. 최치원이 비문을 쓴 「진감선사대공탑비(眞鑑禪師大空塔碑)」가 쌍계사에 세워졌다.

음으로 인천人天의 안목을 열어주었고 고운은 비석을 세워서 유교와 불교의 정수를 널리 뽑아냈다. 아! 두 사람의 마음은 줄이 없는 거문고와 같으니 그 곡조는 마치 봄바람에 제비가 춤추는 듯했고 그 음률은 푸른 버드나무에서 꾀꼬리가 노래하는 듯했다. 각각 한 줄의 씨줄과 날줄이 되고 안과 밖이 되어 서로 도움을 주었다.

한漢·당唐·송宋 이래로 유교와 불교의 헛된 이름을 깨뜨리고 온전히 갖추어진 천지를 즐기며, 멀리 초연하고 홀로 돌아보지 않는 자는 오직 이 두 대인大人뿐이었다. 그러나 시대가 멀어지고 사람은 없어져서 이름만 남고 공적은 사라졌다. 훌륭한 절은 가시나무 숲에서 쇠락했고 거북 받침돌 위 비석은 나무꾼의 손에 훼손된 채 재 너머 원숭이가 슬피 울고 골짜기의 새가 서글피 울 뿐이었다.

가정嘉靖 경자년(1540) 봄에 이 산의 도인인 중섬仲暹이 여기에 와서 옛 비석을 어루만지면서 한숨 쉬고 크게 탄식하며 말하기를 "옛날 우禹임금의 구정九鼎[35]과 주周 왕실의 석고石鼓,[36] 한漢 조정의 선인仙人[37]과 진晉의 동타銅駝[38]는 모두 당시의 대표적 물건인데, 한 시대의 보배가 되거나 되지 않은 것은 반드시 그 물건이 때를 만났느냐 못 만났느냐에 달렸다. 지금 고운의 이 비가 지극한 보배라고 하면서도 도리어 귀중한 물건이 아닌 듯이 취급받고 있는 것은 때를 만나지 못했기 때문이다"라고 했다.

이에 중수해야 한다는 글을 조정에 올리니, 조정의 대신들이 모두 찬성했다. 그 뒤에 예조禮曹에서 사방 5리에 금표禁標를 급히 세우고 화전火田과 벌목을 하지 못하도록 했다. 3년이 지나지 않아 주민들이 저절로 교화

---

35 하(夏)나라 우임금이 천하의 쇠를 모아 주조했다는 솥으로, 군왕 및 왕조의 정통성을 상징하는 보배로 여겨졌다.

36 주 왕실에서 중시한 돌로 만든 북으로, 표면에 선왕(宣王)의 업적을 기록하는 글을 새겼다.

37 한 무제(武帝)가 불로장수를 위해 하늘의 감로수를 받으려고 구리로 만들었다는 신선 손바닥 모양의 쟁반을 말한다.

38 구리로 주조하여 낙양(洛陽)의 궁문 밖에 세운 낙타를 말한다.

되고 서글픈 새 울음소리가 그쳤으며 떨어진 꽃잎이 물에 떠내려가는 것이 완연히 옛날과 같이 되었다. 이에 팔영루八詠樓 세 칸을 중수하고, 비석의 앞뒤로 돌을 쌓아서 대臺를 만들었다. 그리고 물을 끌어다 못을 만들고 달이 뜬 저녁과 바람 부는 아침에 연꽃을 감상하고 대숲을 바라보며 혼자 슬슬 거닐곤 했다.

이 산의 떠돌며 수행하는 운수승雲水僧 혜수慧修는 바른 법을 깊이 믿고 불법승佛法僧 삼보三寶를 받드는 것을 자신의 임무로 삼았다. 계묘년(1543) 여름에 진감이 이룬 옛 사찰을 보고 개탄하며 중창하고자 뜻을 세우고서 시주자인 단월檀越을 널리 모집했다. 몇 년이 되지 않아 먼저 대전大殿을 세운 뒤에 금당金堂과 동쪽 서쪽의 두 방장方丈을 건립하고 낙성 법회를 개설했다. 이듬해에 또 양당兩堂의 법회를 열었으니, 아! 우뚝 선 전각의 모습이 천궁天宮과 같았다.

이에 팔영루의 맑은 바람은 고운의 신선으로서의 면모를 다시 깨우고 쌍계雙溪 냇물의 밝은 달은 진감의 선禪의 등불을 재차 타오르게 했다. 어떤 이들은 마음을 쉬게 하려고 만 리 밖에서 바람처럼 달려왔고, 어떤 이들은 기氣를 함양하기 위하여 여러 곳에서 구름처럼 몰려들었다. 노을이 지는 넓고 아득한 하늘 너머로 호수 위 봉우리 하나가 반쯤 보이다 사라지고 흰 구름 걸린 단풍나무 주위로 한 쌍의 푸른 학이 한가로이 오고 가나니, 이 또한 쌍계사의 멋진 경관이로다.

아! 이미 숨은 달을 한 손으로 받든 이는 중섬이고, 눈먼 자의 눈꺼풀을 쇠칼로 긁어낸 이는 혜수이다. 왜 그런가? 불교를 배우는 자는 진감처럼 되고 나서야 유교가 유교가 되는 이유를 알게 되고, 유교를 배우는 자는 고운처럼 된 후에야 불교가 불교가 되는 까닭을 알게 되기 때문이다. 그렇기에 진감을 아는 이로는 고운만 한 이가 없고, 고운을 아는 이로는 진감 같은 이가 없다고 하는 것이다. 세상에 고운이 없다지만 중섬이 그런 사람이고, 세상에 진감이 없다지만 혜수가 바로 그런 사람이다. 그렇다면 앞의 두 사람이 먼저 말을 꺼냈고 뒤의 두 사람이 후세에 전했으니, 참으로 앞과 뒤가 서로 응하고 멀고 가까움이 서로 비춘 것이다. 또한 천년이 지나서 양웅揚雄과 소옹邵雍이 아침저녁으로 만나게 되었다고 할 수 있다.[39] 비록 그렇지만 이름은 실상의 손님이니 고운과 진감이 취할 바가 아니다. 유교를 잘 말해도 잘못된 것이고 불교를 잘 말해도 그릇된 일이며 유교와 불교를 다잘 말해도 아닌 것은 또 아니니 왜 그런가? 그 실상만을 구할 뿐이다.

가정嘉靖 기유년(1549) 봄에 쓰다.

──『청허당집』 권5, 「지리산쌍계사중창기智異山雙磎寺重創記」

지리산 내은적암

이 암자는 신라의 왕이 세운 것인데, 천년의 세월이 지나며 일어나고 무너지는 무상無常함을 겪으면서 마룻대와 들보가 거의 부러지고 기와가 떨어져 나갔을 뿐만 아니라 탑 위의 사불四佛의 얼굴에 이끼가 끼는 등 매우 퇴락했습니다. 이에 하늘의 신중神衆들도 의지할 바를 잃고 귀물鬼物도 시름에 잠긴 채 승려들의 울음소리가 들리는 듯하니 신도들이 슬픔을 자아낼 만했습니다.

경신년(1560)에 여름을 지나 가을을 맞이할 때 누더기를 걸치고 지팡이를 끌며 옛 전각에 올라 불상의 먼지를 털고는 탄식하며 마음속으로 말했습니다. "나 또한 불제자인데 이런 말법시대에 단지 형색과 승복만을 꾸미고 여래를 섬기지 않는다면 이름과 실상을 모두 잃을 것이니, 온 세상에 몸둘 곳이 없다고 할 것이다. 더욱이 고행하는 도사와 세간을 떠난 고상한 이가 조용한 환경을 좋아하여 여기에서 한가히 앉아 있을 때 딱딱한 얼음이

---

39 후세에 제대로 평가해줄 이를 기다린다고 할 때 한의 양웅과 송의 소옹을 예로 들며, 아침저녁으로 만났다는 것은 성인을 만나면 해답을 알게 된다는 것으로 『장자』 「제물론(齊物論)」에 나오는 말이다.

무릎에 닿고 찬 빗방울이 머리에 부딪힌다면, 이는 더욱 불자로서 차마 볼 수 없는 것이다"라고 했습니다.

옛날에 부처를 믿는 자가 갈대로 만든 삿갓으로 부처를 덮어준 인연으로 50년 동안 왕의 지위를 향유했고, 부처를 믿지 않는 자가 기와를 헐고 흙벽에 금을 그은 업보로 오백생五百生 동안 아귀餓鬼의 형체를 받았으니, 이른바 인색하고 욕심부리는 사는 지옥에 떨어지고, 보시를 행한 자는 천당을 향유한다는 것이 바로 이것입니다. 그러므로 지금 산인山人의 한마니 말을 시주施主가 한번 들었을 뿐인데 재앙의 원인과 복의 근본이 분명히 나누어지니, 생각해보기 바랍니다.

아! 마음은 만법의 거울이고 선과 악은 이 거울에 비친 모습입니다. 인색함과 탐욕의 악으로 결국 지옥의 화를 얻는다고 하면 보시를 행한 선업으로 반드시 천당의 복을 누린다는 것 또한 의심할 여지가 없습니다. 불교의 가장 뛰어난 가르침은 차등과 구분에 떨어지지 않는다는 한 구절이 있습니다. 모든 신도는 이 글에 서명하기를 청합니다.

—『청허당집』 권5, 「내은적개와모연문內隱寂盖瓦募緣文」

서울 봉은사

나그네가 바람과 구름으로 기운을 삼고 강과 바다로 도량을 삼으며 해와 달로 안목을 삼고 봄과 가을로 안식을 삼아서, 반고盤古[40]의 머리에 발을 딛고 끝없는 영역을 돌아보다가 이 절에 이르러서 사적을 기록하노라. 전각에 오르면 시원한 기운을 느낄 수 있고 비취색 연못가에서 더위를 피할 수 있다. 연꽃을 감상하노라니 향기가 코에 스며들고, 매화를 바라보노라니 달이 창으로 들어오네. 한수漢水가 왼쪽에 자리 잡아 동과 서를 관통

---

40   중국의 창조 신화에서 천지개벽 후 처음으로 세상을 만든 이로 알려져 있다.

하고 큰 도로가 오른쪽에 있어서 장안長安(서울)으로 통한다. 그러므로 배를 매고 말을 묶는 나그네들의 소란스러운 움직임이 날마다 끝이 없고, 주인이 맞이하고 보내는 일도 끝나지 않는구나.

남쪽 별실의 자리를 걷자마자 동쪽 별실에 다시 자리를 펴고, 음식상을 미처 치우기도 전에 다과상이 잇달아 늘어서 있다. 만개의 솥에 불을 때야 아침이 끝나고 100석의 벼를 찧는 데 10일이 걸린다. 공손하기도 검소하기도 하며 술에 취했다가 깨기도 하며, 성도 내고 기뻐하기도 하는 등 나그네들의 태도는 한가지로 말할 수 없다. 그러나 그 주인 된 이는 눈으로는 형색에 집착하지 않는 공부가 되었고, 귀로는 소리에 집착하지 않는 공부가 되어서 언어와 행동에서 오로지 한결같은 태도를 보였다.

아! 부귀라는 것은 사람들이 다 좋아하면서도 또한 싫어하는 것이며, 가난하고 천한 것은 사람들이 모두 싫어하면서도 한편으로 좋아하는 것이기도 하다. 지금 주인이 빈천한 몸으로 부귀의 이름을 얻은 것은 이 봉은사 덕분이며, 잘못이 없는 몸으로 좋고 나쁜 명성을 얻은 것도 봉은사 때문이다. 옛사람이 "빛깔 좋은 표범이 재앙을 당하는 것은 가죽 때문이다"라고 말했는데, 지금의 봉은사 역시 주인에게는 하나의 가죽이 될 수 있다. 비록 그렇지만 부귀나 빈천, 옳고 그른 것이나 좋고 싫은 것은 주인의 일신상에서는 뜬구름이 텅 빈 하늘에 있는 것과 같다. 아! 주인의 이름을 들은 자는 주인의 목소리와 얼굴빛이 즐거운 것만 알 뿐이지 현실을 떠나 있는 주인의 즐거움은 알지 못한다. 또 주인을 잘 아는 이는 소리와 형상을 떠난 즐거움은 알지만 주인이 현실을 즐긴다는 것을 알지 못한다. 이 주인은 누구인가? 바로 조계曹溪의 벽운碧雲[41] 대사 소요자逍遙子이다.

가정嘉靖 34년(1555) 을묘년 여름에 쓰다.

—『청허당집』 권5, 「봉은사기奉恩寺記」

---

[41] 판본에 따라서 벽송(碧松)으로 된 것도 있다.

금강산 장안사

산의 뿌리는 동쪽으로 일본에 이어지고 물의 근원은 서쪽으로 천축(인도)에 접했다. 우리 동방의 산수의 아름다움은 금강산金剛山만 한 것이 없으며, 선찰禪刹 가운데 깨끗하고 정결한 깃으로는 장안사長安寺만 한 사찰이 있지 않다. 사찰은 산의 서쪽에 있는데 높고 쾌적함이 으뜸이었고, 선각이 장엄하고 화려해서 고요히 수행하고 굳은 신념을 지키는 무리가 구름이 용을 따르듯 팔방에서 모였기에, 상주하는 대중의 수가 200명을 밑돌지 않았다. 신라 때부터 이 산의 본사本社였으며, 우리 세조대왕께서 친히 이 산에 행차하여 법기法起보살[42]의 진신眞身에 예를 드리고 향을 피우며 종을 치는 등 매우 융성했다.

불행하게도 정유재란 때 화재가 발생하여 성대한 총림叢林이 갑자기 잿더미가 되어버렸다. 그 뒤로 산과 물은 슬프고 애달팠고 원숭이와 새는 슬피 울었다. 을사년(1605) 봄에 비구 일청一淸이 중창하는 서원을 내어 무차회無遮會를 열고 완성했다. 비록 가람을 다시 세우기는 했지만 법기法器를 다 복구하지는 못했으니 총림의 큰 결함으로, 공을 온전히 이루지 못했다고 할 만하다.

이 산의 도인인 의능義能이 또한 큰 서원을 내어 강가에서 석장錫杖을 떨치자 선비와 백성들이 그 모습을 흠모하여 잇따라 시주를 바쳐서 무게 8천 근의 큰 종 1구를 주조했다. 이 공역은 무신년(1608) 봄에 시작하여 신해년(1611) 여름에 마쳤다. 아! 큰 가람을 세워서 정법을 다시 일으키고 이 종을 완성하여 인간세상과 천상계를 두루 이롭게 하니, 여래의 바른 법은 총림에 있지 않고 사람에게 달려 있다.

---

42 『화엄경』「보살주처품(菩薩住處品)」에 나오는 보살로, 금강산을 상주처로 하며 주로 반야(般若)를 설한다.

이루어지고 무너지는 것이 만물의 법도이고 과거와 현재는 시간의 운수인데, 의능의 마음은 바로 태허太虛와 같다고 하겠다. 태허의 본체는 텅 비고 환하며 오묘하고 깊어서 흐르고 움직이면서도 항상 변하지 않는다. 형상이 없는 데서 형상을 만들고 수없이 많은 데서 수를 초월한다. 여관에 잠시 몸을 맡기듯이 태어남과 죽음을 마치 봄과 가을처럼 보는데 하물며 만물이 이루어지고 무너지는 것은 말할 것이 있겠는가? 그의 견지에서 보면 법계法界도 하나의 사찰이고 천지도 하나의 종이며 예나 지금까지 하나의 꿈일지라. 마땅히 그 덕을 새겨서 무궁히 전해야 하리.

신령스러운 산은 천지의 뿌리이고
수려한 물은 옛날과 오늘날의 원천이네
집이 크고 사람이 많아 정법이 항상 머물렀는데
시간은 변화가 있고 만물에는 운수가 있도다
하루아침 화재로 십년간 초토화되었지만
대덕이 경영하여 순식간에 완성되었네
총림이 무너지자 냇물도 슬피 울었고
총림이 이루어지자 초목도 영화로움을 머금도다
위대하다 우리 대사시여! 자비와 서원을 타고났도다
홀연히 지팡이 하나 짚고 새 날듯 구름이 가듯
이 법기 만들었으니 속은 비어 있고 겉은 평평하며
크게 치면 크게 울리고 가볍게 치면 작게 울리니
철위산鐵圍山[43]에 소리 떨치고 오음五陰[44]의 구름 흩날리네
공덕의 바다 아득히 넓어 끝이 없는데
믿음을 내는 처음에 바로 깨달음의 땅 밟으리

---

[43] 세계의 중심인 수미산(須彌山)을 둘러싼 여덟개 산 가운데 가장 밖의 쇠로 만들어진 산이다.
[44] 오온(五蘊)과 같은 말로, 현상적 존재를 이루는 색(色)·수(受)·상(想)·행(行)·식(識)이다.

아! 아름답구나 법의 수명이 금강과 같으니

금강이여 금강이여 물은 멀고 산은 장구하도다

——『청허당집』 권5, 「금강산장안사신주종명金剛山長安寺新鑄鍾銘」

묘향산 원효암

이 암자는 바로 신라의 도인 원효元曉가 세운 것이다. 뜰 안에 10여명이 앉을 수 있는 한 쌍의 넓고 편편한 바위가 있는데, 세상에서는 원효와 의상義湘 두 도인이 바둑을 두던 곳이라고 일컬으니 하나의 기이한 경관이라고 할 수 있다. 시대가 멀어지면서 사람은 없어졌어도 그 터와 섬돌만은 여전히 남아 있어서, 놀러 온 사람이나 지나가는 나그네가 감상에 많이들 젖어 들었다. 융경隆慶 원년(1567)에 이 산의 승려 옥천玉泉과 천운天雲이 함께 암자를 세우려고 주머니 속 돈을 모두 내놓고 신도들에게 도움을 널리 구해 모금했다. 이에 도끼를 가진 자는 도끼질을 하고 톱을 쥔 자는 톱질을 했으며 또 흙을 바르고 칠하여 완성했다. 아! 두 승려의 공덕은 기록으로 남길 만하도다. 또 두 승려는 일생을 푸른 산에서 늙으며 흰 구름과 행동거지를 함께하겠다고 기약했다 한다. 아! 세상에서 푸른 산을 좋아하고 흰 구름을 아끼는 사람들은 그림을 그려서 병풍으로 만들고 오직 상상하여 떠올릴 뿐인데, 지금 두 승려는 푸른 산에 앉고 흰 구름에 누워서 늘 살아 있는 그림 가운데 노니나니, 그들이 가슴속에 간직한 바는 또한 기록할 만하다.

융경 경오년(1570) 가을에 쓰다.

——『청허당집』 권5, 「묘향산원효암기妙香山元曉庵記」

핵심저작

경허성우

경허성우(1849~1912) 진영(마곡사 소장)

1장
깨달음을 향한 정진 수행

수행자의 마음가짐

선 수행의 자세

참선하는 이는 무상無常하고 빠른 생사生死의 일이 중대하다는 생각을 첫번째로 두려워한다. 그래서 옛사람이 "오늘 비록 살아 있어도 내일은 또한 보장하기 어렵다"고 한 것이다. 다음으로는 일체의 세간의 일에 조금도 마음을 두지 않고 조용히 아무것도 하지 않는 것이 좋다. 만약 마음과 대상이 서로 움직이며 마치 불과 섶이 서로 만나듯이 어수선하게 세월만 보낸다면 화두를 드는 공부에 방해가 될 뿐만 아니라 악업이 점차 늘어날 것이다. 가장 중요한 것은 세상일에 무심하면서 마음에 아무 일도 없는 것이니 그렇게 되면 마음의 지혜가 저절로 맑고 밝아질 것이다.

모든 것은 다 마음을 따라 만들어지니 선을 행하면 천당에 나고 악을 지으면 지옥에 가게 된다. 나쁜 일을 하면 승냥이 이리가 되고 어리석고 불손하면 지렁이가 되며 가볍고 조급하면 나비가 되는 식이다. 그러므로 옛사람이 "단지 이 한 생각이 어긋나게 되면 여러 현상이 나타난다" 했으니, 마음을 비워서 고요하고 순일하며 흔들리지도 어둡지도 않고 밝고 환하다. 다시 어디에서 생사를 찾고 깨달음을 찾으며 어느 곳에서 선악을 찾고 계율을 찾겠는가?

이렇게 활발하고 뚜렷이 밝아서 정수리에서 발끝까지 통하면, 태어나면서 생기거나 숙어서 없어지지 않는다. 부처를 만들거나 조사를 만들시도 않으며, 크게는 무수히 많은 세계를 감싸고 작게는 미세한 티끌에도 들어간다. 또한 부처도 되고 중생도 되며 크지도 작지도 않고 모나지도 둥글지도 않으며 밝지도 어둡지도 않아서 자유자재로 화합하고 통한다. 철저히 이와 같으니 다시 억지로 그렇게 만드는 이치가 조금이라도 있는 것은 아니다.

이 현묘한 문을 참구하는 이는 늘 끝까지 돌이켜서 비추어보는 데 힘을 쓰고 마음 씀을 조용하고 치밀하게 또 쉼 없이 해야 한다. 끝까지 파헤치는 것을 지극히 간절히 하고 더는 마음을 써서 참구할 수 없는 단계에 이르면 갑자기 마음 길이 어느샌가 끊어진다. 본명원신本命元辰[1]에 닿으면 본래 그대로의 성품이 원래부터 갖춰져 있어서 모자람도 남음도 없다. 여기에 이르면 눈으로는 백개 천개의 해와 달이 세상을 비추는 것 같고 귀로는 바다에 풍랑이 일어 소리가 수미산須彌山을 진동하는 것 같으니, 억지로 그렇게 한 것이 아니다. 다만 이러한 이치는 너무나 가까이 있어서 사람들이 저절로 알거나 깨닫지 못한다.

현묘한 문을 참구하려는 이는 착실하게 이치를 알고 법식法式을 돌이켜 비추어 분명하게 드러내되 듬성듬성하지 말고 세심하게 살펴야 한다. 마음먹고 실행하여 수행하는 공부가 무르익으면 실상의 이치가 저절로 드러난다. 태고太古 화상은 "들었다 하면 화살이 바위에 박히네"[2]라고 했고, 청

---

1 태어난 해와 운명을 뜻하며 선종에서는 본성, 본분을 비유한 말로 쓰인다.
2 태고 보우(太古普愚)는 「참선명(參禪銘)」에서 "본래 면목은 누구인가? 들었다 하면 화살이

히淸虛(휴정) 화상은 "모기가 쇠로 된 소에 올라타서 아래로 침을 꽂을 수 없는 곳에서 몸을 파고 들어가는 것과 같다"[3]고 했으니, 화두를 들고 참구하는 이는 마땅히 이런 말을 길라잡이로 삼아야 한다.

일상의 온갖 행위로 말하면, 가슴속이 텅 비고 밝아서 한 물건도 없고 육근六根이 비어 있는 이는, 다만 넓은 마음으로 보시布施를 하고 단지 맑고 깨끗한 마음으로 지계持戒를 하며 오직 겸허하고 부드러운 마음으로 바로 인욕忍辱을 한다. 다만 본래부터 밝고 늘 드러나며 어둡지 않은 이 마음이 바로 정진精進이요, 오직 밝고 고요하여 어지럽지 않은 이 마음이 바로 선정禪定이다. 밝고 고요하고 또렷하여 법을 선택하고 공空을 관찰하며, 본래 스스로 어리석지 않아 모든 법의 현상을 분별하되 동요하지 않고, 또 세상 인연에 따라 거리끼거나 막힘이 없는 것이 바로 지혜이다. 그래서 달마達磨 대사가 "마음을 관찰하는 하나의 법이 모든 의식 작용을 다 포섭한다"라고 했으니, 오로지 나무뿌리를 배양하는 데 힘쓸 뿐 가지가 무성하지 않을까 걱정할 필요가 없고, 단지 본성을 보고 부처가 되는 것만 알 뿐 부처에게 신통삼매神通三昧가 없을까 걱정할 필요는 없다.

요즘 사람들은 대개 배우고 닦는 진정한 도인이 되지 못하니 제대로 된 승려도 불법의 이치에 밝지 못하고, 도의 안목이 확실하지 않아 모두 갈림길에서 양을 잃고,[4] 술 취하고 꿈꾸듯이 일생을 보낸다. 슬프도다! 동산洞山 화상이 "가사 아래에서 사람의 몸을 잃는 것이 고통이다"라고 한 것이 이것이다.

길 가는 사람이 만약 첫걸음이 바르지 못하면 천 리의 먼 길도 헛되이 공력만 낭비할 뿐이니 처음부터 가지 않는 것만 못하다. 그래서 규봉圭峯

바위에 깊이 박히네"라고 했다. 화살이 바위에 깊이 박혔다는 표현은 중국 한나라의 장수 이광(李廣)의 고사에서 나온 말이다.

3   『선가귀감(禪家龜鑑)』.

4   『열자(列子)』「설부(說符)」에 나오는 양자(楊子)의 고사다.

(종밀) 선사는 "분명히 판별하여 이치를 깨닫고 수행해야 한다"[5]라고 했다. 초가삼간을 지으려 해도 대패, 먹줄, 도끼, 자귀, 자 등 도구가 없으면 이루지 못하는데, 하물며 원만한 깨달음인 원각의 큰 가람을 지으려는 사람이 그것을 만드는 이치를 따르지 않고 성공할 수 있겠는가? 작은 일을 하려고 할 때도 잘못하여 이루지 못할까 걱정하여 그 이치를 생각해서 알려고 하며 모르면 다른 사람에게 묻는다. 그래도 분명치 않으면 다시 다른 지혜로운 사람에게 물어서 기필코 착오나 잘못 없이 성공하려 한다.

그런데 현묘한 도에 나아가려는 이들이 대개 소홀히 하며 대수롭지 않게 여기고, 자세히 판단하고 결정하여 힘쓰는 이를 보지 못했다. 이렇게 하면서도 공부의 결과를 망치지 않을 이는 드물 것이다. 아! 경계하지 않을 수 있겠는가? 삼가며 무상하게 큰일을 깨닫고 밝히려는 이가 급히 스승을 찾지 않는다면 어떻게 그 바른길을 얻을 수 있겠는가?

—『경허집鏡虛集』,[6] 법어法語, 「니우후泥牛吼」

참구하는 마음

동산 화상의 「자계自誡」에 "명리를 구하지도 않고 영화를 구하지도 않으며 그럭저럭 인연에 따라 이번 생 건너가네. 세 치 혀 기운이 사라지면 누가 주인인가? 백년 뒤 죽고 나면 허명만 흩어지리. 옷 해진 곳 겹겹이 기워 입고 양식 떨어질 때는 그때그때 마련하네. 이 허깨비 같은 한 몸뚱이 얼마

---

5 『대방광원각경대소(大方廣圓覺經大疏)』 상권.
6 경허 성우의 시문집으로 1931년 한암 필사본 2권 1책(행장 포함), 1943년 선학원 중앙선원 간행 신연활자본 1책 등이 있다. 법어(15편), 서문(10편), 기문(5편), 서간(4편), 행장(2편), 영찬(7편), 시(절구와 율시 등), 가(6편) 등으로 구성되었다. 주요 내용은 간화선 수행법과 선의 일상화, 선과 교의 융합, 정토 신앙, 계율과 청규 및 결사, 선원의 설립과 제자 양성 등 매우 다양하다. 특히 법어는 역대의 선 문헌과 어록을 인용하여 조사선의 지향점과 화두 참구법을 밝힌 것이 주종을 이루고, 가송도 깨달음과 법의 실상에 관한 내용이 많다. 선의 중흥과 불교 대중화, 승속의 경계를 넘어선 그의 진면목을 엿볼 수 있다.

나 간다고 저런 쓸모없는 일로 무명無明을 기르겠나?"라고 했다. 이 몇 구절 말은 출가한 이들이 날마다 경각심을 갖고 때때로 경책하는 도리라서 마땅히 익숙히 읽고 음미했을 터이다.

무상하고 빠른 생사의 일이 크다는 것을 늘 생각하니 눈을 떴을 때 이렇게 급하고 절박하며 눈을 감았을 때도 시급하고 절실하다. 혹은 걷거나 서고 앉거나 눕는 모든 때와 모든 곳에서 이처럼 긴급하고 절절해야 한다. 이렇게 한다면 어느 겨를에 허다하고 잡다한 생각이 마음을 침범하여 어지럽게 할 수 있겠는가? 그러므로 옛날에 덕이 높은 승려가 "가령 열반보다 나은 하나의 법이 있더라도 나에게는 꿈이나 환상과 같다"라고 했는데, 하물며 세간의 헛되고 부질없는 진실하지 못한 법이야말로 무슨 마음으로 관여하겠는가?

쌍림雙林 부대사傅大士는 "밤마다 부처를 안고서 자고 아침마다 함께 일어난다. 일어나고 앉을 때 언제나 서로 따라다니고, 말하고 침묵할 때 늘 함께 있어서 털끝만큼도 떨어지지 않으니, 마치 몸에 딸린 그림자 같도다. 부처가 간 곳을 알고자 한다면 바로 말하는 이 소리로다"라고 했다. 이 몇 구절 또한 출가한 사람들이 날마다 비추어 돌아보고 때때로 참구하는 것이니 마땅히 살펴서 생각하고 환하게 알아야 한다.

"내 몸뚱이에 감춰져 있는 무한한 보물을 알지 못하여 이로 인해 몇 겁의 세월을 거치며 부질없이 고통을 겪어왔는데 지금 생도 만약 지나쳐버린다면 어느 생에 다시 보고 듣는 것이 투명하게 맑아질 수 있겠는가?"라고 여기고, 법을 만나 다행스럽다는 마음과 용맹스럽게 정진하겠다는 뜻을 내어 옛사람이 세운 교화의 문을 따라 노력하고 수행해야 한다. 참선하거나 염불하거나 주문을 외거나, 아니면 육바라밀 법문을 하더라도 절대로 여러 도리로 나누어서 하지 말고 마땅히 빛을 돌려 거꾸로 비추는 '회광반조廻光返照'에 힘써서 마음의 근원을 환히 알아야 한다. 요체는 고요함과 청정함의 두가지를 잊지 말아야 하니, 청정함이 보리이고 고요함이 열반이다. 그러나 완전한 깨달음에 이르게 되면 어찌 열반을 두가지 명칭으로 나누어 절목으로 삼겠는가?

그러므로 "마음의 본체를 끝까지 비추어보면 의지할 데가 없으니 온몸이 큰 도와 합쳐진다"라고 했다. 그렇다면 온갖 수행(만행萬行)은 비록 불자佛子가 일상에서 행하는 바이지만 지혜로 자기 본성을 비추어서 아는 그러한 수행이 없어서는 안 된다. 이른바 "온갖 수행을 갖추어 행하되 오직 무념無念으로 근본을 삼는다"는 것이 이것이다. 앞의 다섯 바라밀[7] 수행은 지혜의 공력이 없으면 눈을 잃은 사람이 험한 길을 가는 것에 비유할 수 있으니, 근본이 이런데 어찌 그 끝이 저렇게 되겠는가?

더욱이 선과 악, 보리와 생사(윤회)는 일찍이 둘인 적이 없고, 과거·미래·현재도 둘이 아니며, 온 세계와 하나의 털끝도 결코 둘이 아니다. 그러나 그렇다고 모든 법이 하나인 적도 없으니, 하나인지 둘인지를 누가 이름 붙일 수 있으며 이름을 붙일 수 있는 이는 과연 누구인가? 부처의 법은 이상한 것이 아니다. 무겁고 큰 돌과 나무를 실어나르거나 글과 무술을 배우고 익히는 것처럼 실제로 마음을 일으키고 힘써 수행하여 얻는 것이 아니다. 또한 하늘을 놀라게 하고 땅을 움직이게 할 만큼 크고 특별한 작용이 있는 것도 아니다. 단지 망상이 본래 없음을 비추어 깨달으면, 본성의 체가 밝고 맑으며 안락하여 아무것도 함이 없고, 가볍고 무거움도 모자라고 남음도 없으며, 가고 옴도 나고 죽음도 없다. 대개 본래부터 이와 같으니 깨달은 이만 이렇고 미혹한 자만 이렇지 않은 것이 아니다. 마땅히 이렇게 하고 이렇게 간직해야 하지만 어찌 처음부터 '이렇게'가 있겠는가?

공부하는 데 있어서 어찌 허다한 이름과 현상(名相)을 다 벌여놓은 뒤에 착수한다 하는가? 오직 이것이다. "다만 이것이란 무슨 뜻입니까?"라는 물음에 "산하대지山河大地, 밝고 어두움, 색공色空이다"라고 답했고, "이미

---

7   육바라밀(六波羅密)에서 마지막 지혜를 뺀 보시(布施), 지계(持戒), 인욕(忍辱), 정진(精進), 선정(禪定)이다.

이것은 이름과 현상입니다"라는 말에 "무엇을 이름과 현상이라 하는가?"라고 반문했다. "지금 생각이 일어나고 생각이 사라져서 생과 사가 서로 이어지는데, 이를 어떻게 제거합니까"라는 질문에는 "무엇을 일러 생각을 일으키고 없앤다고 하는가?"라고 대답했다. 그러자 "그렇다면 없습니다"라고 하자 "나에게 화두를 돌려달라"고 응대했다.

출가한 사람은 먼저 그 안목을 바로잡아야 한다. 안목이 바르다면 누가 감히 불교의 법과 세속 진리 사이에 오고 가는 설을 도리라고 하는가? 그러나 또 이렇게 깎아지른 절벽도 아니며 푸른 대나무와 누런 국화, 꾀꼬리 노래와 제비 지저귀는 소리이다. 지금 불성이 어디 있는지 감히 묻는다면 내 크게 웃으면서 일어나리라.

—『경허집』, 법어, 「시법계당법어示法界堂法語」

참선은 무엇인가

참선이란 특별한 일이 아니며 단지 자기 집 속을 비추어서 자신의 주인공을 분명히 보는 것으로, 외계 대상에 뒤섞이지 않고 생사를 서로 바꿈이 없다. 홀로 우뚝하고 뚜렷이 드러나며 평온해서 묶인 것도 아니고 해탈한 것도 아니며 번뇌도 아니고 열반도 아니다. 종일토록 옷을 입어도 한 오라기 실도 걸친 적이 없고 온종일 밥을 먹어도 한 알 쌀도 씹은 적이 없다. 심지어 화와 복, 생과 사가 나뉠 때도 항상 이와 같아서 내버려두어도 아무 일이 없다. 이는 일을 마친 사람이니, 일을 마친 사람은 때로는 부처와 중생, 하늘과 땅을 하나의 작은 티끌로 만들고 때로는 각자 자기 자리에 있게 놔두고 때로는 모든 것들의 자리를 바꾸기도 하며 모든 것에 자유자재하다. 이를 불가사의한 큰 작용이라고 하고 또 자유자재한 해탈이라고도 한다.

해탈할 생사도 없고 증득할 열반도 없어서 흘러가는 대로 놔두고 인연 따라서 걸림 없이 산다. 이것은 있는 그대로 명백한 하나의 본래면목이 안락하고 활발하며 밝고 오묘하게 수용하여 생사를 오고 가는 것이 마치 문이 열려 있어 사람이 나가는 모습과 같아서, 천당과 불국토에 모두 자기 마음대로 가서 더는 꿈과 환영 같은 몸과 마음의 괴로움에 속박되는 일이 없다. 이는 본래 갖추고 있는 본분사이지 억지로 그렇게 하는 것이 아니다. 청컨대 여기에 따라 새끼 고양이를 그려서[8] 이러한 경지를 밟도록 하리.

—『경허집』, 법어, 「시중示衆」

법에 대한 이해

정법안장

규봉圭峯 선사가 "불경을 펼쳐놓으면 대천大千세계의 팔부八部 대중이 늘어서니 선게禪偈로 요약하여 한 부류의 근기에 맞춘다. 대중이 늘어서면 너무 많아서 의지하기 어렵지만 근기根機에 맞추면 가리키는 것이 분명해 쓰기 쉽다"[9]라고 했다. 그 가리킴이 분명하여 쓰기 쉬운 것들을 동지들과 함께하고자 생각하여, 동행한 염染수좌에게 주어서 어록 10편과 『선문염송禪門拈頌』의 여러 선사들이 재단한 법문을 모으게 하고 5책 한 질로 만들어서 도에 들어가는 바른 안목으로 삼는다.

이 책의 내용은 비록 한마디 간단한 말이라도 절실하고 부지런히 권면하여 뜻을 분명히 개진하지 않음이 없으니, 성불하는 길목에 터럭만큼의

---

8 법문이나 화두에 따라 참구함을 비유한 것으로, 『고봉선요(高峯禪要)』에 "당장 형태에 따라 고양이를 그리고 나면 그림의 얼룩무늬 있는 곳, 심식(心識)의 길이 끊긴 곳, 사람과 법을 모두 잊은 곳에서 붓끝에서 갑자기 살아 있는 고양이 새끼가 뛰쳐나올 것이다"라고 했다.

9 『선원제전집도서』.

의심이나 가림도 없이 환히 드러나 있다. 만약 이 책에서 연구하고 음미하여 마음의 근원을 돌이켜 비추어서 오로지 정밀하게 공부한다면 비록 경전을 보지 않더라도 경전이 여기에 있을 것이다. 경전이 여기에 있을 뿐만 아니라, 수행문修行門에서 분명히 가리키는 것이 실제로 의지하기 어려운 경전보다는 나을 것이다. 도에 뜻을 둔 이라면 이에 유의하여 생각하고 살펴야 할 것이다.

그러나 책을 베껴 쓰면서 오탈자가 많이 나왔고 또 구두점과 현토가 잘못된 곳이 있어 독자들이 그 본의를 잃기 쉽다. 그래서 내 재주가 모자란 것을 생각하지 않고 자세하게 수정했다. 만약 이 책을 다시 옮겨 적는 이가 있다면 충분히 유념하여 베낀 뒤에 다시 두세차례 교정하여 착오가 없게 하고 중생계에 두루 보시해야 할 것이다. 그렇게 하면 광명의 씨앗을 모아 성불의 바른 원인을 잃지 않게 되리라. 내 깊은 바람은 여기에 있다.

— 『경허집』, 서문序文, 「정법안장서正法眼藏序」

부처와 조사의 가르침들

부처께서 일생토록 경전을 설하시어 오계五戒와 십선법十善法으로 인간계와 천상계에 태어나게 하고, 고·집·멸·도苦集滅道의 사제법四諦法으로 아라한과阿羅漢果를 증득하게 했으며, 무명無明과 행行 등 십이인연법十二因緣法으로 연각緣覺과 벽지불辟支佛의 과위果位를 증득하게 했고, 사홍서원四弘誓願과 육바라밀六波羅密로 보살도菩薩道를 행하게 했다. 권교權教보살[10]은 아승지겁의 오랜 세월을 거치면서 사홍서원과 육바라밀을 행하여 과위가 십신十信·십주十住·십행十行·십회향十回向을 지나도 여전히 오묘한 도를 통달하지 못하여, 유위법有爲法을 보면서 매우 희한한 마음이 생겨나

---

10   방편으로 설한 가르침을 행하는 보살이다.

고 무상無相하다는 것을 들으면 망연자실하다.

부처의 앎과 식견을 구하려는 마음은 늘 그치지 않지만, 번뇌의 습기는 그 뿌리를 다 제거하지 못하므로 계율과 가르침에 의지하여 항시 억누른다. 비유하면 주술呪術을 잘하는 사람이 주술의 힘으로 맹수와 독사를 막아서 독을 뿜거나 물어뜯지 못하게 하지만 사람을 해치는 독을 완전히 제거할 수 없는 것과 같다. 불법에서 의심의 뿌리가 끊어지지 않아서 마치 어떤 것이 가슴속에 막혀 걸려 있는 것 같다. 이럴 때 진정한 선지식을 찾아가서 오묘한 도를 깨달아 얻으면 곧바로 십지十地의 지위에 오르고, 참된 선지식을 찾지 못해 도를 깨닫지 못하면 결국 물러나고 무너지게 된다. 보조普照 국사가 "배우러 온 사람은 처음에 먼저 바른 정인正因을 심어야 하니 오계·십선·사제·십이인연·육바라밀 등의 법은 모두 정인이 아님을 믿고, 자기 마음이 부처임을 믿어서 한 생각도 일어나지 않으면 삼아승지겁이 바로 공空이다. 이처럼 믿어서 얻는 것이 바로 정인이다"라고 한 것이 이것이다.

시대가 내려와서 성인의 당시와 멀어져 스승과 도반의 연원이 이미 끊어지면서 수행에 참여하는 이들이 권교權敎·반교半敎의 설에 빠져서 헤매니, 익히는 것이 오계와 십선에 그칠 뿐이다. 사제와 십이인연 등의 법도 나아가서 닦지 못하는데 하물며 정인을 일으켜 취하겠는가? 반교의 반半은 무엇인가? 도가 지극한 경지에 이르지 못하고 중도에 그치는 것을 말한다. 권교의 권權은 무엇인가? 예를 들어 형수兄嫂가 물에 빠지면 손을 잡고 끌어서 건져내는 임시방편을 말한다. 권교나 반교는 언제나 내실 있고 원만하며 궁극적인 가르침이 되지는 못한다. 수壽선사(영명 연수)는 "큰 도를 구하는 이를 위해 일승一乘의 오묘한 뜻을 설하고 작은 수행을 구하는 이를 위해 육행六行의 권교의 문을 설했다"라고 했으니, 육바라밀 등의 법도 또한 권교를 면하지 못하는데 하물며 나머지 오계·십선·사제·십이인연 등이야 말할 것이 있겠는가?

부처께서 방편의 힘으로 염불법을 설해 중생을 인도했지만 그 뜻이 매우 미묘하여 사람들이 다 알지 못하고 마음의 힘만 허비할 뿐 효과가 없었다. 『아미타경阿彌陀經』에서는 정토의 장엄을 설하고 왕생법을 설했으니 하루나 이틀, 또는 7일 동안 일심으로 흔들리지 않고 염불하면 이 사람은 왕생한다고 했다. 『십육관경十六觀經』에는 관상성취법觀像成就法이 있는데 마음을 한곳에 묶어두게 하니 관상법이 분명하고 오래도록 명료하면 삼매를 성취한다고 했다. 『무량수경無量壽經』에서는 세 종류의 무리가 왕생하는데 모두 먼저 보리심菩提心을 일으키라고 설했으니, 보리란 무엇인가? 바로 중생의 일상에서 신령하게 깨어 있는 본성이다. 만약 이 신령하게 깨어 있는 본성을 깨우쳐 드러내거나 관상삼매觀像三昧를 성취하거나 마음을 하나로 모으면 어찌 왕생을 못 할 이유가 있겠는가?

　그러므로 규봉 선사가 "염불하여 정토에 왕생하려면 또한 십육관선十六觀禪[11]·염불삼매念佛三昧·반주삼매般舟三昧[12]를 닦아야 한다"고 했으니, 이는 줄곧 산란한 마음으로 부처의 명호를 잡고 있다 해서 바로 정토에 왕생할 수는 없다는 것이다. 신역과 구역의 경론에서는 모두 "십지十地 이상의 보살도 보신불報身佛의 정토를 일부만 본다"고 했으니, 아미타의 정토가 어찌 보신불의 정토가 아니런가? 십지의 보살도 오히려 정토의 전모를 보지 못하는데 어떻게 생사윤회의 속박을 받는 범부가 어지럽게 흩어진 마음으로 다만 부처의 명호만 부른다고 정토에 왕생할 수 있겠는가? 만일 흩어진 마음으로 명호만 불러서 정토에 날 수 있다면, 뭐하러 고생스럽게 하여 흔들리지 않는 일심과 십육삼매十六三昧를 얻을 필요가 있겠는가? 이미 부처가 설한 것과 어긋났는데 어떻게 성공할 수 있겠는가?

　옛날에 자력自力은 나무를 심어 배를 만드는 것에 비유하고 타력他力은

11　정선(定善) 13관과 산선(散善) 3관으로, 정선은 마음을 고요히 하여 정토를 관조함이고 산선은 산란한 마음이 끊어지지 않은 채 선을 닦는 것을 말한다.

12　이 삼매에 들면 부처가 눈앞에 나타난다고 한다.

배를 빌려서 바다를 건너는 것에 비유하여, 더디고 빠르며 어렵고 쉬워 그 효과가 다르다는 설이 있는데, 이 또한 권교로 교화하는 방편이다. 그러나 분별하는 설이 잘못되었기에 부처의 가르침에 어긋나서 후생을 크게 그르치고 있으니 이를 따져서 밝히지 않을 수 없다. 본래 뿌리가 없는 나무를 심을 필요가 있겠으며, 또 본래 바닥이 없는 배는 무엇 때문에 만들겠는가? 대천세계를 두루 덮고 인산계와 천상계를 널리 구제하고 도와서 그 작용이 조금도 모자란 적이 없었으니, 어지럼증이 가라앉지 않고 흐릿한 꿈에서 깨지 못했을 뿐이다.

만약 마음을 집중하여 흔들리지 않는 일심불란一心不亂을 하루에 행하고 다음 날도 어지럽지 않게 마음을 온전히 한다면 어찌 7일을 기다리겠는가? 만약 한결같이 뚜렷이 관행觀行하여 오랫동안 명료하면 16개의 관행도 또렷하여 장기간 밝게 마치고 보리심을 일으켜 여기서 벗어나지 않을 것이다. 만약 이와 같은 온전한 공부를 조사 문중에서 참구할 때에 적용한다면 누군들 본성을 깨달아서 성불하지 않겠는가? 간화看話의 문중에서는 성적등지惺寂等持[13]를 설하면서 반드시 깨달을 수 있다고 하며, 염불 문중에서는 일심으로 어지럽지 않게 됨을 설하여 결국 정토에 왕생한다고 하니, 일심불란이 어찌 성적등지가 아니겠는가? 만약 일심불란을 타력이라 한다면 성적등지가 어찌 타력이 아니겠는가? 만약 성적등지가 자력이라고 한다면 일심불란이 어찌 자력이 아니겠는가? 그렇다면 일심불란과 성적등지는 과연 어떤 것이 더디고 어떤 것이 빠르며, 어느 것이 어렵고 어느 것이 쉽겠는가? 십지 이상의 보살도 오히려 정토를 전부 보지 못하는데 속박되어 있는 범부가 정토에 왕생할 수 있는 것은 그 공력이 온전히 일심불란에 달려 있다. 만약 일심불란하지 않으면 어떻게 단박에 뛰어넘어 가겠는가?

---

13   참선 수행할 때 마음이 성성(惺惺)하게 깨어 있는 상태와 적적(寂寂)하게 고요한 상태를 함께 유지하는 것이다.

형태가 곧으면 그림자도 곧고 소리가 크면 메아리도 크다. 착한 마음은 인간세계나 천상계로 태어나고 악한 마음은 아귀나 지옥에 들어가게 한다. 청정하고 어지럽지 않은 마음으로 부처의 나라인 정토에 왕생하는 것은 필연의 이치이다. 만약 그렇지 않고, 형태는 굽은데 그림자가 곧고 소리는 작은데 메아리가 큰 경우가 있겠는가? 뿌리를 북돋지 않고 가지와 잎이 무성하기를 바라며 기반을 단단히 닦지 않고 누대가 기울지 않기를 바라는 자는 어리석거나 미혹한 사람일 것이다. 청허淸虛 화상도 자력과 타력의 설을 인용하여 왕생을 깊이 권했지만, 어지럽게 흩어진 마음으로 뛰어넘어 왕생한다는 글은 보지 못했다.

근래에 보니, 수행하는 사람이 진정한 스승과 도반을 만나지 못하여 도안道眼을 판가름해 택하지 못한 채 전적으로 타력왕생설만 믿고 오로지 부처의 명호만 외우고 지키며 부처가 직접 구제해주기를 바라는 이들은 공부가 지극해도 모두 마구니에게 포섭된다. 나 또한 잘못된 이들을 보고 들었는데 그 수가 매우 많다. 마음을 내어 수행하려고 하다가 삿된 마구니에 잘못 떨어지게 되니, 슬프도다! 조사가 "염念이란 떠올리며 잊지 않는 것이다"라고 했고, 또 "염불하되 만약 (부처를) 떠올리지 않는다면 그것은 참된 염불이 아니다"라고 했으며, 또 "마음을 돌이켜 비추어 어둡지 않은 것이 바른 수행이다"라고 했다. 또 "참된 마음의 근본을 지키는 것이 온 세상 모든 부처를 다 생각하는 것보다 낫다. 내가 만일 너를 속인다면 장차 지옥에 떨어질 것이고, 네가 나를 믿지 않는다면 후세에 계속 호랑이와 이리에게 잡아먹힐 것이다"라고 했으니, 이런 말들이 어찌 잠꼬대를 하는 것이겠는가?

달마 대사가 중국 땅에 들어와 최상승最上乘의 법을 폈는데, 경전을 읽고 염불하고 주문을 외며 예배하는 것을 언급하지 않았다. 오래도록 눕지 않고 앉아서 수행하는 것이나 아침 한끼만 먹는 것을 군이 말하지 않았고 선정禪定과 해탈을 구분하지 않았으며, 계를 지키거나 계를 깨는 것, 승속과 남녀 등을 따지지 않았으며 오직 본성을 깨달으면 바로 성불한다고 했다. 홍주洪州는 "선善도 이 마음이니 마음으로 또 마음을 닦을 수 없고 악惡도 이 마음이니 마음으로 다시 마음을 끊을 수 없다"[14]고 했다.

선지식의 견성見性 수행에는 81행이 있는데, 부처의 불행佛行, 수행자의 범행梵行부터 심지어 도둑질·음행·음주 등의 행위도 있지만 도의 안목이 명백하면 거리낄 것이 없다. 그래서 위산潙山 선사도 "디만 바른 안목이 귀할 뿐 행적은 귀하지 않다"고 했다. 이러한 법문은 삼승三乘을 멀리 벗어났으므로 보통의 배우는 이들이 참으로 생각하여 헤아릴 수 없는 경지이다. 옛날에 소승小乘의 계율을 배운 이들이 모두 선사를 비방했는데 이는 메추리가 붕새를 비웃는 것[15]과 같으니 여기서 멈추고 더 말하지 않는다.

또한 계戒에는 대승大乘과 소승小乘의 계가 있고 이계理戒와 사계事戒가 있으며 작계作戒와 무작계無作戒[16]가 있다. 처음에 원만한 마음을 낸 뒤에 스승에게 받은 계를 작계라 하고, 법을 마음으로 받아들여 과거와 미래가 끊어지고 마음이 실상에 머무는 것을 무작계라 한다. 그리고 10중重 바라이波羅夷와 48경구輕垢를 사계라 하니 바로 『범망경梵網經』이다. 탐욕이 바로 큰 도이고 성냄도 또한 마찬가지인데, 이와 같은 삼법三法에 일체의 불성이 갖추어지고 모든 법에 계를 수지하고 계를 범함이 둘이 아님을 설한 것이 이계이니 곧 『제법무행경諸法無行經』이다.

「보살계서菩薩戒序」에서 "대승은 중생을 구제하고 남을 이롭게 할 것을 생각하니 사물의 현상을 구분하고 집착하는 소승과는 다르다. 예를 들어 말리末利부인[17]은 다만 술을 경계했고 선예仙豫대왕[18]은 오직 자비와 이타

---

14 『선원제전집도서』.
15 『장자』「소요유(逍遙遊)」에서 붕새가 남쪽 바다로 날아가려 할 때 메추리가 자신의 기준에서 "저 새는 장차 어디를 가려고 하는가?"라며 비웃었다는 이야기를 따왔다.
16 '작계'는 계율을 받을 때 몸이나 입, 뜻으로 나타내는 동작이고, '무작계'는 언어나 행동이 아닌 몸으로 체화하는 의지력을 말한다.
17 인도 코살라국 파사익(波斯匿)왕의 왕비로 승만부인의 모친.

행을 계로 삼았으니, 어찌 법계法界에서 억지로 영역을 나누겠는가?"라고 했다. 담무참曇無讖이 번역한 『보살계본菩薩戒本』에서 "크게 보면 보살계를 잃는 경우가 두가지인데 첫째는 보살의 서원誓願을 버리는 것이고 둘째는 악심惡心을 더하는 것이다. 악심은 사람과 법이 둘 다 공空하다고 망령되이 말하는 것과 깨달음을 얻지 못했는데 얻었다고 하는 것이다. 이 두가지를 제외하면 몸을 버려도 계는 끝까지 잃지 않는다"라고 했다. 이러한 것이 바로 대승계이다. 요즘 사람들은 한낱 부질없는 껍데기만 숭상하면서 "불계佛戒를 지킨다"고 하니, 또한 내버려둘 뿐 말할 필요도 없다.

달마 대사는 "마음을 관찰하는 한 법이 모든 의식 작용을 다 포섭한다"고 했고, 옛날의 고승은 "심지心地가 텅 비고 막힘이 없는 것이 바로 보시이고 심지가 청정하여 비루함이 없는 것이 곧 지계持戒이며, 심지가 담박하여 따지는 일이 없는 것이 인욕이고 오묘한 적멸의 이치를 쉼 없이 비추어보는 것이 정진이다. 확 트여서 고요함도 시끄러움도 없는 것이 선정이며 밝게 꿰뚫어서 어리석음이 없는 것이 지혜이다"라고 했다. 또 옛사람이 "한 법도 옳다고 하지 않고 한 법도 그르다고 하지 않으니, 거짓을 배척하고 진실을 꾀하며 이것을 버리고 저것을 취하는 것이 모두 자신을 줄로 묶는 것이다. 만약 큰 도를 깨달은 사람이라면 하나의 법만 옳다고 보지 않으니 어찌 한 법만 그릇된다고 하겠는가?"라고 했다.

달마 대사는 "인의예지신仁義禮智信을 법도의 영역인 규역規域이라 하고 대승과 소승의 기본 뜻을 규역이라 하며 생사와 열반을 규역이라 하니, 범부의 마음을 일으키지 않고 성문聲聞의 마음을 일으키지 않으며 보살의 마음을 일으키지 않고 또 부처의 마음조차 일으키지 않아야만 비로소 규역 밖으로 벗어났다고 할 수 있다"고 했다. 또 "어떤 사람이 죄를 범하여 지옥에 떨어졌어도 자신의 법왕을 보면 곧 해탈을 얻는다"고 했고, 다시 "깨달

---

18   『열반경』에 나오는 대승불교를 중시한 왕.

음은 순간에 있으니 어찌 백발이 되도록 바삐 하겠는가?"라고 했다. 옛사람이 "이 일승一乘의 법은 듣고서 믿지 않아도 오히려 부처의 종자를 심는 인연을 맺고, 배우고 이루지 못해도 오히려 인간과 천상의 복을 덮는다"고 했으니, 하물며 들어서 믿고 배워서 이루는 자에 있어서랴? 어찌 수행에 뜻을 둔 이가 이것을 버리고 다른 것을 찾겠는가?

만약 참구하는 수행문의 예를 들어보면, 한 승려가 조주趙州에게 "개도 불성이 있습니까?"라고 묻자 조주가 "없다"라고 했다. 움직이는 생명에는 모두 불성이 있는데 조주는 어찌하여 없다고 했는가? 옷 입고 밥 먹고 대소변을 보고 (웃사람을) 옆에서 모시고 (아랫사람을) 가르쳐서 이끌고 책을 보고 손님을 접대할 때, 또는 걷고 서고 앉고 눕는 모든 시간과 공간에서, 빛을 되돌려 비추어보고 화두를 들고 오고 가며 의심하고 의심하며 관찰하고 다시 관찰하여 연마하고 또 연마하되, 세간의 번뇌를 헤아리는 마음을 돌이켜서 없다는 무無 자 위에 두어야 한다. 이렇게 공부하여 날이 가고 달이 가면 저절로 정확하게 깨달을 것이다. 견실한 마음을 갖추어 처음부터 끝까지 변하지 않게 되면 도를 쉽게 이룰 것이다.

화두를 들 때 마치 물길을 거슬러서 돛단배를 나아가게 하는 것처럼, 때로는 냉담하고 재미도 없고 때로는 마음이 답답함에도 이 또한 다른 사람의 일이 아니어서 오직 화두를 들고 일깨우는 것이 중요하다. 가장 필요한 것은 정신을 모아 화두를 들되 급하지도 느슨하지도 않게 하며 깨어 있고 고요한 상태에서 주도면밀하게 해야 한다. 또한 숨은 평소처럼 쉬고 음식은 적당히 먹으며 눈은 스스로 광채를 띠고 척추는 꼿꼿이 세워야 한다.

사람이 한평생 사는 것이 준마가 틈 사이를 지나가고 풀잎에 이슬이 맺히는 것처럼 빠르고 바람 앞의 등불처럼 위급하니, 온갖 계책을 다 써서 힘들게 고생해도 결국에는 한 덩이 해골이 될 뿐이다. 이 무상하고 빠른 생사의 일이 중대함을 생각하며 머리에 붙은 불을 끄듯이 시급히 서둘러야 한다. 태어날 때는 온 곳을 모르고 죽을 때는 갈 곳을 알지 못하니, 업식業識

이 아득하고 심기心機가 어지러워서 마치 땔나무에 불이 붙어 휩쓸듯이 사생四生·육취六趣가 가슴속에서 시작되니 어찌 두렵지 않겠는가? 만약 진정한 참학參學이 있지 않으면 어떻게 생사의 업력業力에 대적하겠는가? 이렇게 분명하게 생각하면 공부를 허비하지 않을 것이다. 위에서 연이어 말한 내용은 모두 부처와 조사의 진실하고 밝은 가르침이니 감히 말 한마디 어구 하나도 속이지 않은 것이다.

——『경허집』, 법어, 「여등암화상與藤菴和尙」

깨달음을 노래하다

도를 깨달은 노래

사방을 둘러봐도 사람이 없으니 의발은 누가 전해주려나
의발은 누가 전해주려나 사방을 둘러봐도 사람이 없네
봄 산에 꽃이 웃고 새가 노래하며 가을밤에 달이 밝고 바람 시원하니
바로 이런 때에 태어남이 없는 무생無生의 노래 한 곡 몇 번이나 부르는데
한 곡의 노래 아는 이 없으니 시절인지 운명인지 이 또한 어찌하리
산빛은 문수의 눈이며 물소리는 관음의 귀로다
소를 부르고 말을 부르는 이가 보현이고 보통 사람이 본래의 비로자나불이네
부처와 조사의 말씀이라 하지만 선과 교학이 어찌 다르겠는가?
다만 분별심을 일으켰을 뿐이니 사람 모양 석상이 피리를 부네
나무로 된 말이 졸음을 쫓듯 평범한 사람들은 자성을 알지 못하여
성인의 경계이지 나의 분수가 아니라 하니 가련하구나 이 사람은 지옥의 찌꺼기로다

내 전생의 일 돌이켜 떠올리니 사생四生과 육취六趣의 험한 길에서

장구한 세월 동안 윤회의 괴롭고 쓰라림을 겪었는데

지금 눈앞에서 분명해지니 사람을 견디기 어렵게 하네

다행히 오랜 생의 인연이 있어 사람으로 장부로 태어났고

출가하여 도를 얻었는데 사난四難[19] 가운데 하나도 빠짐이 없었네

어떤 사람이 소에 콧구멍 없다고 상난삼아 말하는데

그 말 듣자마자 내 본래 마음 깨달았노라

이름도 공하고 형상도 공하여 공허하고 적막한 곳 늘 빛이 비치도다

이 말 한번 듣고 바로 모든 것 깨달으니 눈앞에 부처의 적광토寂光土 홀로 밝고

머리 뒤는 신성한 금강계金剛界이니 사대四大와 오음五陰이 청정한 법신이네

극락국 끓는 물과 찬 얼음 지옥이며 화장華藏세계 칼 나무와 칼산 지옥이로다

법성토法性土는 썩은 흙 똥무더기이고 대천세계는 개미구멍이고 모기 눈썹일세

삼신三身과 사지四智[20]는 허공과 삼라만상이니

눈길 닿는 곳마다 본래 천진天眞하도다

매우 기이하고 기이하다 솔바람 서늘하고 사면이 푸른 산이며

가을 달은 밝아서 물처럼 온 하늘이 맑구나

누런 국화와 푸른 대나무 꾀꼬리 소리와 제비 지저귐에

언제나 (진여의) 큰 작용 드러나지 않음이 없도다

---

19 『법화경』「방편품」에서 말한 부처의 정법(正法)을 듣기 어려운 네가지 경우로, 부처가 화현했을 때를 만나기 어려움, 기회와 인연이 없어 설법하기 어려움, 부처의 설법을 직접 듣기 어려움, 법을 믿어 수지하기 어려움이다.

20 부처의 깨달음의 지혜로, 대원경지(大圓鏡智)·평등성지(平等性智)·묘관찰지(妙觀察智)·성소작지(成所作智)이다.

시문市門의 천자 이찌 구태여 취할까? 평지에 파도가 이네

하늘의 옥도장 참으로 괴이하여 해골 속 눈동자로다

수없는 부처와 조사 늘 눈앞에 나타나니 초목과 기왓장이 그것이고

화엄경과 법화경 내 항상 설하는데 가고 서고 앉고 눕는 것이 그것이네

부처도 없고 중생도 없다는 것은 내 거짓말한 것이 아니라네

지옥을 바꾸어 천당을 만드는 것이 모두 내 움직이는 힘에 달려 있고

온갖 법문 한량없는 뜻은 꿈에서 깨니 활짝 핀 연꽃 같구나

상대적인 이변二邊과 과거·현재·미래의 삼제三際를 어디서 찾겠는가?

끝없는 온 세상이 큰 광명이니 한마디로 말하면 내가 큰 법왕法王이니라

법에 모두 자유자재하니 옳고 그름과 좋고 나쁨에 어찌 걸림이 있으리오?

지혜 없는 사람이 이 말 들으면 내 빈말한다 여기고 믿지도 따르지도 않겠지만

귀가 뚫린 나그네가 있다면 살펴서 믿고 의심하지 않으며

바로 몸을 의탁하여 편안히 살 곳을 얻으리라

세속의 사람들에게 이르노니 사람의 몸을 한번 잃으면 만겁 동안 만나기 어려운데

더구나 부질없는 목숨은 아침에 저녁을 도모하기 어렵구나

눈먼 나귀 발길 닿는 대로 가는데 편안한지 위태한지 전혀 알지 못하네

저 사람도 이러하고 이 사람도 이러한데

어찌 내게 와서 태어남이 없는 무생을 배워 인간과 천상의 대장부가 되지 않는가?

내가 이처럼 입 아프게 두번 세번 당부하는 것은

예전에 떠돌아다녀보았기에 나그네를 특별히 챙겨주는 것일 뿐

아! 그만두세. 의발은 누가 전해주려나 사방을 둘러봐도 사람이 없도다

사방을 둘러봐도 사람이 없으니 의발은 누가 전해주려나

콧구멍 없다는 남의 말을 갑자기 듣고 문득 삼천세계가 내 집임을 깨달았도다

6월 연암산鷰巖山 아랫길에 촌사람들이 한가로이 태평가를 부르네

——『경허화상집』 권1(한암 필사본), 산문散文, 「오도가悟道歌」

마음공부

사람이 한세상 살면서 젊던 얼굴로 머물지는 않는데, 달리는 말과 같다느니 풀잎 이슬 같다느니 석양빛 같다느니 하는 말들은 무상하고 신속함을 의미한다. 똥더미 같다느니 꿈속 같다느니 원수 같다느니 독사 같다느니 하는 말들은 허황하고 좋은 일이 없음을 뜻한다. 공자孔子는 "나는 말을 하지 않으려 한다"[21]고 했고, 또 "좋을 것도 없고 나쁠 것도 없다"[22]라고 했으며, 장자莊子는 "검은 구슬을 잃었는데 상망象罔이 찾았다"[23]고 했고, 또 "천지는 하나의 손가락이고 만물은 한마리 말이다"[24]라고 했는데, 하물며 우리 불교를 배우는 사문沙門에 있어서랴? 본래 마음을 궁구하여 정미함을 연찬하고 오묘함을 밝힌다면 온갖 삼매三昧와 끝없는 묘의妙義를 구하지 않아도 스스로 얻을 것이니, 모든 부처와 조사가 어찌 특이한 사람이겠는가?

그런데 지금은 성인의 시대와 멀어져 출가한 사람이 자신의 정체와 기

---

21 『논어(論語)』「양화(陽貨)」에 나온 이야기로, 공자는 이어 "하늘이 무슨 말을 하던가? 사시(四時)가 운행하고 만물이 생장하니 하늘이 무슨 말을 하던가?"라고 했다.

22 『논어』「이인(里仁)」에서 "군자는 천하의 일에 좋을 것도 나쁠 것도 없으며 의를 따를 뿐이다"라고 했다.

23 『장자』「천지(天地)」에 나온 이야기로, 황제(黃帝)가 적수(赤水) 북쪽에 갔다가 돌아오는 길에 검은빛 구슬을 잃어버렸는데 아무도 찾지 못한 것을 상망이 찾아냈다고 한다.

24 『장자』「제물론(齊物論)」.

틀은 알지 못하고 그럭저럭 한가롭게 일생을 보내고 만다. 그래서 우리 부처님의 정법안장正法眼藏이 매몰되어 밝혀지지 못하고 오직 허위와 사악함이 습성이 되었으며 심한 자는 되려 불법을 비방하니 슬프도다! 말하기도 그렇구나. 6조 대사는 "앞의 순간에 미혹하면 중생이고 뒤의 순간에 깨달으면 부처이다"라고 했고, 위산 선사[25]는 "생각하되 생각함이 없는 오묘함으로 신령한 불꽃의 무궁함을 돌이켜 생각하고, 생각이 다해 근원으로 돌아가면 성性과 상相이 항상 머물고 사事와 이理가 둘이 아닌 참 부처 그대로의 모습이다"라고 했다. 그 빛을 얻으면 하루아침에 여러 부처와 같아지고 그 빛을 잃으면 만겁의 오랜 세월 동안 생사윤회를 따를 것이다.

용이 환골탈태할 때 비늘을 바꾸지 않듯이 범부가 마음을 돌이켜서 부처가 될 때 그 얼굴을 바꾸지 않으니, 무명無明의 참된 본성이 바로 불성佛性이며 환영 같은 덧없는 육신이 그대로 법신法身이다. 이러한 이치는 너무나 가까이 있어서 눈을 뜨면 또렷이 보이고 눈감은 곳에서도 저절로 이루어진다. "무엇이 부처입니까?" "바로 너다." 이처럼 명백한 가르침들을 다 인용할 수는 없지만 모두 범부를 바꾸어 성인으로 만드는 바르고 빠른 직절直截한 도리이다. 옛사람들이 이렇게 매우 간곡하게 노파심으로 절실히 말했으니, 외우고 익혀서 돌이켜 궁구하면서 우선 깨달은 이들에게 두루 묻고 명확히 판단하여 결정하고 도를 깨닫기 위해 세밀하게 갈고닦는다면 누구나 도를 얻을 수 있다. 현명한 이와 어리석은 이, 귀하고 천한 자, 남녀와 노소 모두가 도를 깨닫는 인연을 가지고 있다.

오호라! 머리를 깎고 승복을 입고서 마땅히 무슨 일을 해야 하겠는가? 눈이 형색에 이끌리면 아귀가 되고 귀가 소리를 따라가면 아비지옥阿鼻地獄에 들어간다. 색과 소리의 짐주鴆酒[26]에 깊이 취하고 수受와 상想의 함정

---

25   위산 영우(潙山靈祐, 771~853)로, 선종 5가의 하나인 위앙종(潙仰宗)의 개조이며 백장 회해(百丈懷海)의 법을 이었다.

26   짐새의 털을 담근 술로 독주, 독약을 뜻한다.

에 빠져서 정신이 혼미하여 깨닫지 못하고 오늘도 내일도 그럭저럭 보낸다. 그러다 연말(죽음)인 12월 30일에 이르면 머리가 찢어질 듯 고통스럽고 간과 창자가 통절하게 아프며 손발을 잡아 뽑는 것 같아서, 떨어져 뒤집힌 게처럼 어쩔 줄을 모르고 껍질이 생겼다 벗겨지는 거북처럼 아픔을 참는다. 정신이 혼미하여 천당에 올라가는지 지옥에 들어가는지 도무지 알 수가 없으니, 참으로 안타깝도나.

돌이켜 생각해보면 옛날의 현인들은 임종할 때 앉아서 죽기도 하고 서서 죽기도 하여 마치 사람이 문을 열고 나가는 것처럼 쉬웠다. 어떤 이는 지팡이에 기댄 채 입적했고 누구는 한번 웃고 떠났으며 밥 먹다가 수저를 멈추고 가기도 하고 발을 내린 채 입적하기도 했으며 또 거꾸로 서서 입멸했으니, 모두가 본성을 돌이켜 궁구하고 정定과 혜慧를 온전히 배운 결과이다. 슬프다! 옛사람이라고 어찌 지금 사람들과 다르겠는가? 동산洞山 화상이 "가사 밑에서 사람의 몸을 잃는 것이 고통이다"라고 했으니 경계로 삼을 만하다.

―『경허집』, 법어, 「계차청심법문契此淸心法門」

이 원상圓相은 성인과 범부가 일체이고 둘이 아니다. 그러나 육처六處[27]로 치달리며 어지러워서 그 청정한 빛과 원만한 이치를 모르고 헤매는 자는 범부이고, 정신을 모아서 오직 정밀하고 한결같이 하여 치달리거나 어지럽지 않은 이는 성인이다. 이 원만한 이치가 모든 조화의 중추이므로, 반조하고 비추어서 공부가 지극한 경지에 이르게 되면 성현의 영역에 문을 열고 들어갈 수 있다. 마음을 맑게 하고 마음을 고요하게 하는 것이 가장 오묘한 방법이다. 어떤 때나 어느 장소에서도 구해서 시종일관할 수 있다면 저절로 공을 이룰 것이다.

---

27 안(眼)·이(耳)·비(鼻)·설(舌)·신(身)·의(意)의 육근(六根), 그리고 색(色)·성(聲)·향(香)·미(味)·촉(觸)·법(法)의 육경(六境)을 가리킨다.

참선參禪은 조사祖師의 관문을 통해야 하고 오묘한 깨달음은 마음의 길을 다해서 끊어야 한다. 총명함으로도 업業의 힘을 대적할 수 없는데 완전하지 못한 간혜乾慧[28]로 어찌 생사를 벗어날 수 있겠는가? 그러므로 윤회를 벗어나려면 오직 선정禪定의 힘을 익혀야 하니, 평소 재물 등에 끌려다니는 것이나 정신이 혼미해지는 것은 선정의 힘을 얻지 못했기 때문이다.

> 마음의 달 홀로 원만하니 그 빛이 삼라만상을 삼켰구나
> 빛과 대상을 모두 잊으면 이 다시 무슨 물건인가?
>
> ──『경허화상집』권1(한암 필사본), 「시경석십삼세동자示慶奭十三歲童子」

소를 찾는 노래

① 소를 찾아 나섬
본래부터 잃지 않았는데 어찌 다시 찾으리오
다만 찾는 것은 비로자나불 스승이로다
산은 푸르고 물도 푸르며 꾀꼬리 노래하고 제비 지저귀니
하나하나 누설하는구나. 쯧!

② 발자국을 봄
봄빛의 오묘함은 온갖 꽃 난만한 데 있지 않으니
유자는 모두 노랗고 귤은 초록빛이니 좋구나 좋아!
발자국 있음은 소가 돌아다니는 것이니
무심하면 도에 가까워지기 쉽도다 좋구나 좋아!
옛 사당의 향로요 맑은 가을 들판의 냇물이니 좋고도 좋구나!

---

28 마른 지혜라는 뜻으로, 관행(觀行)을 닦아서 지혜는 깊으나 완전한 법성(法性)의 이치를 깨닫지는 못한 단계를 말한다.

③ 소를 봄

억! 신령한 빛 홀로 빛나며 하늘 덮고 땅을 덮는 듯해도
오히려 섬돌 아래 있는 놈이요 정령을 희롱하는 수단이니
도깨비 장난 하지 마라. 말해보라 이 무엇인고? 억!

④ 소를 얻음

보고 얻은 것 없지 않지만 둘째 자리에 떨어짐을 어찌하리오
보고 얻지 못한 이 얻게 하고 이미 보고 얻은 이 도로 헤매어 잃게 하네
또한 깨달아 얻은 이는 영원히 깨닫게 하고
헤매며 길 잃은 자는 오래도록 헤매고 잃게 하니
도리어 정당하게 얻었는가 아닌가?
주장자로 탁자 한번 내리치고 이르기를

한줌 버드나무 가지 거두어 잡지 못하여
온화한 바람에 옥 난간에 걸쳐두노라

⑤ 소를 먹임

선과 악이 모두 이 마음이니 닦아서 끊을 수 없구나
독 있는 마을 지날 때 물 한 방울 묻히지 않는 것과 같도다
이 마음에는 다른 마음 없어서 음탐함을 끊지 않으니
지금 시간 다하게 되면 죽은 사람의 눈과 같도다
이 모두 험난한 길이니 가서는 안 되도다
다시 말해보라 어떻게 하면 좋으려나?
있는 모습 그대로인데 또한 필요 없는 물건이로다
용천涌泉은 사십년에 오히려 뛰어다녔고

향림香林은 사십년에 한 조각 쳐서 만들었네

아! 얻기는 쉬우나 지키기는 어려우니

조금 얻은 것에 만족하지 말고 선지식을 참례하여

갖가지 수단으로 단련받아야만 비로소 얻으리라

⑥ 소를 타고 집으로 돌아감

육도六途와 사생四生에 오랜 세월 맵고 쓴 맛 다 보았지만

어찌 일찍이 한 걸음인들 고향을 떠났겠는가? 하하!

피리 소리 알운곡遏雲曲[29]이니

동정호洞庭湖의 마음이요 푸른 산의 발자취로다

비록 그러하나 이와 같아서 확언컨대 노형이 아직 돌아오지 않았네

알겠는가? 계침桂琛이 말한 것이로다

⑦ 소는 잊고 사람만 있음

잠 깨고 나서 어찌 이리 부산스러운지

홀로 일없이 앉아 있는데 봄이 오니 풀은 절로 푸르구나

이는 종기 위에 쑥뜸 뜨는 것과 같도다

보지 못했는가? 푸른 하늘이라도 방망이를 맞아야 한다[30] 하네

왜 이러한가? 비가 와야 할 때 비가 오지 않고 개야 할 때 개지 않으니

비록 이와 같다 해도 이 무슨 심행心行인가?

허허! 오랜 세월 문밖 나가지 않았으니 이 어떤 경계이며

여기에 대소변을 내보내지 않으니 이 무슨 경계인가

---

29 당나라 나은(羅隱)의 「춘사(春思)」에서 "촉나라에 따스함이 돌아와 산골에 물결 일고 위나라 낭자는 맑은 소리로 알운가(遏雲歌)를 부르네"라고 했다.

30 한 승려가 "만 리에 한 조각 구름도 없을 때는 어떠합니까?"라고 묻자 분주(汾州) 선사가 "푸른 하늘도 방망이를 맞아야 한다"라고 했다. 다시 "허물이 어디에 있습니까?" 하고 물으니, 선사가 "비가 와야 할 때 비는 오지 않고 하늘이 개어야 할 때 개지 않노라"라고 했다.

덧없는 인생 천착함을 상관하지 않으니 이 어떤 경계런가
두 눈썹 아끼지 않고 그대 위해 내놓으니
머리 숙이고 얼굴 들어보아도 숨을 곳 없도다
구름은 푸른 하늘에 있고 물은 병 속에 있네

⑧ 사람과 소를 다 잃음

시리소로 모다야 지다야 사바하![31] 버들꽃 따고 버들꽃을 따네
오랜 세월 수행했어도 여기에 이르러 도리어 헤매다 넘어지면
단 한 푼 값어치도 없음을 알겠는가?
변방에는 장군의 명령이요 천하에는 천자의 칙령이로다. 억!

⑨ 본원으로 되돌아옴

학의 다리 비록 길지만 자르려면 근심이고
오리 다리 비록 짧지만 이으려면 걱정일세
발우는 자루를 붙이지 않고 조리는 물이 새야만 하네
면주綿州는 부자附子요 병주幷州는 쇠이니[32]
만물이 본래의 자리 아님이 없도다
좋은 쌀과 값싼 땔나무 사방 이웃에 풍족하여라
이 호남성 아래서 불어서 불 피우느라 입 부리 뾰족하고
책 읽느라 혀 놀리니 이는 대우大愚의 가풍이로다
또 한 구절 있는데 내일 부치리라

---

31 원만 성취를 바라는 진언.
32 죽암 사규(竹庵士珪)가 "면주의 부자와 한주(漢州)의 생강이요, 칼 만드는 데는 병주의 쇠여야 하네"라고 읊었다. '부자'는 약재의 한 종류다.

242

⑩ 저잣거리에 들어가 교화함

나무 여자〔木女〕의 꿈과 돌 사람〔石人〕의 노래도 또한 전생의 그림자일 뿐이네

형상이 없는 부처도 용납하지 않는데 비로자나불의 정수리인들 어찌 귀하리오

향기로운 풀 우거진 언덕에 노닐고 갈대꽃 핀 물가에 묵으며

바랑을 지고 저자에 노닐면서 요령 흔들며 마을에 들어가네

이는 일대사—大事 마친 이의 경계이니

지난날 풀숲 헤치며 소 찾던 시절과 같은가? 다른가?

피부 아래 피가 있거든 바라건대 눈여겨보아야 비로소 얻으리라

——『경허화상집』, 가歌, 「심우송尋牛頌」

결사 전통과 참선 모임

해인사 수선사

나는 산수 유람을 좋아하는 사람이라 두루 돌아다녔다. 선인仙人이 되어
혼백이 빠져나간 곳[1]이고, 조사가 창건한 대가람[2]이며, 옛 국왕이 큰 원력
으로 대장경판을 조성한 곳[3]이 합천의 가야산伽倻山 해인사海印寺인데 아
직 가보지 못하여 아쉬운 마음이었다. 기해년(1899) 가을에야 찾아가서 경
전을 열람하고 전각을 둘러보았으며 홍류동 계곡에서 선인의 영험한 자취
를 찾아보고서 마음을 비우고 몸을 잊었다.

하루는 한 선승이 내게 말하기를, "지금 천자(고종)께서는 신성하고 인자

---

[1] '선인'은 통일신라 말의 문사 고운(孤雲) 최치원(崔致遠)을 가리킨다. 그가 이곳에 은둔하
다가 폭포 가에 신발만 남겨두고 신선이 되어 사라졌다는 전설이 있다.
[2] 해인사는 신라 애장왕 때 순응(順應)과 이정(利貞)이 창건했다.
[3] 고려 현종 때 초조대장경이 처음 만들어졌지만 몽골 침략 때 불에 탔고, 해인사에 있는 것은
고려 고종 때 조성된 두번째 재조대장경이다.

함이 넘치셔서 그 은혜가 선림禪林에까지 미쳤습니다. 대장경을 인쇄하고 당우堂宇를 중수하게 했으며 또 수선사修禪社를 세워서 마음공부하는 이들을 있도록 하셨습니다. 이것은 옛날 성군들이 나라를 복되게 하고 세상을 보우한 일을 본받은 것입니다. 화사化士인 범운梵雲이 온 산의 승려들과 함께 일신의 안위를 잊고 부지런히 일하여 이해 5월에 시작하여 5개월 만에 낙성했으니 그 세운 공이 매우 크고 훌륭한 것이 이와 같았습니다. 스님은 문장을 잘 짓는 분이니 기문을 지어서 이 사실을 후세에 길이 전할 수 있도록 해주시길 바랍니다"라고 했다.

내가 사양하자 그는 다시 "옛날 석가모니가 정법안장正法眼藏을 마하가섭에게 부촉한 뒤 달마에게까지 전해졌습니다. 그가 중국에 오고 나서 다시 전해져서 석옥石屋(청공)에 이르렀는데 우리 동국의 태고太古(보우)가 석옥의 법을 얻었습니다. 또 법이 전해져 청허淸虛(휴정)에 이르렀으니 청허는 석가의 63대 법손입니다. 이때를 맞아 산림의 납자(승려)들만 그 본성을 깨달은 것이 아니라 위로는 천자로부터 아래로는 왕공王公과 대인, 초야의 뛰어난 선비까지도 무생無生의 이치를 철저히 증득하여 생사를 자유자재로 하지 않음이 없었습니다. 그래서 스승을 찾아서 배우고 옳고 그름을 판정하기를 마치 배고픈 사람이 밥을 찾고 목마른 사람이 물을 찾는 것처럼 하여 그 기세를 막을 수 없었습니다. 그러나 세월이 흘러 지금은 정법을 흙덩이처럼 보고 혜명慧命을 지켜서 잇는 것을 아이들 놀이처럼 여기며 심하면 서로 반목하고 미워하고 질시하는 등 하지 않는 것이 없을 정도까지 이르렀습니다. 아! 후세 사람들이 비록 정법안장의 설을 들으려 해도 누구에게 그것을 듣겠습니까? 이런 때에 수선사를 창건하는 일은 참으로 불꽃 속의 연꽃이니 이를 기록하여 후세에 길이 전하지 않을 수 없습니다"라고 했다.

내가 "이런 일은 하지 말라"고 하니, 그는 "정법안장이란 것은 과거 부처님의 혜명이고 수선사를 세우는 것은 지금 천자의 칙명이니, 만약 처음부터 끝까지 한결같이 따라 지키지 않고 폐지하거나 고친다면 이는 단지 신명神明에게 질책과 벌을 받을 뿐만 아니라 또한 떳떳한 도의상으로도 죄를 짓는 것이니, 누가 감히 경계하고 두려워함이 없이 이 일을 하겠습니까? 비록 그렇지만 만약 이를 후세 사람들에게 낱낱이 보여주지 않는다면 후대 사람들이 이 수선사가 이토록 엄중한 것임을 어떻게 알고 지키며 따르게 할 수 있겠습니까? 이것이 또한 사실을 기록하여 후세에 길이 전하지 않을 수 없는 이유입니다. 굳이 사양하지 마시고 일을 따라주셨으면 합니다"라고 했다.

내가 정색을 하고 말하기를 "아! 그대는 기록이 있어야 한다는 것만 알지 기록이 없는 것이 기록이 있는 것보다 낫다는 것은 모른다. 한 사람이 선禪을 닦기 전에 많은 부류의 중생들이 이미 일시에 불성을 보고 깨달았다는 것을 어찌 알겠으며, 하나의 공안公案을 들기도 전에 산하대지와 밝고 어두움, 공空과 색色부터 삼실과 대바늘 같은 사소한 것까지 이미 일시에 큰 광명을 낸다는 것을 어찌 알겠는가? 또 그 터를 닦기도 전에 이미 일시에 수선사를 완성했으며, 문설주를 만들 목재를 갖추기도 전에 이미 일시에 그 사실을 상세히 기록했다는 것을 어찌 알겠는가? 이와 같다면 어찌 종이와 먹으로 굳이 글을 써서, 정법안장을 참구하는 수선사에 군더더기를 붙이고 연지와 분을 바를 필요가 있겠는가?"라고 했다.

그가 당황하여 자리를 비켜 앉으며, "말씀을 들으니 '도를 조금 알았다'[4]고 감히 자처하지 못하겠습니다만, 정법안장이 무엇인지를 묻겠습니다"라고 했다. "다만 이것이다"라고 하자 또 "이것이란 무엇입니까?"라고 물었다. 이에 "가야산 빛이 푸른 하늘에 꽂혔구나"라고 답했다. 한참 지나서 "말끝에 곧바로 알아차렸다 하더라도 가는 곳마다 미친 견해일 뿐이며, 어구를 따라 확실히 알았다 해도 이 역시 화살이 서천西天을 지나갔다. 이런

---

4   『장자』「추수(秋水)」에서 황하(黃河)의 신 하백(河伯)이 황하가 가장 넓은 줄 알았다가 북해(北海)가 광활한 것을 보고 자신의 식견이 좁았음을 깨닫게 되었다는 이야기가 나온다.

것은 머리 위에 머리를 얹는 것이요 그렇지 않은 것은 머리를 베도 살길을 찾는 것이니, 말해보라. 여기에 이르러 선禪을 도대체 어떻게 참구하겠는가? 억! 오늘 부질없는 말을 하느라 시간을 보냈으니, 몸을 잊으려는 뜻에 도리어 방해되는구나."

선승이 앞뒤 사정을 맥락에 맞게 차례대로 써주기를 청하기에 이를 수선사 기문으로 삼아서 기록한다.

대한 광무光武 3년 기해년(1899) 9월 하순에 호서湖西의 승 경허鏡虛가 삼가 쓰노라.

—『경허집』, 기문, 「합천군가야산해인사수선사창건기陜川郡伽倻山海印寺修禪社創建記」

화엄사 상원암

선禪은 그 이치가 즉각적이고 간결하며 고상하고 원대하여 삼승三乘을 멀리 벗어나 있다. 그러므로 선을 배우는 이가 본지풍광本地風光을 깨달아 꿰뚫으면 과거 부처와 어깨를 나란히 하니 그 법이 긴요하고 오묘하기가 이보다 더한 것이 무엇인가? 그러므로 달마 대사가 중국 땅에 들어온 이래 우리 동국의 땅에서도 그 도를 얻어 곧바로 부처의 경지에 오른 이들이 무수히 많았다.

근세에 이르러 그 도가 없어져서 전해지지 않고 비록 그 자취를 드러내는 이가 있어도 애초에 참구하는 법을 판가름하여 결정하는 데 힘쓰지 않아, 끝내는 어둡고 어지러운 상태에서 혼돈에 빠져 평생을 보내고 그 이치를 조금도 엿볼 수 없었다. 그러므로 다른 업業을 행하는 이들이나 외호하는 이들이 잘하고 못하고를 따지지 않고 대개는 탄식하니, 아! 구제할 수가 없도다.

이 암자는 처음 화엄사華嚴寺가 창건되었을 때부터 이미 선실禪室이었다. 이곳이 신령한 승지勝地여서 도를 얻은 자가 또한 많았다. 그런데 중간에 수행하는 업이 없어지고 끊어진 것은 단지 시운時運이 좋지 못했기 때문만은 아니었고 역시 교화를 주도할 사람이 없었기 때문이다.

광무 4년(1900) 늦은 봄에 청하淸霞 장로가 와서 주석하면서 이곳에서 선회禪會를 열었으니 그의 청정한 도심道心과 광대한 원력願力으로 산중의 대중들과 의논하여 정하고 성취한 일이었다. 그런데 오직 염려한 것은 뒤에 이 암자에 주지로 오는 이들이 불법 교화의 중대함과 옛시람이 암자를 창건한 본뜻, 지금 다시 연 간절한 뜻을 생각하지 않고, 개인적 욕심을 좇거나 편의에 따라 선실을 폐지하고 선객禪客을 받아들이지 않는 것이었다. 이는 부처의 종자를 끊은 사람이고 반야般若를 비방하는 사람일 것이다. 원인과 결과가 분명하니 두려워하지 않을 수 있겠는가?

유교 전적에 "너는 그 양羊을 아끼는가? 나는 예禮를 아끼노라"[5]라고 했는데, 불교 경전에는 "한 생각 청정한 마음이 항하恒河의 모래알처럼 많은 보배 탑을 만드는 것보다 낫다"고 했고, 또 "최상승의 법문을 듣고도 비방하여 삼악도에 떨어지는 것이 항하의 모래처럼 많은 부처에게 공양하는 것보다 낫다"고 했다. 또 옛사람이 "듣고서 믿지 않아도 오히려 부처가 될 씨앗을 심는 것이며, 배워서 이루지 못해도 오히려 인간과 천상계의 복이 된다"고 했으니, 일체의 도법道法 가운데 반야의 힘이 뛰어나기 때문이다.

이를 통해 본다면 참선하는 사람이 비록 혼란함에 사로잡혀서 뜻을 얻지 못할지라도 도업道業을 잘 이룬 삼승三乘의 학인보다 오히려 낫다. 원하건대 뒤에 이 암자의 주지가 된 이는 이 글을 세번 반복하여 보고 선禪의 교화를 계속 펴나가야 할 것이다. 불제자가 되어 부처의 교화를 힘써 행하지 않고 자기 마음대로 훌륭한 선회를 폐지한다면 천지신명이 벌을 내릴 것이니 두렵지 않을 수 있겠는가? 이렇게 두려울 만한데도 근심하고 두려워하며 좇아서 받들지 않는 자는 그뿐이니, 나도 어찌할 수 없다.

---

5 『논어』「팔일(八佾)」에서, 공자가 제자 자공(子貢)에게 "자공아! 너는 그 양을 아끼느냐? 나는 그 예를 아낀다"고 했다.

광무 4년 경자년(1900) 12월 상순에 호서의 승 경허 삼가 쓰다.

——『경허집』, 서문, 「화엄사상원암복설선실정완규문華嚴寺上院庵復設禪室定完規文」[6]

범어사 선 결사

석가모니가 정법안장正法眼藏 열반묘심涅槃妙心을 마하가섭에게 부촉하여 대대로 전해 오니 그 도가 간명 직절하다. 그 오묘하고 뛰어난 이치는 마치 백관과 대신을 천자天子에 비기는 것처럼 삼승三乘의 교법으로는 비교할 수 없다. 모두 서책에 갖춰져 있으니 그 공리功理를 비교해 헤아리면 선가禪家의 법은 신선의 단약丹藥과 의술이 죽은 사람을 살리는 것과 같다. 만약 진실로 참구하고 참으로 깨달아서 한 생각을 돌이키면 옛 부처와 어깨를 나란히 할 것이니, 삼아승지겁의 오랜 세월 동안 부질없이 공부할 필요가 있겠는가? 비록 실제로 참구하고 깨닫지 못하여 혼돈 속에 어지러이 빠져 있다 해도 다른 인과因果의 법을 행하는 것이 미칠 바는 아니다.

부처가 설하신 일대장교一代藏敎에는 반교半敎로서 원교圓敎가 아닌 것이 있고 권교權敎일 뿐 실교實敎가 아닌 것이 있다. 그러므로 부처께서 스스로 "요의了義[7]에 의지하고 불요의不了義에 의지하지 말라"고 했으니, 반교와 권교는 의지해선 안 된다. 그 이치가 분명하지만 지금 수행하는 이들을 보면 대개 반교에서 미혹하고 권교에 막혀서 일생토록 잘못 깨닫고 마니, 슬프도다.

옛날 고야선인姑射仙人은 그 마음을 모아서 만물이 재해를 입지 않았고,[8]

---

6   화엄사 상원암에 다시 선실을 설치하고 완전한 규례를 정하는 글.

7   '요'는 불법의 이치를 다 말한 것이다.

8   『장자』「소요유」에서 "막고야산에는 신인(神人)이 사는데, 피부는 얼음과 눈처럼 하얗고 야전하기가 처녀와 같으며, 오곡을 먹지 않고 바람과 이슬을 먹으며 구름을 타고 나는 용을 타고서 사해 밖을 노니는데, 그 정신이 응축되어 만물이 재해를 입지 않고 곡식이 익도록 한다"고 했다.

회남왕淮南王 유안劉安은 신선이 되어 하늘로 올라갈 때 그 집 개와 닭도 구름을 타고 올라갔다.[9] 개와 닭도 도의 교화를 입는데, 하물며 만물의 영장인 사람이야 어떻겠는가? 신선도 만물이 재해를 입지 않게 할 수 있는데, 하물며 부처의 위 없는 바른 도에서야 말할 것이 있겠는가? 그러므로 "듣고서 믿지 않아도 오히려 부처의 씨앗을 심는 인연을 맺으며, 배우고 성취하지 못해도 오히려 인천人天의 복을 덮는다"고 했다.

그러므로 더불어 참여하는 계의契誼를 설립하여 함께 최상의 인연을 맺고 다 같이 수역壽域에 이르게 한다. 수역이란 무엇인가? 푸른 산은 높고 푸른 바다는 넓으며 조각구름이 펼쳐져 있고 솔바람 소리는 소슬하니, 만물이 자기 스스로 항상 빛을 내지 않음이 없다. 이 빛이 천지를 덮고 예부터 지금까지 걸쳐 있어서 오묘한 작용이 항하수 모래알처럼 많으며 견고하기가 금강석과 같다. 그러므로 옛 고덕이 "반야에는 헛되이 버리는 공부가 없다"고 했으니, 만약 성불의 서원을 가진 이가 있다면 마땅히 깊은 마음의 큰 원력을 내야 할 것이다.

—『경허집』, 서문, 「범어사설선사계의서梵魚寺設禪社契誼序」

정혜계사의 지향과 규칙

정혜계사의 취지

『화엄경』에서는 "법계法界의 성성을性 보라"고 했고, 『법화경』에서 "항상 저절로 적멸寂滅하는 상相"이라 했으니, 고요히 사라지는 현상과 법계의

---

9   한(漢)나라 때 회남왕 유안이 단약을 먹고 신선이 되어 하늘로 올라갔는데, 집에서 기르던 개와 닭이 그릇에 남은 단약 찌꺼기를 먹고 하늘로 함께 올라가서 허공에서 개와 닭의 울음소리가 들렸다는 고사가 있다(『논형論衡』 권7, 「도허道虛」).

본성이 어찌 중생이 보고 듣고 느끼고 아는 그 성품이 아니겠는가?『금강경』에서 "형상을 가진 것은 모두 허망하다"고 했고,『열반경』에서는 "제행諸行이 무상無常하니 이는 생멸生滅의 법이다"라고 했으니, 어찌 중생의 육신과 세계 및 선과 악, 부동不動 등의 업행業行이 아니겠는가? 이들 경전의 게송들은 우리 불교 문중에서는 어린 동자나 아무것도 모르는 사미도 익숙히 보고 들은 것이다. 그러나 비록 오래도록 경전을 외고 참선과 염불을 한 고덕들조차도 그 뜻을 조금도 알지 못한 채 대충 지나쳐버리고 이것이 또 어떤 도리인지 생각해보지도 않는다. 하물며 돌이켜 비추어서 그 뜻을 알고 깨달아 수행하는 이가 있겠는가?

아! 이 몸은 물거품처럼 부질없고 형색은 달리는 말처럼 멈추지 않으며 풀잎 이슬처럼 잠깐 머물러 있으면서 바람 앞 등불처럼 빨리 사라진다. 그런데도 무명無明의 독주에 깊이 취하고 인식 대상의 풍파에 휩쓸리며 저절로 온 정신을 다 써가며 오랜 세월의 허물을 지으면서도 끝내 알아차리지 못하니, 슬프도다!

우리 석가모니불께서 이를 불쌍하고 가련히 여겨서 신통과 지혜라는 방편의 힘을 써서 삼승교三乘敎의 그물을 펼치고 인천人天의 물고기를 건져 올렸으며 마지막에는 정법안장正法眼藏과 열반묘심涅槃妙心을 가섭존자에게 부촉했다. 이후 대대로 전수되어 달마 조사가 중국 땅에 와서 중생을 교화하며 선의 기풍을 크게 떨쳤다. 달마가 "문자를 세우지 않고 사람의 마음을 곧바로 가리켜 견성성불見性成佛하게 한다"고 한 것은 도의 강령을 보여준 것이며, "밖으로는 모든 인연 작용을 쉬고 안으로는 마음이 안정되어 담이나 벽 같아야 도에 들어갈 수 있다"고 한 것은 도의 곧고 정제된 측면을 보여주는 것이다. "마음을 관찰하는 한 법이 모든 의식 작용을 다 포섭한다"고 한 것은 도의 본체를 보여주는 것이고, "넓을 때는 법계를 두루 포괄하고 좁을 때는 바늘 하나도 받아들일 수 없다"고 한 것은 도의 큰 작용을 보여준 것이다. "세번 절하고 자기 자리에 서자 골수를 얻었다며 인가해주었다"[10]라고 한 것은 도의 연원을 보여준 것이다. 이 밖에 부처와 조사의 온갖 방편은 다 말세의 중생에게 수행의 바른길을 자상하고 정성스럽게 일러 지도해준 것이다.

어떤 사람이 "영산회상靈山會上에서 부처가 꽃을 들자 백만 대중이 모두 어찌할 줄 몰랐는데 오직 가섭존자 한 사람만이 알아차리고 미소 지었다. 말세의 중생들이 근기가 미약함을 헤아리지 못하고 모두 조사의 선禪을 참구한다 하니 어찌 성공할 수가 있겠는가?"라고 했는데, 이처럼 그릇된 말을 하나하나 들어서 말할 수 없다. 이는 나면서부터 지혜의 눈이 없는데다 밝은 눈의 종사宗師를 찾지 않아서 이렇게 식견이 조잡하게 된 것이니 기이할 것이 없다. 그러나 이렇게 생각해버리고 잘못을 성찰하지 않으면 자기 앞길만 그르칠 뿐 아니라 다른 사람의 눈도 멀게 한다.

마조 도일馬祖道一 아래에서 88명의 종사가 나왔고, 그 뒤에도 1,500명의 선지식이 동시에 도량에 앉아서 마침내 5개 종파로 나뉘었다. 한 선지식 밑에서 도를 이룬 이가 많게는 천명, 백명이고 적더라도 10명을 내려가지 않았다. 만약 백만 대중이 모두 어쩔 줄 모르고 가섭존자만이 알고서 미소 지었다는 잘못된 견해를 고집하여 말세의 사람들이 조사의 선을 참구하는 것을 분수 넘치는 일이라고 비방한다면, 앞에서 말한 종사들이 허다한 사람들을 교화했다는 것은 다 잘못 전수한 것이란 말인가? 아니면 모두 근거 없는 허망한 설을 날조하여 전한 것이란 말인가?

말세에 도를 얻은 이도 많은데 또한 영산회상에서 한 사람에게만 전수했다면 어찌 말세 사람들의 근기가 영산회상의 대중들보다 뛰어나서 그렇겠는가? 오직 가섭존자 한 사람에게만 전수한 것은 또 무슨 까닭인가? 세존이 "법을 의지하고 사람을 의지하지 말라"고 하셨다. 이제 『화엄경』『법화경』『능엄경』『원각경』『유마경』『열반경』 등 대승 경전, 마명馬鳴·용

---

10   달마가 입적하기 전에 제자들에게 각자의 경지를 말하게 하자 혜가(慧可)가 아무 말도 없이
      세번 절하고 자기 자리로 돌아와 서자, 달마가 "너는 나의 골수를 얻었다"고 인가했다 한다.

수龍樹·무착無着·천친天親 등의 대승 논서,『전등록傳燈錄』『종경록宗鏡錄』『선문염송禪門拈頌』 등 선문의 책들 어느 곳에 말세의 중생이 진정한 도를 닦을 수 없다는 문구가 있는가? 오히려 비유를 통해 일깨워주고 간절한 정성으로 이끌고 권장했으며 도에 들어가지 못할까 봐 걱정했다. 이는 우리가 평소에 늘 말하고 들어온 것이니, 어찌 말 한마디 글자 하나라도 속일 수 있겠는가?

아! 정법이 침체하고 바르지 않은 삿된 도가 성행하니, "한잔의 물로 한 수레 땔나무에 붙은 불을 끄는구나"라는 탄식은 청허淸虛 노사가 성대하게 교화하던 때에도 있었거늘, 오늘날이야 어떻겠는가? 착한 생각은 인간세상과 천상세계를 이루고 악한 마음은 아귀와 지옥을 드러낸다. 이 조사 문하의 활구活句의 법문은 바로 '과거불이 나오기 전의' 소식을 보고 비로자나불의 대적광도량大寂光道場에서 편안하게 있게 한다. 생각해보면 삼라만상이 모두 청정한 불국토 아님이 없으니 모두 다 해인삼매海印三昧의 경지이다. 근기가 뛰어난 이는 바로 이 경지로 뛰어 들어가 중요한 나루를 장악하여 나라를 안정시킬 것이니 어찌 다른 방법이 있겠는가?

그러나 근기가 낮은 이는 이를 단번에 이룰 수 없다. 그러므로 옛사람이 "죽순은 끝내 대나무가 되지만 죽순으로 지금 뗏목을 만들라고 하면 할 수 있겠는가?"라고 했으니, 근기가 낮은 이는 오래도록 닦아야 마침내 도에 들어갈 수 있다. 그러므로 조주趙州 화상은 "너희들이 20년이나 30년 동안 총림을 떠나지 않고 진실하게 참구하고서도 만약 이 도를 깨닫지 못한다면 노승의 머리를 베어 가라"고 했다. 옛사람들의 이와 같은 가르침이 어찌 허위 사실로 후생을 꾀려는 것이겠는가?

미혹한 이들이 이 이치를 알지 못하여, 조사들의 설법을 들으면 성인의 경지라고 높이 받들다가 단지 유위법有爲法인 현상의 사상事相에 힘써서 입으로 경선을 외고 손으로 염주를 굴리며 절을 짓고 불상을 조성하며 공덕을 바라고 깨달음을 기원하니, 이는 잘못이고 도와는 거리가 멀다. 그러므로 양梁나라 무제武帝가 불상과 탑을 건립하고 재회를 베푸는 등 한량 없이 불사佛事를 펼쳤지만 달마 대사가 "조금도 공덕이 없다"고 말한 것이다.

또 6조 대사는 "미혹한 이들은 복만 닦고 도는 닦지 않으면서 오직 복을 닦는 것이 바로 도라고 말한다"고 했고, 영가永嘉 화상은 "현상적인 보시는 천상에 나는 복을 짓지만 허공을 향해 쏜 화살이 힘이 다해 도로 떨어지는 것과 같아서 뜻대로 되지 않는 내생을 초래한다"[11]고 했다. 또 규봉圭峰 선사는 "글자를 알아서 경전을 보아도 원래부터 증득하여 깨닫지 못하고, 글의 뜻을 아무리 잘 해석해도 오직 삿된 견해만을 일으키게 된다"고 했으니, 이와 같은 말들은 모두 정定(선정)과 혜慧(지혜)의 근본을 깨닫지 못하고 잘못된 방법으로 수행함을 꾸짖은 것이다.

내가 지난 기묘년(1879) 겨울에 계룡산鷄龍山 동학사東鶴寺의 조실祖室에서 조사문祖師門의 활구活句를 참구하다가 갑자기 깨달은 바가 있었다. 뜻을 같이하는 이들과 함께할 생각이 있었지만 당시 오랜 질환이 아직 낫지 않았고 마음에 품은 뜻도 높지 않아서, 한가로이 지내며 어촌과 주막을 돌아다니고 계곡과 숲에서 쉬기도 하며 유유자적하게 스스로 잊고 살았다. 이후 전란이 이어지고 세상이 어지러워 몸을 숨기는 데 여념이 없었으니 어찌 다른 데에 생각이 미칠 수 있었겠는가?

어느새 세월이 흘러 지금까지 20년이 지났다. 스스로 부처의 크나큰 은혜를 생각하며 그 만분의 일이라도 세상에 갚고자 우선 합천의 해인사로 갔다. 때마침 수선정사修禪精舍를 새로 지었기에 여러 선덕禪德들과 함께 동안거를 지냈다. 하루는 화롯가에 모여 앉아 얘기하다가 옛사람들이 결사結社를 만들어 도를 닦았다는 말이 나오자, 모두가 잊고 있던 일이 문득 떠오른 듯 뜻과 서원, 믿음의 힘이 물이 치솟고 산이 솟아오르는 듯하여 서

---

11   영가 현각(永嘉玄覺)의 『증도가(證道歌)』.

로 이제 만나게 된 것을 한탄했다. 곧바로 계사稧社를 결성하여 동맹을 맺기로 논의하고 나를 맹주로 추대했다. 나는 지난날의 크나큰 부처님 은혜를 생각하여, 재주가 용렬하고 성품이 바르지 않으며 도가 부족한 것을 돌아보지 않고서 한마디로 사양하지 않고 바로 허락했다.

동맹의 조약이란 무엇인가? 다 함께 정혜定慧를 닦아 도솔천兜率天에 나서 세세토록 같이 도반이 되어 마침내 정각正覺을 이루되 만약 도력을 먼저 성취하면 아직 미치지 못한 이들을 이끌기로 맹세하고 그 맹세를 어기지 않는다는 것이다. 만약 뜻을 같이하여 함께 수행하는 사람이 있으면 승속과 남녀, 노소 및 귀천, 현명함과 어리석음을 따지지 않고 또한 친하고 안 친함, 헤어지고 만남, 멀고 가까움, 앞과 뒤를 가리지 않고 모두 참여하여 들어오도록 허가했다.

그 까닭은 사람마다 모두 한량없는 보배 창고를 가지고 있어서 부처님과 다름이 없기 때문이다. 단지 오랜 세월 동안 좋은 벗과 가르침을 만나지 못하여 삼계三界를 엎드려서 기어다니고 사생四生에 빠져 헤매는 것이, 연야달다演若達多가 머리를 잃고[12] 부자의 아들이 집을 떠나 가난하게 산 것[13]과 같다. 이뿐 아니라 윤회하여 떠다니며 온갖 고난을 다 겪고 심지어는 하룻밤에 만번을 죽고 살기도 한다. 이를 생각할 때마다 오장육부가 통렬히 찢어지는 듯하여 나도 모르게 길고 짧게 탄식하니, 어찌 이를 일상사로 여기며 벗어날 길을 찾지 않을 수 있겠는가?

이러한 실정을 상세히 알아서 다 같이 극락極樂 같은 정토에 가려고 함께 발원하노라. 또 옛사람이 "취향이 다르면 얼굴을 보면서도 초楚와 월越나라처럼 멀고, 도가 계합하면 하늘과 땅이 함께 있는 것과 같다"고 했다. 그러므로 삼라만상이 비록 펼쳐져 있어도 공성空性이 어그러짐이 없고 모

---

12 『수능엄경(首楞嚴經)』에 나오는 비유로, 연야달다가 거울 속의 얼굴이 보기 좋은데 그것이 자기 머리에는 없음을 한탄하며 미쳐 날뛰었다는 이야기다.

13 『법화경』「신해품(信解品)」에 나오는 장자궁자(長者窮子)의 비유다.

든 물이 다 흘러가도 바닷물의 양이 불어나지 않으니, 용맹한 마음을 하루 빨리 일으켜서 허망하고 무상한 업행業行을 환하게 밝히고 모든 것이 사라진 법계의 본성을 깨닫고 닦으며, 견해와 알음알이를 잊고 정법안장과 열반묘심을 단번에 증득하길 바란다. 이를 그 누가 안 된다고 하겠으며, 극락을 원하지 않겠는가?

『인행경因行經』에서 "석가세존이 괴거세에 선혜선인善慧仙人으로 있을 때 연등불燃燈佛 앞에서 머리카락을 풀어헤치자 따르는 이들이 기뻐하고 찬탄했는데 백만의 천인天人 대중들이 그때 심어진 인연으로 영산회상에 함께 모여서 도를 이루었다"고 했다. 또『천불인연경千佛因緣經』에는 "현겁賢劫[14]의 천불千佛은 과거 보등염왕寶燈焰王 여래의 상법像法시대에 학당學堂에 있던 천명의 동자였는데, 삼보三寶의 이름을 듣고서 불상에 예배하고 큰 서원을 일으켜 보리심菩提心을 내어 이후에 다 같이 도를 이루어 천불이 되었다"[15]라고 하고 있다. 이 밖에 많은 불보살이 함께 발원하여 도를 이룬 일이 없는 경전은 없다. 예전에 혜원慧遠이 여산廬山에서 결사를 일으키고 백낙천白樂天이 향산香山에서 결사를 맺으며 목우자牧牛子 지눌知訥이 팔공산에서 결사를 한 것도 모두 이러한 뜻이었다.

현장玄奘 법사는 "서역 사람들은 모두 도솔천兜率天에 왕생하는 업業을 닦는다"고 했으니, 도솔천은 우리가 사는 세상과 마찬가지로 욕계欲界에 있어서 음성과 기운이 서로 합하여 행업을 이루기 쉽기에 대승과 소승의 조사들이 모두 이 법을 인정했다. 미타정토는 비루하고 거친 범부가 수행하여 성취하기가 어렵다. 그러므로 신역 및 구역의 경론에서 모두 "십지十地 이상의 보살은 분수에 따라 보신불報身佛의 정토를 볼 수 있다"고 했으니, 하품下品의 범부가 바로 왕생한다는 것을 어찌 받아들이겠는가? 그러

---

14   과거·현재·미래의 겁 중 현재의 겁을 가리킨다. 많은 부처가 출현하는 때이므로 어질고 현명한 '현(賢)'을 썼다.

15   『불설천불인연경(佛說千佛因緣經)』의 이야기다.

므로 대승에서는 인정했지만 소승에서는 인정하지 않는다. 그래서 현장 법사는 일생토록 늘 도솔천에 왕생하는 행업을 지었고 임종할 때 왕생하여 미륵불을 뵙기를 발원하고 대중에게 청하여 게송을 외게 했다.

> 미륵여래에 귀의하여 마땅히 정각을 이루시길
> 원컨대 모든 중생과 함께 속히 자애로운 모습 받드소서
> 미륵여래와 함께 거처하는 대중들에 의지하여
> 원컨대 이 목숨 버리고 반드시 그곳에 왕생하소서

현장 법사는 법을 아는 고승이니 틀림없이 자신을 그르치고 남을 속이지는 않았을 것이다. 더구나 고금의 기록에서 도솔천에 왕생한 이들을 어찌 다 기록할 수 있었겠는가? 예컨대 무착無着과 천친天親 같은 보살들도 마찬가지로 도솔천 왕생을 서원했으니, 지금은 다만 법을 따를 뿐이다.

비록 그렇지만 정토와 도솔천은 수행하는 사람의 잠깐의 뜻과 서원에 따라 달라지니, 정토에 왕생하는 이가 어찌 미타여래를 친견하기를 원하지 않겠으며 도솔천에 왕생하는 이가 어찌 미륵존불을 받들어 섬기기를 원하지 않겠는가? 비유하자면 흰 옥과 황금이 각기 진정한 보배이고 봄 난초와 가을 국화가 모두 맑은 향을 풍기니, 바라건대 더 낫고 못함이나 어렵고 쉬움을 다투거나 옳으니 그르니 남이니 나이니 하는 분별을 일으켜서는 안 된다.

지금 이 계사禊社에 먼저 들어온 사람은 이처럼 상생해서 가는 발원을 하고 뒤에 참여한 이들 또한 마음과 입을 모아서 함께하면, 비록 도력을 성취하지 못하는 이가 있다 해도 이 원력에 힘입어 도솔천 내원궁內院宮에 상생해 미륵존불의 더할 수 없이 높은 현묘한 음성을 듣고 빠르게 큰 깨달음을 증득한 뒤에 돌아와 중생을 구제할 것이니 어찌 통쾌한 일이 아니겠는가? 도를 닦는 이들은 옛날만 중요하다 여겨 지금은 가볍게 여기지 말

것이며, 발원하고 동참하여 좋은 인연을 깊이 심기를 바란다.

나머지 일상의 사소한 일들은 경전에 모두 실려 있어 본받고 법규로 삼으면 되며, 반드시 조목을 나누어 하나하나 밝힐 필요는 없다. 옛사람이 "모든 수행을 다 하지만 오직 무념을 근본으로 여긴다"고 했으니, 수행의 요체가 바로 여기에 있다. 지나치거나 모자라는 어느 한쪽에 치우쳐서 이를 잃는 일이 없기를 바란다. 아! 한번 사람 몸을 잃게 되면 만겁의 긴 세월 동안 다시 얻기 어려우니, 옛날의 영웅들은 지금 어디에 있는가? 그렇기에 옛 고덕이 스스로 경계한 게송과 세상을 탄식한 시에서 다음과 같이 말했다.

명리를 구하지도 영화를 구하지도 않고 그럭저럭 인연을 따라 이번 생 건너가네

세 치 혀 기운이 사라지면 누가 주인이던가 백년 지나 죽은 뒤엔 부질없는 허명뿐

옷의 해진 곳은 겹겹이 기워 입고 양식이 없을 때는 그때그때 마련하네

이 덧없는 몸뚱이 얼마나 간다고 저 쓸데없는 일로 무명을 기르리오

고금의 일을 자세히 헤아리며 시름을 견디는데 귀하거나 천하거나 모두 무덤에 돌아가네

한 무제의 옥당玉堂[16]은 이미 티끌 속에 묻혔고 석숭石崇의 금곡金谷[17]에는 물만 하염없이 흐른다

세월은 흘러 새벽이 오자마자 저녁이 돌아오고 초목은 금방 봄이었는데 바로 가을이 되네

---

16   한의 무제가 건장궁(建章宮)을 세웠는데 그 남쪽에 옥당이라는 궁궐이 있었다.

17   진(晉)의 부호인 석숭이 별장 금곡원(金谷園)을 지어 손님들을 모으고 화려한 연회를 펼쳤다 한다.

세상에 있으면서 털끝만큼 선행도 없으면 죽어서 어떤 것으로 염라대왕에 답하리오

또 고덕이 수행을 권면하는 글에서는 "숨 한번 들이쉬지 못하면 곧 다음 생이네. 비록 처자식과 서로 아끼더라도 그대를 머물게 할 방도는 없으니, 비록 많은 가족이 앞에 있다 해도 누가 당신을 대신하겠는가? 언덕 하나에 들불 놓기를 재촉하고 만 리 길 황량한 산에 배웅하여 묻으니, 무성한 풀숲 곁에 돌 비석만 이곳저곳 남아 있고 푸른 버드나무에 부질없이 종이돈만 걸려 있구나. 눈물이 비 오듯 흐를 때는 공허하고 적적하며, 쓸쓸한 바람이 부는 곳 차가운 바람 소리 나네. 저 아래 가지 끝도 이와 같은 일 면하기 어려우니, 여기에 이르러서 어찌 각성하지 않겠는가? 부처님의 말씀 믿지 않고 어떤 말을 믿을 수 있겠는가? 사람으로 태어나 닦지 않으면 다른 곳에서는 닦기 어렵다"고 했으니, 실로 한탄하고 애석해할 만하다. 이 글을 반복하여 자세히 읽고 마음속에 새겨서 머리에 붙은 불을 끄듯 정진하여 이번 생을 헛되이 보내지 않도록 하라.

이와 같은 간절한 규계規戒를 보고 듣고도 마치 신발 위로 아프고 가려운 곳을 긁고 월越나라 사람이 진秦나라 땅이 척박한 것을 보듯 대수롭지 않게 여겨서, 보고도 감동하거나 마음을 조금도 일으키지 않는 사람은 병 들어도 약을 구하지 않고 배가 주려도 음식을 취하지 않는 것과 같으니 내가 참으로 어떻게 할 수가 없다. 만약 진실로 이 강령과 그 근원에 있는 도를 수행하고자 도솔천 내원궁에 상생할 마음을 낸 사람이 있다면 절실하고 부지런히 선지식을 찾아가라.

문장력이 짧고 종이는 다하여 글이 그 말뜻을 다하지 못한다. 삼가 이 훌륭한 인연에 의지하여 위로는 황제폐하의 성수聖壽가 만세 동안 이어지길 축원하며, 다음으로 풍년 들고 시절이 조화로워 전쟁은 영원히 사라지고 정법은 끝없이 유통되어 법계의 모든 중생이 다 같이 오묘한 깨달음을

증득하기를 축원하노라.

계사를 하는 비구 성우惺牛 등은 일대교주一代教主 석가모니불께 귀의하
옵고, 당래교주當來教主 미륵존불에 귀의하오며, 과거·현재·미래의 온 세상
에 언제나 두루 상주하는 불법승佛法僧(삼보)에 귀의하옵니다. 가엾게 여기
고 보살펴주시는 힘에 우러러 의지하오니, 우리가 시원한 바를 헛되지 않게
또 빠뜨리지 않고 속히 성취하게 해주시길 엎드려 축원하옵니다.

대한 광무 3년(1899) 11월 11일, 계사의 맹주인 비구 성우는 향을 사르고
두번 절하며 삼가 쓴다.

──『경허집』, 서문, 「결동수정혜동생도솔동성불과계사문結同修定慧同生兜率同成佛果稧社文」18

정혜계사 규례

1. 무상無常함이 신속하고 생사生死의 일이 큼을 생각하여 부지런히 정
혜定慧를 닦아야 할 것이다. 만약 부지런히 정혜를 닦지 않으면서 불과佛果
를 구하려 하는 것은, 물러나면서 앞으로 나가고자 하고 남쪽 월越나라로
가면서 수레를 북쪽으로 모는 것과 같다. 유위有爲의 허망한 법에 집착하
여 평생의 일을 절대로 그르치지 말라.

1. 정혜를 부지런히 닦아서 행업行業을 결정하여 택한 후에 공부를 잘못
하지 않으려면 마땅히 선지식을 찾아야 한다.

1. 예로부터 부처가 되고 보살이 되려면 반드시 행업을 갖추어야 하니

---

18   함께 정혜(定慧)를 닦아 도솔천에 나서 불과(佛果)를 이루는 계사(稧社)를 결성하는 글.

그런 뒤에 가능하다. 정혜를 수행하는 까닭은 도솔천 내원궁에 상생하여 다 함께 불과佛果를 이루기 위해서이다.

1. 이미 이 계사禊社에 참여하는 이들은 정혜를 급선무로 삼아야 하며 오 직 도솔천에 상생하기만을 발원해서는 안 된다. 발원만 있고 수행이 없으 면 그 발원은 공허한 일이 되고 말 것이다.

1. 진정으로 정혜를 닦을 수 있는 이는 도솔천 왕생을 발원하지 않았어 도 이 계사에 참여할 수 있으며, 정혜를 진실로 닦을 수 있는 이는 극락왕 생을 발원했어도 역시 이 계사에 참여할 수 있다.

1. 이 계사를 결성한 뜻은 계사에 동참해서 갈고닦는 것이 관건이니, 별 다른 일이 없으면 반드시 한곳에 모여서 공부해야 한다.

1. 분명히 결택하여 참으로 정혜 수행을 할 수 있다면 한곳에 모이지 않 아도 무방하다.

1. 도가 익숙한지 미숙한지와 상관없이 형편상 어쩔 수 없는 사람은 굳 이 와서 모이지 않아도 된다.

1. 뒤늦게 계사에 참여한 사람의 거주지, 성명과 발원 내용 등을 계책禊 册에 분명히 기록해야 한다.

1. 이 계의 규례는 처음 만든 것이라서 아직 다른 곳에 배포하지 않았고 이제 우선 해인사海印寺 선사禪社를 결사소로 삼는다. 거주지와 성명 등을 기록하여 편리한 때 결사소로 보내어 결사소 사람들이 돌려보게 하며 굳

이 이 일만으로 번거롭게 왕래할 필요는 없다.

1. 계사에 참여한 사람들은 각자 용맹한 마음을 내어 먼저 도력을 이루고 아직 미치지 못한 사람을 제도하는 데 뜻을 두어야지, 다른 사람만 믿고 방일해서는 안 된다. 이런 사람은 계사에 들어오지 않는 것이 낫다. 혹시 속이려는 마음으로 들어오는 이가 있어도 속이는 마음을 가진 사람이 어떻게 도를 이룰 수 있겠는가? 계사에 들이지 않는 것이 마땅하다.

1. 마음과 행실이 흉악하여 중죄를 범한 이나 나쁜 질병에 걸린 이는 계사에 참여하는 것을 절대로 허락해서는 안 되니, 교화를 손상케 하고 도를 행하는 데 방해가 된다.

1. 견해가 같고 행실이 같은 사람이 아니면 계사에 참여시키지 말아야 한다.

1. 발원하여 함께 맹세함은 작은 일이 아니니, 이 계사의 사람들이 만약 삼악도三惡道에 떨어져서 사마邪魔와 외도外道에 흘러 들어간 이가 있으면 먼저 도력을 이룬 사람이 정성껏 구제하여 동맹을 어기지 않도록 한다. 이를 미루어 말하면 (동맹의) 은혜는 부모를 뛰어넘고 우의는 형제보다 낫다. 부모와 형제가 어찌 죽은 뒤까지 서로 구제해줄 수 있겠는가? 그러므로 한마음으로 화합하고 지켜서 병이 든 사람을 구해주고 가난한 사람에게 베풀어주며 길 가는 사람처럼 등한히 해서는 안 된다.

1. 이미 도솔천에 상생하여 미륵여래를 친견하려는 서원이 있다면, 세상의 큰 효심을 가진 사람이 갑자기 나랏일로 부모를 떠나 다른 지역을 돌아다니다가 돌아와 뵙고 싶은 절실한 마음을 스스로 잊을 수 없는 것과 같

다. 이와 같으면 염주를 세면서 염송하지 않아도 그 생각이 늘 간절하고 또 항상 절실할 뿐 아니라 저절로 생각해서 지니며 잊지 않을 것이다. 이것이 진실한 염불이니 절대로 염주를 들고 세면서 잡념을 일으키며 천백번 염송하지 말라. 기타 예배와 공양의 규례도 마땅히 이로 미루어 해야 하니, 스스로 향 하나와 차 한잔을 올릴 때도, 한 사발의 밥과 한번의 예배도 성심으로 해야 하며 번잡하게 해서는 안 된다.

1. 계에 참여한 사람들은 각기 머무는 곳에서 사람이 많건 적건 간에 장소나 하는 공부에 따라서 해야 한다. 중요한 것은 함께 모여서 해야 하며 혼자 산림에 머물러서는 안 된다. 병을 앓거나 혹은 죽은 사람이 도력을 이루지 못했을 때는 도반이 사후의 길을 열어서 이끌어주지 않으면 생전의 공부를 잃게 되므로 큰일을 그르칠까 염려된다. 또한 계원들이 스스로 서로 구제하고 돕지 않으면 안 된다.

한 벌의 납의衲衣(승복)를 걸치고 마음대로 남북을 다니다 보면 이처럼 병들고 죽는 사람도 적지 않을 것이다. 만약 그치지 않고 하나하나 다 구조하려면 남쪽으로 긴 강을 건너고 북쪽으로 높은 산을 넘으며 도로에서 힘들고 고생스러운 일이 달마다 있을 수밖에 없다. 한 사람은 형편상 할 수 없고 한 사람은 공부에 힘쓰는 것을 꺼리고 한 사람은 은둔자이니, 무슨 돈과 재물이 있어서 먼 외지에서 병 들고 사망한 사람을 구제하고 도울 수 있겠는가? 만약 구제하거나 돕지 못한다면 동맹을 어기는 것이니 대중들에게 비방을 받을 것이다. 그러므로 사람이 많건 적건 간에 그곳에서 함께 공부하도록 해라. 자세히 보면 이 조항은 크게 관계된 일이니 기필코 준수해야 한다. 만약 혼자 있으면서 수행하려는 마음이 있는 자는 계사에 들이지 말라.

1. 죽음은 피하기 어렵지만, 병들어 죽으려는 사람은 곁에 있는 계의 도

반들이 마음을 먹고 간병하면서 무상無常의 법을 설하고 정혜定慧의 이치를 설하며 도솔천에 상생하는 서원을 설하여, 죽은 이가 정신을 잃지 않고 도력을 잃지 않으며 도솔천에 상생하려는 서원을 잃지 않도록 해야 한다.

1. 사망한 곳에서 계의 도반들이 옆에서 공양을 마련하여 미륵여래와 온 세상의 삼보三寶에 기도하고 축원하되 지극한 정성을 다할 뿐, 재齋를 크게 갖추어서 베푸는 데 힘쓰지 말기 바란다.

1. 사망한 사유와 날짜를 분명히 적어서 믿을 만한 인편을 골라서 바로 결사소로 보내면 결사소에서는 계의 도반들에게 돌아가며 보일 것이니 다만 이 일만으로 먼 거리를 왕래할 필요는 없다. 만약 계회에서 이 소식을 들은 사람은 비록 멀리 천 리 밖에 있더라도 두세 사람이 모였거나 4명에서 6명, 12명이나 20명, 많으면 100여명이 함께 모였더라도 계회에서 함께 맹세한 약속을 스스로 생각하며 지극히 정성스러운 마음을 일으켜 망자를 위하여 형편에 따라 얼마간의 공양을 갖춰 차리고 은근한 정성으로 미륵여래와 온 세상의 삼보에게 공양을 올려야 한다. 비록 한 모임이 100여명일지라도 각자의 이름을 쓰고 또 각자 동참하여 무릎 꿇고 절하며 기도하고 축원하여 망자가 도솔천 내원궁에 상생하도록 하고 다음으로 망자의 영령에 제전祭奠을 차린다. 대상大祥과 소상小祥 날에도 이대로 준수해야 한다.

1.
물음 지금 정혜계사를 조직하는데 도솔천 상생을 함께 넣은 것은 무엇 때문인가?

대답 정혜에서 힘을 얻을 수 없는 사람을 위해 베푼 것이다. 힘을 얻을 수 있는 사람은 뜻대로 자유자재하니 어찌 원력을 빌린 뒤에 왕래하겠는가? 그렇지만 대력보살大力菩薩도 서원이 있는데 힘을 얻은 사람이 원력을 가지는 게 무슨 문제가 있겠는가? 그래서 도솔천 내원궁에 상생하고자 서원하는 것이다.

물음 이미 도솔천 상생으로 계사를 만들었는데, 또 어찌 정토왕생에 참여하는 사람들을 들어가게 하는가?

대답 정혜결사는 정혜를 수행하기 위함인데 극락을 원하는 사람도 함께 결사할 수 있으므로 들어가게 한 것이다. 만약 진정으로 정혜를 닦을 수 있는 사람이라면 도솔천과 정토를 함께 가리켜 돌아가니 어찌 다른 견해가 있겠는가?

물음 그렇다면 계문 중에서 단지 도솔천 상생만 발원하고 정토왕생을 말하지 않은 것은 또 무슨 까닭인가?"

대답 정토에 왕생하는 것은 어렵고 도솔천에 나기는 쉬우니, 도솔천은 같은 욕계欲界 안이라서 음성과 기운이 서로 부합하기 때문이다.

물음 다른 권수문勸修文에는 '도솔천에 왕생하기는 어렵고 정토에 나기는 쉽다'는 말이 있는데 지금 어찌 이렇게 말이 상반되는가?

대답 여기에는 깊은 뜻이 있다. 경론과 옛사람의 어록을 두루 점검해보면, 정토와 도솔천이 (가기) 어렵고 쉬우냐에 대해 어느 한쪽만 높인 것은 아니다. 어떤 사람은 "도를 이루는 데 지주持呪만 한 것이 없다"고 하고, 어떤 이는 "불법을 배우는 데 송경誦經만 한 것이 없다"고 하며, 또는 "불상과 탑을 조성하고 보시하고 공양하는 공덕이 매우 크다"고 했으며, 심지어 모든 수행법 중 이것저것 들면서 그 법만을 기렸다. 이는 하나의 법만 옳고 나머지 법은 옳지 않다는 말은 아니며, 단지 당시 교화를 주관한 사람이 권도權道를 잘 써서 중생을 이롭게 한 것일 뿐이다. 그러므로 경전에서는 "정해진 법이 있지 않으니 아뇩다라삼막삼보리阿耨多羅三藐三菩提라 한다"고 했고, 또 "부처는 거짓말을 하지 않지만 중생을 이롭게 하는 일이 있으면 때로 헛된 말을 한다"고 했다.

물음 그렇다면 정토로의 왕생을 발원해야 하는가, 도솔천으로의 상생을 발원해야 하는가?

대답 마땅히 도솔천 상생을 기원해야 한다.

물음 그렇다면 이 규례에서 정토결사를 함께하는 이를 동참시키는 것은 잘못이다.

대답 다년간 정토왕생의 발원을 굳게 지키고 변치 않았기에 허가한 것이다. 지금 도솔천에 상생하여 도력을 이룬 뒤에 마음대로 정토에 왕생하여 미타여래를 친견하는 일이 어떻게 조금이라도 잘못이 되겠는가? 다만 정토왕생을 기원한 사람이 바로 왕생을 못 할까 염려되니, 만약 곧바로 왕생할 수 있는 이라면 드물기는 하지만 어찌 불가하겠는가? 나도 그를 좇아 뒤따라갈 것이다. 비록 그렇지만 충분히 자세히 살펴야 하니 마지막에 숨을 거둘 때까지 스스로 후회하는 일이 없어야 한다.

1. 세상에서 조그마한 선업善業이라도 지었으면 이 계사에 동참한 사람들에게 회향하여 함께 불과佛果를 이루도록 해야 한다.

1.

물음 오직 계사에 동참하는 사람들만 성불하기를 원하니, 중생에게 회향하는 큰 원력이 부족한 것이 아닌가?

대답 이 계사에 동참하는 사람들이 다 함께 성불하기를 발원하는 것은 실로 일체 중생을 제도하기 위해서 그렇게 하는 것이다. 그러므로 옛사람이 "자신의 결박도 못 풀었고 남의 결박을 풀 수 있는 경우는 없다"고 했으니, 만약 이 법을 떠나서는 달리 중생에게 회향할 일도 없을 것이다.

1. 이 결사문은 권유하고 교화할 능력이 있는 사람들이 각자 한 부씩 가지고 다니면서 결사에 참여하도록 널리 권면해야 한다. 이 글을 등사할 때 글자를 누락하거나 문구를 잘못 써서 말뜻이 이치에 맞지 않고 혹 맥락이 끊어져서 읽기에 불편하며 또한 권화에 방해되는 것이 있는지 충분히 유의해야 한다.

1. 사람의 목숨은 무상하여 오늘 비록 살아 있어도 내일은 또한 장담하기 어려우니, 이 계사를 창설한 사람들인들 어찌 오래도록 이 세상에 머물 수 있겠는가? 바라건대 후세의 현인들이 마음을 다해 취지를 전하여 정혜계사를 결성한 이유가 없어지지 않고 오래 후세에 전해져 미혹에 빠진 중생을 널리 제도해야 하리라.

1. 계사에 참여하고자 하는 이는 이 규례와 계사문을 자세히 읽어보기 바라며, 먼저 계사에 들어온 이가 자세하게 가르치고 깨우쳐서 참되고 바른 신심을 일으키고 진정한 도업을 이루게 해야 하며, 절대로 풍속과 세태에 따라 갑자기 변해서는 안 된다.

1. 이 규례와 계사문은 하안거와 동안거에서 함께 공부하는 때나 평상시에 같이 모여서 읽고, 글을 잘하고 종취를 아는 이가 모인 대중을 위해 자세히 설명하고, 처음 발심한 사람과 글을 모르는 도반들을 일깨워 인도하여 계사의 본뜻을 잊고 잘못되지 않도록 해야 한다.

1. 이 규례와 계사문에 설령 다른 수행과 맞지 않는 부분이 있더라도 이

는 단지 이 계사에 참여한 사람들의 규례일 뿐이니, 계사 밖의 사람들이 잘못되었다고 보고 자기와 어긋난다고 하여 시비를 일으키지 말아야 한다.

1. 이 규례는 단지 이 계사와 관계된 이들의 규례일 뿐이다. 그 나머지 여러 행위는 모두 서책에 갖추어져 있으니 번다하게 인용하여 쓸 필요가 없다.

1. 이 규례 외에 더 구체적으로 규칙을 정한 사목事目도 있지만 이제 막 계사를 연 초기에는 편하지 않기 때문에 얼마간은 적어놓은 것을 보이지 않는다. 뒷날 이 계사가 성행하게 되면 그때 다시 정하는데 내 마음대로 제정해서는 안 된다. 반드시 맹주와 일의 이치를 아는 계의 도반들과 자세히 회의를 마친 뒤에 계책楔冊에 써서 나누어주어 시행하도록 한다.

1. 이상의 규례를 각자 준수해야 하고 제멋대로 나태하게 해서는 안 되며 자리自利와 이타利他를 잃지 말아야 한다.

──『경허집』, 서문, 「정혜계사규례定慧楔社規例」

3장
산사와 세속의 경계를 넘음

산사의 정취를 즐기다

덕숭산德崇山 위 그윽한 정혜사定慧寺에
사바세계의 세월 만년이 흘렀네

이 선림禪林은 참으로 익숙하니 전생에 왔던 곳이고
잣나무 속 넓게 비었으니 오랜 세월 지났구나

부귀하던 집 문 앞에 흐르는 물 떠나가고
제왕의 도읍에는 흰 구름이 떠 있도다

장자莊子의 나비는 진여眞如의 일이니¹⁹

---

19   장자의 나비 꿈인 호접몽(蝴蝶夢)을 들어 부질없는 세상이 그대로 진여의 세계임을 말한 것
이다.

나도 지금부터 꼬리 끌며 진흙탕에 노니네[20]

누가 옳고 그른지 모두 꿈속의 일이로다
북망산 아래에서 누가 너고 나이던가

부처니 조사니 하는 것 이미 부질없는 말이니
시초蓍草와 귀갑龜甲[21]에서 조짐 없고 귀신도 잠을 자네

소나무 위 구름 담담하고 고요하며 담쟁이덩굴에 달 저무니
태화산泰華山 아래서 예로부터 전해지네

애석하다 향산香山의 선인仙人 아쉽게도 사자 포효 못 들었네
다만 이 한 물건 안다고 부처의 앞뒤 시대 어찌 따지려는가[22]

속세의 풍파 속에 신령한 단약 만들어내니
이 같은 법 만난 덕에 평안하게 삶을 따르네

어찌 차디찬 날씨 막아줄 머리에 쓸 모자 없겠는가
서리 밟으면 얼음이 되고[23] 온화한 기운 결국 뭉치네

---

20   『장자』「추수편(秋水篇)」에서 오래 산 영험한 거북이에 대해 "죽어서 뼈다귀로 남아 귀하게
      되겠는가? 아니면 살아서 흙탕물 속에 꼬리를 끌겠는가?"라고 한 부분을 인용했다. 여기서
      는 세속으로 뛰어들어 함께한다는 것이다.
21   시귀(蓍龜). 고대에 점을 칠 때 시초(톱풀)와 갑골(甲骨, 거북의 등딱지)을 사용했다.
22   향산의 선인들은 부처의 사자후를 듣지 못했는데, 진여를 깨달으면 부처의 앞뒤 시대에 태
      어나거나 직접 만나지 못해도 문제가 없다는 뜻이다.
23   『주역』「곤괘(坤卦)」.

더러운 물 어찌 뿌리는가 하늘을 적시기 어려운데
이 두가지를 쓰니 흐르는 물과 푸른 산이로다

그 말 매우 적절하지만 죽은 닭 우는 소리일 뿐
예스러움과 질박함 깨졌지만 처음부터 없던 것은 아니로다

귀 없는 병아리가 보고서 오리를 난새로 의심하며
대가가 먼저 주장했지만 안목을 갖춘 이 속이기 어렵구나

새가 텅 빈 하늘로 날아가건만 바라보면 허공 끝까지 가지 못하네
형상 있는 물건 가지려 하니 남김없이 다 버리기 어렵네

가는 도중에 숲이 없어서 피곤해도 쉴 곳 없구나
계획이 잘못된 줄도 모르고 멍하게 머뭇거리네

천지는 이렇게 넓은데 우리 인생 우습구나
반평생 이미 지나쳤으니 나머지 인생 다시 얼마나 남았으랴

오랜 근심 시름에 점차 골몰하니 어느 때나 편히 머물 수 있으리오
마치 술에 취해 깨지 못하는 것처럼 아무 일 없이 머뭇거리네

인생은 믿을 게 못 되니 사람은 누구나 죽게 마련일세
손가락 꼽아 아는 이들 생각하니 살아 있는 이 몇이련가

젊고 늙음 막론하고 황천은 돌아갈 곳이니
몸소 베풀고 조속히 깨달아야 하지만 크게 서두르거나 주저하지 말라

번영과 쇠락 겪어보니 다 같이 고생인데
가야산 속에서 그윽한 진리를 찾네

새의 노래와 꽃 웃음 마음에 끝이 없고
달 밝고 바람 맑으니 도는 가난하지 않도다

하물며 유성維城[24]의 장엄한 세계 있으니
황극皇極[25]으로 미혹한 무리 구제해야 하리

이제부터 누더기 한 벌 겹겹이 기워 입고
구름 걸린 봉우리 내려오지 않고 이 몸 늙어가리

십년 동안 불문에서 자연스레 세상 인연 잊으니
좋은 꽃들 땅에 가득 피고 밝은 달 푸른 하늘에 떠오르네

모든 물은 바다로 되돌아가 하나 되고 온갖 형상 공空에 이르러 온전해
지니
지금 가는 날 흥이 일어 마음의 거울 먼 곳 비추도다

거처하기에 좋은 청정한 세계 하나 있는데
아득한 겁 이전에 일찍이 터를 이루었네

24　『시경』 대아(大雅)의 "종자는 나라의 성(宗子維城)"에서 나온 말로 왕자, 왕족을 성에 비유
　　한 것이다.
25　『서경』 「홍범(洪範)」에 나오는 말로 군왕이 나라를 다스리는 법도를 말한다.

나무 여인과 돌 사람은 마음 본래 진실하고
별을 가리고 등불 흔들리니 일이 헛되지 않네

봄철의 풍광 모래 먼지에 울면서 오고
예나 지금이나 푸른 하늘에는 웃으며 들어가도다

성인과 범부 함께 흐르다 다시 나뉘니
벗을 찾아 함께 머묾에 흥이 적지 않도다

산은 스스로 푸르고 물은 저절로 푸르니
맑은 바람 불어오고 흰 구름 되돌아오도다

온종일 반석 위에서 노니나니
내 세상 버렸거늘 무엇을 다시 바라려나

일은 마음으로 헤아리기 어려우니 곤하면 잠이나 자세
예로부터 전해 오는 진리는 단지 이 문 앞에 있으리니

부처니 마군이니 모두 쉬지 못하고
능력 있는 이는 다 수중의 낚싯바늘[26] 거두도다

붉고 마른 해골 밟으니 봄 깊어 웃고
노인과 어린아이 무한한 시간 더하도다

---

26 본분 종사(宗師)의 수단을 가리킨다.

어젯밤 꿈 허망하고 내일도 그러한데
이 마음 깨닫지 못하고 밖에서 무엇을 구하리오

안타깝도다 모든 일은 끝내 예측하기 어려우니
이별 앞에 공허해졌다가 다시 시름겹도다

——『경허하상집』 권2(한암 필사본), 「물외잡영物外雜咏」

속세에서 든 화두

멍하니 잊고서 절을 찾아가니
깊은 산 사슴들 떼지어 노닐도다
일찍이 임금에 대한 공자의 충성과 예를 행했고
뒤늦게 세간을 떠난 부처의 글에서 깨달았네
깊은 골짜기 봄철에 생겨난 많은 기이한 새들
빈 물가 해 따뜻해지니 조금씩 돌아오는 구름이여
노승은 밥 짓기를 은근히 기다리는데
보시하는 좋은 풍속 고상하다 할 만하네

——『경허집』, 칠언율, 「유봉천대遊奉天臺」

꿈속에 들 때마다 높은 벼슬 살아서 놀라다가
뒤늦게 깨어나 그때 골짜기에서 밭을 간다
몸과 마음으로 이미 청산의 소중함 배웠지만
세월조차 속여서 백발을 가벼이 여기네
흉년을 떠올리면 좋은 음식 삼키기 어렵고
나라 걱정으로 등나무 침상도 눕기 불편하네
늙어버린 판에 마음속 깊이 탄식하며

여유 있게 마주하며 등불 하나 밝히네

—『경허집』, 칠언율, 「상원암여하천서구上院庵與荷川敍舊」

의관 걸치고 유생의 이름 얻으니 우습구나
신동新洞의 서당에서 한 해가 또 지나네
떨어지는 물 푸른 구름은 천 리 밖의 꿈이요
이산夷山(갑산甲山)의 누런 잎 반년의 소리일세
큰 물결 바위 깎아내도 골수는 도리어 남으니
대장간에서 금을 제련한들 어찌 그 정수가 손상되리오
세상사 늙고 쓸쓸하여 수염과 머리털 세었으니
술잔 들고 평생 떠올리며 감회에 젖노라

변방의 성에 오래 머물다 경영을 그르치니
고향 생각 천 갈래 어찌 다 말하리오
병들고 늙어서 산골 인연 물리치기 어려운데
누가 문장을 구하랴 지푸라기처럼 가볍노라
반쪽 하늘 구름 걷히니 높고 낮은 산봉우리 빛
깊은 골짜기 바람 일자 꺾이는 나무 소리
여기서 돌아가지 않을진대 돌아가면 얻으려나
즐겨 보는 소나무와 국화27 정원 가득히 고요하네

마른 나무 식은 재처럼 산골 집 어둡도다
비유하면 부서진 절의 부처가 영험 없는 격이네
병은 잡초 같아서 없애도 도로 생기고

---

27   도연명(陶淵明)의 「귀거래사(歸去來辭)」에서 고향집에 대하여 "세 오솔길 황폐해도 소나무와 국화는 그대로네"라고 한 말을 인용했다.

시름은 가벼운 먼지처럼 털어도 다시 머무네
바람이 잦아지자 갑자기 푸른 하늘에서 잎새 떨어지고
골짜기 개었을 때 둥근 달과 밝은 별이라
정든 인연 스스로 멀리하고 의지할 돈이 없으니
어찌 술로 늙은 나이 위로할까나

늙은 주모와 장사치와 어울리다 보니
감추고 숨어 살 때는 원래 둥글고 원만함이 좋다네
저물기 전에 불빛이 가고 산의 표범 내려오니
깊은 가을바람 몰아치고 변방에 기러기 돌아오도다
세상 사람들의 보배인 금과 옥도 탐내지 않으며
또한 산수의 경치 잊으니 세상 밖은 한가롭도다
초탈하여 마음속 스스로 얻을 것을 의심치 않으니
다만 예전에 현묘한 조사의 관문을 본 인연이라네

—『경허화상집』권2(한암 필사본),「서회書懷」

온갖 생각에 어두운 마음 어찌 말로 하리오
깊은 산 차가운 눈 내린 곳에 서재 하나 있으니
지난해 청명淸明 절기에는 강계읍江界邑에 있었고
올해 섣달그믐에는 갑산甲山의 촌에 있도다
어느새 고향이 처음으로 꿈속에 들어오니
뜻하지 않은 나그네의 근심 잠시나마 자취를 잊노라
창의 등불 가물가물하고 시끄러운 소리 끊기니
이웃집 닭 울음소리 우두커니 들으며 몇 번이나 문에 기대었네

—『경허집』, 칠언율,「제석除夕」

소리 없는 하늘[28]에 감히 호소해 말하노니

오색구름 어느 곳의 임금 수레에 절하리오

설날에도 타향의 나그네 신세 스스로 가련하지만

변방 갑산의 예의 좋은 촌락이라 다행일세

연초에 햇살 퍼져서 정성을 다지는 데 좋고

약초인 도소屠蘇 먹고 병 다스려 흔적 없애네

목동들은 나라의 한을 알지 못하니

퉁소와 북소리, 노랫가락이 저잣거리에 울려 퍼지네

—『경허집』, 칠언율, 「원단元旦」

식견은 얕은데 명성은 높고 세상은 위태롭도다

알 수 없구나 어느 곳에 몸을 숨길 수 있을지

어촌과 주막에 어찌 그런 곳 없을까만은

다만 이름 감출수록 새로 이름날까 두렵구나

—『경허집』, 칠언절, 「자범어사향해인사도중구호自梵魚寺向海印寺道中口號」

승속을 아우른 교유와 교화

뵙고 보니 늦게 뵌 것[29]이 부끄럽도다

조계산에 뜬 달이 창문을 비출 때

구슬 찾은 상망象罔[30]은 원래 실제가 아니니

꿈속에 들어간 진생陳生[31]은 결국 누구이던가

---

28 『시경』 대아에서 "하늘의 일은 소리도 없고 냄새도 없다"고 했다.

29 원문은 '어리(御李)'로, 후한(後漢) 대에 순상(荀爽)이 이응(李膺)의 수레를 몰면서 "오늘에 이응 비고느 몰실 수 있나"고 한 것에서 나온 말이다. 명망 있는 이를 만났음을 의미한다.

30 앞에 나오는『장자』「천지」의 이야기로, 황제가 잃은 구슬을 상망이 찾아냈다.

31 당의 진계경(陳季卿)으로 장안(長安)의 청룡사(靑龍寺)에 갔다가 한 노인이 도술을 써서 순

안개와 노을 낀 명승지를 찾아와

소나무와 잣나무 몹시 추운 겨울 가지 보는데

총림에 고명한 분 계시기에

현묘한 법 크게 퍼질 것 단연코 기약할 만하도다

——『경허집』, 칠언율, 「화송광사금명당和松廣寺錦溟堂」[32]

금을 던져놓은 듯 남은 시편詩篇 기둥에 걸렸으니

오랜 세월의 도의 가치에 바다와 산 가벼워라

시간이 유유히 흘러 뒤늦게 알아주는 사람도 없고

차가운 풍경 소리 공허하게 남아서 길이 울리도다

——『경허집』, 칠언절, 「과통도사백련암근차환성노사운過通度寺白蓮庵謹次喚惺老師韻」[33]

변방 마을(갑산) 넉달 만에 가을이 왔는데

학동들 가르치다 보니 흰 머리털만 느네

옛 친구의 서찰은 천금보다 소중하고

관서 땅 내 행장은 머리털처럼 가볍네

밝은 달빛 숲을 뚫고 손님처럼 평상에 오고

흰 구름은 물과 함께 이 서재를 비추나니

붉은 단풍 흔들리며 떨어지고 누런 국화 시드는데

멀리 강계江界 땅 바라보며 옛정 기억하노라

——『경허화상집』 권2(한암 필사본), 「정사강계군김주사의중呈似江界郡金主事儀仲」

　　식간에 고향에 다녀오는 꿈을 꾸었다고 한다.

32　금명 보정(錦溟寶鼎, 1861~1930)은 근대기 송광사(松廣寺)를 대표하는 학승으로 『다송문고(茶松文稿)』『조계고승전(曹溪高僧傳)』 등 다수의 저작을 남겼다.

33　환성 지안(喚醒志安, 1664~1729)은 월담 설제(月潭雪霽)로부터 편양파의 주류 법맥을 이은 선과 교의 종장이었다. 1725년 그가 금산사(金山寺)에서 연 화엄법회에 1,400명이 참여했다고 하며, 대표 저술로 『선문오종강요(禪門五宗綱要)』가 있다.

풍진 속에 다행히 이 몸을 지탱하여

늘그막에 거리낌 없이 마음대로 소요하노라

많은 촌락 해 따뜻하면 제비 어지러이 날고

태고산太古山 날 차가우면 꾀꼬리 울음 더디네

강가의 풀 저절로 오니 길손은 꿈을 꾸고[34]

시골 막걸리가 어찌 옛 친구와의 만남을 방해하리오

하고 많은 영고성쇠를 이제야 깨달았으니

흰 구름 깊은 곳으로 그대 찾아왔구나

—『경허집』, 칠언율, 「강계종남면화이교사여성江界終南面和李敎師汝盛」

시습時習이란 훌륭한 이름의 서숙을 여니

새처럼 자주 날도록[35] 후생들을 경계하여 가르치네

묘향산의 달은 지게문 서늘하게 비추고

압록강 구름은 누대까지 끊어졌다 이어졌다 하누나

글과 칼은 반생 동안 그대가 품어온 보배인데

풍진 세상에 나그네 잔을 멈추었구나

성현의 사업이 책 속에 남아 있으니

아! 어른이나 아이나 힘써야 할 것이다

—『경허집』, 칠언율, 「차시습재판상운次時習齋板上韵」

---

34 타향에서 고향을 떠올리는 마음을 형용한 것으로 두보(杜甫)의 시 「수(愁)」에서 "강의 풀은 날마다 시름 불러일으키고 무협(巫峽)의 물 맑게 흐르니 세상의 정이 아니로다"에서 따온 것으로 보인다.

35 『논어』 「학이(學而)」의 "배우고 때로 익히면 또한 기쁘지 않은가(學而時習之不亦說乎)"에 대한 주자(朱子)의 주석에서 "습(習)은 새가 자주 나는 것이니, 배움을 그치지 않는 것을 마치 새가 자주 나는 것처럼 한다"고 한 것을 따랐다.

뜻밖의 청아한 인연으로 학당에 갔다가

구슬 같은 글 읽는 소리에 곁에서 향을 피우네

솔바람 부는 창가에 자리 잡고 기대니

산나물 올린 소찬 담담한 황색이 좋구나

문 닫고 수레 모는 그대 뜻이 원대하고

외딴곳 삽 메고 가는 나그네는 생각이 많네

동포 아끼고 벗과의 우정 절실하니

헤어질 생각에 한잔 따라 부어서 함께하도다

　　──『경허집』, 칠언율, 「동지일벽동창명명학교박형관여제익冬至日碧潼暢明明學校朴亨觀與諸益」

일없이 무심하게 서당 난간 옆에서

반평생 영욕을 거울 품고 보고 있도다

삼월에도 꽃 피지 않고 봄이 아직 이르며

깊은 산 바위에 눈 쌓여서 여름에도 차갑네

깊은 이곳 싫지 않으니 내 늙었음을 알겠도다

서신이 잠시 갑자기 끊기어 그대 안부 생각나네

장부는 속박 없는 것 스스로 좋아하지만

흥이 나서 서로 찾는 것도 어렵지 않으리

멀리서 면가정眄柯亭[36] 난간 위를 떠올리니

난간 가의 경치는 전보다 좋아 보이네

비 적신 장미 붉은 뺨 축축하고

버드나무에 바람 부니 푸른 허리 차가우리

술 취한 뒤에 시 지어 다시금 읊조리고

36　도연명(陶淵明)의 「귀거래사(歸去來辭)」에 나오는 "뜰의 나뭇가지 바라보며 기쁜 표정 짓
　　네"라는 "면정가이이안(眄庭柯以怡顔)"에서 나온 말이다.

한가한 이래로 일마다 편치 않음이 없네

편지를 부치거든 강계江界의 즐거움 말하지 말게

방탕한 자의 마음속 산골짜기에 맡기기 어렵구나

──『경허집』, 칠언율, 「지월상완재도하리서숙기강계운至月上浣在都下里書塾寄江界韻」

노쇠해도 괴롭게 산에 오르는 것은

오직 신선과 옥 난간에 기댄 인연 때문인데

머나먼 변방에 시 남기는 그대는 학과 같고

향산香山의 결사 찾으매 나 또한 중이었네

사바세계의 중생 그 누가 꿈에서 깨어나리오

천개의 강에 비친 달은 등불을 전할 만하네

지금 이 나라는 불타는 여름 같으니

원컨대 자비의 구름 어디서나 펼쳐지기를

──『경허집』, 칠언율, 「여제익상자북사與諸益上子北寺」[37]

구름과 달, 시내와 산이 곳곳마다 같으니

수산嗖山[38] 선자禪子의 큰 가풍이네

은밀히 무늬 없는 도장 나누어주니

근기根機와 권도權道는 활안活眼 속에 있노라

──『경허집』, 칠언율, 「만공문왈화상귀거후중생교화하사답왈滿空問曰和尙歸去後衆生敎化何
師答曰」

---

[37] 짜북사는 함성남노 삽산군 전롱산에 있는 사찰이다.

[38] 경허 성우의 주요 제자인 만공 월면(滿空月面, 1871~1946)으로 1904년 서산 천장암(天藏
庵)에서 전법계를 받았다.

우리말로 법을 펴다

일없는 경허당이 노래 하나 지어내니 세상 사람 들어보소
들어보소 자세히 보소 인간세상 사람들 선악의 인과 받아 나니
전생에 악한 사람 소와 말, 벌레와 뱀도 이번 생이요 지옥과 아귀 불쌍
하다
전생에 착한 사람 국왕이나 대신, 부귀와 호걸 눈앞에서 분명하네
이번 생의 선과 악 미루어 보면 후생의 일을 알지어다
부모 형제 모두 있고 처자 권속 생때같은데
금과 은, 옥과 비단 산처럼 쌓이고 천자 되고 전륜성왕 되어
무한한 쾌락 받더라도 사람 목숨은 덧없어
아침나절 성하더니 저녁나절 황천길이네
오늘은 이러하나 내일 모레 어찌 되려나
푸줏간에 가는 소 자옥자옥 죽을 곳이로다
한심하고 가련하다 하루살이 같은 인생 목숨
며칠 몇 년 보존할까 번갯불처럼 짧은 찰나 꿈속이라
숨 한번 쉬고 못 돌아오면 내생이니 내생 일을 또 알런가
설령 정해진 수명 산다 해도 잠든 날과 병든 날과
우환 질병 걱정 근심 무한한 망상 다 빼놓으면
사는 날이 며칠이며 편한 날이 며칠이런가
부질없이 탐하고 성내는 나여 내 오만함 시기 질투 애착 욕심
아첨과 굽신거림 거짓과 어리석음 끝없는 헛된 생각
내 것 삼아 수용하여
삼악도에 떨어져 백천만겁 윤회하며 고통받나니
참혹하지 않은가
선한 마음 좋은지라 비록 천상 인간 쾌락하나

번뇌 인과 무상하여 육도 윤회 못 면하니

조사 말씀에 일찍 천제 궁궐에서 노닐다 염라대왕 솥에서 삶기게 된다고

분명 일렀으니 믿지 않겠는가 그러므로 삼계의 꿈속이라

청정 광명한 진여 불성 나지도 죽지도 않고 늘 무위의 참된 즐거움이네

크고 넓고 막힘 없이 자재하니 적광토寂光土 좋은 국토

흰 구름 흐르는 물 곳곳에 있으니 부처 한번 되어놓으면

무슨 걱정 있을런가 보고 듣고 앉고 눕고 밥 먹고 옷도 입고 말하고 잠도 자고

무한한 미묘한 작용 지녀 얼굴 앞에 분명하고 이마 뒤에 신기롭네

찾는 길이 여럿이나 아주 간단히 말하면 반조하는 공부가 가장 오묘하다

선심과 악심, 무량심을 땅, 물, 불, 바람 제쳐두고

찾아보면 모두 없고 비록 찾아도 형태가 없지만

영지靈知는 분명하여 어둡지 않으니 우습지 않은가

돌사람이 피리 불고 목마가 비파 연주하니 허망한 꿈속이네

세상사를 망각하고 흰 구름 푸른 산 기이한 바위 흐르는 물

가을 달 봄바람 무한한 경치에 경관마저 기이하다

뿌리채소 과실로 배 채우고 한 줄기 추위에 잠 깨니

졸졸 흐르는 물 넓은 바위 위 저절로 생긴 송정松亭이로다

쓸쓸한 거문고 소리 밝은 달 맑은 바람 조화롭구나

뻐꾹새 한 소리 낮에도 무심하고 밤새도록 무심하니

무심한 객 되어서 밝은 달도 무심하도다

나를 비쳐 무심하고 맑은 바람 무심하여

나에게 무심하다 하고 무심한 차림새 이러하거늘

무위의 진인眞人, 세간 벗어난 장부가 아니런가

여러 부처와 조사 따로 구할까

흥망성쇠 누가 알며 칼과 톱 물리침을 누가 알지

물거품과 바람 앞 등불 가소롭구나

진여 열반 어제의 꿈일세 이런 더없는 즐거움을

가련하다 세상 사람들 어이해서 하지 않고

음주와 여색 귀천 없이 다 즐기며

진정한 즐거움 받을 성불하는 법문은 승속과 남녀 다 피하니

선한 마음 없어 이러한가 말세가 되어 이러한가

지혜로운 사람 하나 없으니 무상한 세월 허망한 일이네

어서어서 바삐 깨쳐 선지식을 친견하고

자기부터 어서 찾고 육도(윤회) 중생 구제하여

내 다름이 없이 된 뒤에 동원東園의 복숭아와 오얏 향기로운 풀 언덕에

빈터로 흰 소 끌고 구멍 없는 피리 비껴들고

나라리리 라라리 태평가를 불러보세

─『경허집』, 가歌, 「가가가음可歌可吟」

중노릇하는 것이 적은 일이리오

잘 먹고 잘 입기 위하여 중노릇하는 것이 아니라

부처 되어 살고 죽음 면하자고 하는 것이니

부처 되려면 내 몸에 있는 내 마음 찾아보아야 하리

내 마음 찾으려면 몸뚱이는 송장으로 알고

세상일이 좋으나 좋지 않으나 다 꿈으로 알고

사람 죽는 것이 아침에 살아 있다 저녁에 죽는 것인 줄 알고

죽으면 지옥에도 가고 짐승도 되고 귀신도 되어

한없는 고통을 받을 것을 생각하여

세상만사 다 잊고 항상 내 마음을 궁구하되

보고 듣고 일체 일 생각하는 놈이 모양이 어떻게 생겼을까

모습이 있는 것인가 없는 것인가 큰가 작은가 누른가 푸른가 밝은가 어

두운가

　의심을 내서 궁구하되 고양이가 쥐 잡듯 하며 닭이 알 품듯이 하며

　늙은 쥐가 쌀 든 궤짝 쫓듯이 하여 항상 마음을 한군데 두고 궁구하여

　잊어버리지 말고 의심하며 일을 하더라도 의심을 놓지 말고

　가만히 있을 때라도 의심하여 지성으로 해나가면

　결국 내 마음을 깨달을 때가 있을 것이니 부디 신심을 내어 공부할지라

　대개 사람 되기는 어렵고 사람 되어도 사내 되기 어려우며

　사내 되어도 중노릇하기 어렵고 중이 되어도 부처님 바른 법 만나기 어
려우니

　그런 일 깊이 생각하라

　부처님 말씀이 사람 된 이는 손톱 위 흙 같고

　사람 몸 잃고 짐승이 되면 온 세상 흙 같다 하시고

　또한 사람 몸 한번 잃으면 억만년이라도 다시 회복하기 어렵다 하시며

　또 항상 지옥에 있는 것을 동산에 노는 듯하고

　아귀 귀신이나 축생 되기를 내 집에 있듯이 한다 하시며

　한번 성불하면 다시는 죽지도 살지도 않고 고생도 안 받는다 하시니

　이런 말씀을 자세히 듣고 생각하라

　이전에 권 선사라는 스님은 아침부터 공부하다가

　해가 질 때면 다리를 뻗고 울면서 말하기를

　오늘도 별일 없이 지내고 마음을 깨닫지 못했다 하네

　날마다 그러한 이도 있고 공부하느라 마음 지극히 먹은 이 다 적을 수
없는데

　죽고 살기를 잊고 먹고 입기를 잊고 잠도 잊고 공부했으니

　우리도 그렇게 하여야 공부가 될 터이니 자세히 생각하라

　이전에 동산 스님이 글을 지어 말하길

　거룩하다는 이름도 구하지 말고 재물도 구하지 말며

영화도 구하지 말고 그럭저럭 인연을 따라 한세상을 지내며

옷이 떨어지거든 거듭거듭 기워 입고

양식이 없거든 가끔가끔 구하여 먹을지로다

턱주가리 밑에 세마디 기운 끊어지면 바로 송장이요

죽은 후에는 헛된 이름뿐이로다

한낱 허황한 몸 얼마나 살 것인데

쓸데없는 일 하느라 내 마음 깜깜하게 하며

공부하기를 잊어버리겠는가 하니라

내 마음을 깨달은 후에 항상 그 마음을 보전하여 깨끗이 하고 고요히 하여

세상에 물들지 말고 닦아가면 한없는 좋은 일 하도 많을지니

부디 깊이 믿어 죽을 때라도 아프지 않고 앓지도 않으며

마음대로 극락세계든 어디든 가고 싶은 대로 가네

부처님 말씀에 남자나 여자나 노인이나 젊은이나 막론하고

이 법문을 믿고 공부하면 모두가 부처 되리라 하시니 어찌 사람을 속이겠는가

5조 홍인 대사 말씀이 내 마음을 궁구하면 깨달을 것이라 하고

맹세하건대 너희가 내 말을 제대로 듣지 않으면 세세생생 호랑이에게 죽을 것이요

내가 너희를 속이면 후생에 지옥에 떨어지리라 했으니

이런 말씀을 듣고 어찌 믿지 않으리오

공부하는 사람은 마음 움직이지 않기를 산과 같이 하고

마음 넓게 쓰기를 허공처럼 하며 지혜로 불법 생각하기를 해와 달처럼 하여

남이 나를 옳다 하든 그르다 하든 마음에 끌어당기지 말고

다른 사람 잘하고 잘못하는 것 내 마음으로 분별해서 참견 말고

좋은 일 당하든 좋지 않은 일 당하든 마음을 평안히 하며

무심하게 해서 남이 볼 때 숙맥같이 지내고 병신같이 지내고

벙어리처럼 소경처럼 귀먹은 사람처럼 어린아이같이 지내면

마음에 절로 망상이 없어지리라

비록 세상일을 똑똑히 분별하더라도

비유하건대 똥덩이 가지고 음식을 만들려는 것과 같고

진흙 가지고 흰 옥을 만들려는 것과 같으니

성불하여 마음 닦는 데 도대체 쓸데없는 것이므로

부디 세상일을 잘하려고 하지 말지라

다른 사람 죽는 것을 내 몸처럼 생각하고

내 몸 튼튼하다 믿지 말고 때로 깨우쳐 마음 찾기 놓지 말라

이 마음 어떻게 생겼는지 의심하고 오고 가며 의심하고 간절히 생각하기를

배고픈 사람 밥 생각하듯 잊지 말고 할지니라

부처님 말씀하시기를 일체 세상일 모두 허망하다 하시고

중생의 모든 하는 일이 다 나고 죽는 법이라 하시며

오직 자신의 마음을 깨달아야 진실한 법이라 하셨느니라

술을 먹으면 정신이 흐려지니 먹지 않을 것이요

음행은 정신 헷갈려 애착이 되니 상관 아니할 것이요

살생은 마음에 성냄을 돋으니 아니할 것이요

고기는 먹으면 정신이 흐려지니 먹지 아니할 것이요

거짓말은 내 마음에 사심을 기르니 아니할 것이요

도적질은 내 마음에 탐심을 늘리니 아니할 것이요

파와 마늘은 내 마음에 음탕함과 성냄을 돋우니 먹지 아니할 것이요

그 나머지 일체의 것이 내게는 해로우니 산섭하지 말지라

목우자(지눌) 스님 말씀이 재물과 색이 재앙이 되는 것 독사보다 심하니

몸을 살펴서 그런 줄 알고 항상 멀리 떠나보내라 하셨네

이런 깊은 말씀을 본받고 행해야 공부가 순순히 되느니라

부처님 말씀에 한번 성내면 백만가지 죄가 생긴다고 하시니

제일 먼저 성내는 마음을 참을지니라

예전 스님네 말씀이 골내는 마음으로

호랑이와 뱀과 벌, 그런 독한 물건이 되고

가벼운 마음으로 나비와 새가 되고

좀스러운 마음으로 개미와 모기 같은 것이 되고

탐심 내는 마음으로 배고파 우는 귀신이 되며

탐심과 골내는 마음이 꽉 차고 크면 지옥으로 가고

일체 마음이 다 여러 가지 것이 되는데

일체 여러 마음이 없으면 부처가 되느니라

착한 마음이 좋다 하여도 또 천당으로 갔다가 도로 떨어져서

지옥이나 축생이 되어서 가니 착한 마음도 쓸데없네

일체의 마음을 없애면 다른 데로 갈 것도 없고

마음이 깨끗하여 흐릿하고 고달프지 않으면 캄캄한 데로 가지 않으니

고요하고 깨끗한 마음이 부처 되어가는 길이네

내 마음 항상 의심하고 궁구하면 자연히 고요하고 깨끗해지리니

매우 고요하고 깨끗하면 저절로 마음을 깨달아 부처가 되느니라

돌아가지 않고 곧은 길을 이렇게 해서 갈지니라

이 법문을 가끔 보고 읽고서 남에게 일러주면 팔만대장경 본 공덕과 같고

그대로 공부하면 일생에 성불할 것이니

속이는 말로 알지 말고 진심으로 믿고 갈지어다

산은 깊고 물은 흐르고 갖가지 초목은 휘어져 있으며

기이한 새소리 사면에 울리고 적적하여 세상 사람 오지 않네

고요히 앉아서 내 마음을 궁구하니

나에게 있는 내 마음이 부처가 아니면 무엇이런가

듣기 어려운 좋은 법 들었으니 신심을 써서 해야 하리라

마음을 너무 급히 쓰면 병이 나고 두통도 나니

마음을 가라앉혀 평안히 하라

조심하고 억지로 생각하려 하지 말고 의심을 내서 하라

──『경허집』, 법어, 「중노릇하는 법」

오호라 세상 사람 나의 노래 들어보소

거짓되게 알지 말고 자세히 생각하소

예로부터 지금까지 끝없고 천지사방 광활한데

사람이라 하는 것이 오호라 우습도다

허망하다 이 몸이여 더운 것은 불 기운이고

움직이는 것은 바람 기운 눈물 콧물 피와 오줌

축축한 것은 물 기운 손톱 발톱 털과 살과 뼈

단단한 것은 흙 기운 오장육부이니

살펴보건대 굽이굽이 똥오줌 지렁이와 송충이와 버러지 무수하네

밖으로 살펴보니 모기 벼룩 이와 빈대

허다한 괴로운 물건 밤낮 달라붙어 해치니

비록 백년을 산다 해도 백년 삼만육천일 살펴보면 잠깐이요

인생 칠십 예로부터 드문 일이니 칠십 살기 어렵구나

중간 수명은 사오십 짧은 수명은 이삼십, 서너살에도 죽는 인생

두루두루 생각하니 한심하다 이 몸이여 움도 싹도 나지 않네

인생 한번 죽게 되면 황천객이 되도다

사랑 칠십 산다고 해도 잠든 날과 병든 날 걱정 근심 여러 모습

편한 날이 며칠인가 아침나절 성하던 몸 저녁나절 병 들어 신음 고통 하

는 모양

의원 불러 약을 쓰니 편작인들 어찌하며 무녀들이 굿을 하니 무함巫
咸[39]도 쓸데없네

점쟁이 점을 치니 소옹邵雍[40]도 쓸데없고 여러 산과 물 허다한 공덕 신
령인들 어찌하며

금은재보 산과 같고 처자 권속 생때같고 죽고 사는 친구 절박하나 죽는
사람 할 수 없다

오장육부 끊어내고 팔다리 온몸 관절 베어내니 쉽게 나오는 것 한숨이
요 우나니 눈물일세

부모 형제 가깝다고 대신 갈 이 누가 있으며 금은과 옥 비단 재물로도
살려낼 수 없네

역대 왕후 옛날 호걸 부귀영화 쓸데없고 최고 문장 천하의 변사 죽음에
는 허사로다

어린 남녀 오백명이 한번 간 뒤 소식 없으니

불사약도 허사로세 참혹하다 이 인생에 안 죽는 이 누구인가

북망산 깊은 곳에 달빛은 침침하고 소나무 바람 쓸쓸한데

조문객은 오직 까마귀라 인생 일장춘몽 꿈 깨는 이 누구런가 가련하고
한심하다

삼계의 도사 부처님은 죽지도 살지도 않는 이치 깊이 알고 가르쳐 이끄
나니

자세한 전후 말씀 밝고 선명하기가 해와 달과 같구나

아주 오랜 옛날 명현과 통달한 이들 견성득도한 사람 수없이 많네

본성을 보고 도를 얻게 되면 생사(윤회)를 면하니

---

39   중국 고대의 신화적인 무당으로, 하늘과 땅을 오르내릴 수 있었다는 전설로 유명하다.

40   소옹(1011~1077)은 중국 송대의 학자로서, 도가 사상의 영향으로 역(易)의 원리를 발전시
켜 4원(元)을 근본으로 4의 배수로 설명하는 독특한 수리(數理) 이론을 만들었다.

많은 경론에서 이르신 말씀 조금도 의심 없도다

나도 어린 나이에 입산한 뒤 지금껏 궁구하여

깊이깊이 공부하고 다시 의심을 영구히 끊으니

어두운 길에 불 만난 듯 주린 사람 밥 만난 듯 목마른 이 물 만난 듯

중병 들어 앓던 사람 명의를 만나는 듯 상쾌하고 좋을시고

이 법문 전파하여 사람마다 성불하여 생사윤회 면하기를

남의 근심 걱정하고 남의 즐거움 기뻐하며 이 내 말씀 자세히 들소

사람이라 하는 것이 몸뚱이는 송장이요 허황한 빈 껍데기지만

그 속에는 다만 부처가 분명 있도다

보고 듣고 앉고 서고 밥 먹고 똥 누고 언어 수작 그때그때 하니 희로애락 분명하다

그 마음을 알게 되면 진작에 부처일세 찾는 법을 일러보세

누우나 서나 밥을 먹으나 자나 깨나 움직이나 똥 누나 오줌 누나

웃을 때나 골낼 때나 모든 곳 모든 때에 항상 깊이 의심하고 궁구하되

이것이 무엇인가 어떻게 생겼는가 큰가 작은가 긴가 짧은가

밝은가 어두운가 누른가 푸른가 있는 것인가 없는 것인가 도대체 어떻게 생겼는가

시시때때로 의심하여 의심을 놓지 말고 자꾸만 생각해 잊지 않으면

마음은 점점 맑고 의심은 점점 깊어 잇달아 끊이지 않을 지경에 홀연히 깨달으니

참된 그대로의 면모 좋은 부처 온전히 내게 있도다

살지도 죽지도 않는 물건 완연히 이것이다

금을 주면 바꾸겠나 은을 주어 바꾸겠나 부귀공명도 부럽지 않다

하늘 땅이 손바닥 위에 있고 천년만년이 일각이네

희디흰 신통하고 묘한 삭용 불에 늘어가도 타지 않고 물에 들어가도 젖지 않고

크다면 한량없고 적다면 티끌 같고 늙지도 않고 죽지도 않고

세상천지에 부러울 것 또 무엇이 있겠느냐

나물 먹고 물 마시고 배고파 누워도 걱정할 일 없고

헌 옷 입고 춥더라도 무엇 다시 걱정하며

고약하다 욕해도 조금도 걱정할 것이 없네

천지와 무관하고 생사를 초월하며 빈부와 관계없고 시비를 떠나서

홀연히 일없는 한 사람이 되었으니 이를 부처라 하느니라

이 몸 벗어던지고 가더라도 가고 오기를 자유자재로 하며

죽고 살기를 임의로 제 마음대로 해서 죽는 사람 같지 않고 무심 무사 예사로우니

세상 사람 생각하면 신음 고통 불쌍하다

도인이라 하는 이는 몸뚱이는 죽더라도

불생불멸 이 마음은 천상 인간 자유자재로 유희하니 돌아다니는 즐거움 한이 없네

여러 부처와 조사의 말씀 조금이라도 속일쏘냐

세월 흘러 죽는 날 잠깐이니 부지런히 공부하여 생사의 큰일 면해보세

오호라 이 노래 자세하게 들어보소

부처님 말씀하시기를

부모에게 정성껏 효도하고 스님에게 공경하고 대중에 화합하며

빌어먹는 사람 불쌍히 여겨서 금이라도 주고 부처님을 지성으로 위하라

가난한 사람은 꽃 한가지 꺾어다 놓고 절하든지 돈 한 푼 놓고 절하든지

밥 한 사발 놓고 하여도 한없이 복 받는다 하시네

위의 다섯가지 지성으로 해가면 복이 한없다 하시니

중생은 개미 같은 것 죽이지 말고 남에게 욕하고 언짢은 소리 말고

머리털조차도 남의 것 훔치지 말고 조금이라도 골내지 말고

항상 마음을 착하게 갖고 부드럽게 하여

내 마음과 몸을 낮추어 가지면 복이 된다 하시니

부처님 말씀을 곧이 들을지어다

—『경허집』, 가, 「법문곡」

함허기화 연보

연도	함허 기화	국내외 주요 사건
1376년 (우왕 2년)	• 11월 17일, 충청도 충주 출생. • 부친은 전객시사(典客寺事)를 지낸 유청(劉聽), 모친은 방씨. • 성균관에서 유교 경서를 배움.	• 7월, 홍산대첩.
1396년 (태조 5년)	• 성균관 동료의 죽음을 계기로 인생무상을 느끼고 관악산 의상암에서 출가. • 법호 무준(無準), 법명 수이(守伊). (21세)	• 1392년, 조선 건국. • 1월, 한양도성 완공.
1397년 (태조 6년)	• 1월, 양주 회암사에 가서 왕사 무학 자초(無學自超)에게 법의 요체를 들음.	• 북유럽 3국 칼마르동맹 체결.
1404년 (태종 4년)	• 2월, 회암사로 돌아가 수행에 정진.	
1406년 (태종 6년)	• 여름, 공덕산 대승사로 옮겨가서 4년간 『반야경』 세번 강설. (31세)	• 3월, 승정체제 개편으로 11종 242사 지정.
1410년 (태종 10년)	• 여름, 개성 천마산 관음굴에 가서 교화.	• 2월, 서울에 시전(市廛) 건설.
1411년 (태종 11년)	• 8월, 불희사로 가서 3년간 머물며 중수하고 선의 가풍을 선양.	
1414년 (태종 14년)	• 3월, 황해도 평산 자모산 연봉사에 머물며 방을 함허당(涵虛堂)이라 하고 3년간 수행에 정진. (39세)	
1417년 (태종 17년)	• 다음 해까지 『금강경오가해(金剛經五家解)』 세번 강의.	
1420년 (세종 2년)	• 가을, 오대산에 가서 영감암의 나옹(懶翁) 진영에 제수를 올림. 꿈에 신승(神僧)이 나타나 득통(得通)이라는 법호와 기화(己和)의 법명을 지어주었다 함.	• 3월, 집현전 설치.
1421년 (세종 3년)	• 가을, 왕명으로 어찰인 개성 대자사에 머물며 세종의 모후 원경왕후의 영산재(靈山齋)를 열고 대군 등 종실 참가자를 대상으로 설법.	• 1월, 명나라, 남경에서 북경으로 천도.
1424년 (세종 6년)	• 가을, 대자사를 떠나 길상산·공덕산·운악산 등을 다니며 가르침을 폄. (49세)	• 승정체제 재편. • 선교양종 36사 지정.

1431년 (세종 13년)	• 문경 희양산 봉암사로 가서 중수하고 머묾.	• 프랑스 잔 다르끄 처형.

1433년
(세종 15년)
	• 4월 1일, 입적. 세수 58세, 법랍 38세.
	• 다비 후 효령대군이 국왕에게 보고하고 네 곳에
	  탑을 세워 사리를 봉안.
		• 3월, 혼천의 제작.
		• 7월, 명나라 정화가 7차 항해
		  를 마치고 귀국.

청허휴정 연보

연도	청허 휴정	국내외 주요 사건
1520년 (중종 15년)	* 3월, 평안도 안주에서 출생. 본관은 완산(完山)으로 향관을 지낸 최세창(崔世昌)의 아들이며 모친은 한남 김씨이고 속명은 최여신(崔汝信).	
1522년 (중종 17년)	* 4월, 조파일에 부친의 꿈에 노인이 나타나 어린 사문(沙門)을 찾아왔다고 하며 운학(雲鶴)이라는 이름을 지어줌. * 어려서 모래를 쌓아 탑을 만들고 기와로 절을 세우며 놀이를 함.	* 마젤란 탐험대가 최초로 세계 일주.
1528년 (중종 23년)	* 모친 김씨 사망. (9세)	
1529년 (중종 24년)	* 부친 사망. * 고을 수령 이사증(李思曾)이 시를 짓게 하고 재능을 인정.	
1531년 (중종 26년)	* 이사증이 한양으로 데려가 성균관에 입학시킴.	
1534년 (중종 29년)	* 과거에 낙방한 뒤 동학들과 호남에 수령으로 가 있던 서당 스승을 찾아감. * 반년 동안 지리산의 여러 사찰에 머물며 유람. (15세)	* 영국 수장령 제정.
1535년 (중종 30년)~	* 숭인(崇仁)이 '텅 빈 마음을 깨닫는 심공급제(心空及第)를 추구하고 명리와 허명을 멀리할 것을 권유. * 능인(能仁)에게 출가하고 부용 영관(芙蓉靈觀)으로부터 3년간 배움. * 숭인을 양육사(養育師), 일선(一禪)을 수계사(授戒師), 영관을 전법사(傳法師)로 삼음. 구족계를 받을 때는 석희(釋熙), 육공(六空), 각원(覺圓)이 증계사(證戒師). * 도솔산의 학묵(學黙)에게 찾아가 인가를 받음. * 지리산 삼철굴에서 3년, 대승사에서 2년을 머물고, 의신·원통·원적·은신 등의 암자에서 3년을 지냄.	* 1543년, 코페르니쿠스 『천체의 회전에 관하여』 출간. * 1545년, 을사사화.
1546년 (명종 1년)	* 오대산에서 6개월 체류. (27세)	

296

1547년 (명종 2년)~	* 금강산 구연동, 향로봉, 그리고 성불·영은·영대 등의 암자, 함일각에서 7년 이상을 보냄.	* 2월, 정미약조. * 1550년 12월, 선교양종 재건.
1552년 (명종 7년)	* 승과의 선과(禪科)에 급제하여 대선(大選)이 됨.	
1553년 (명종 8년)~	* 주지 2년, 전법(傳法) 3개월, 교종판사(敎宗判事) 3개월, 선종판사(禪宗判事) 3년 지냄. (34세)	* 1555년 5~6월, 을묘왜변.
1556년 (명종 11년)	* 출가한 본래의 초심을 생각하고 수행자의 본분에 충실하기 위해 직책을 내려두고 금강산으로 들어가 미륵봉에서 머묾	
1557년 (명종 12년)~	* 지리산 내은적암에서 3년, 황령·능인·칠불 등의 암자에서 3년을 보냄. * 강원도 태백산, 오대산, 금강산을 거쳐 평안도 묘향산 보현사에 주석.	* 1559년, 임꺽정의 난. * 1566년, 선교양종 혁파.
1589년 (선조 22년)	* 정여립(鄭汝立) 역모 사건에서 역적을 도왔다는 누명을 쓰고 투옥되었다가, 선조가 그의 죄 없음을 알고 방면하면서 친필로 대나무 그림을 그려 주며 위로. (70세)	* 10월, 정여립 역모 사건. * 11월, 기축옥사. * 프랑스 부르봉왕조 성립.
1592년 (선조 25년)	* 의주로 피난 간 선조가 국난 극복에 도움을 청하고 8도 16종 선교도총섭(禪敎都摠攝)에 임명. 평안도 순안 법흥사에서 전국의 의승군 5천 명을 일으킴.	* 4월, 임진왜란 발발(~1598).
1593년 (선조 26년)	* 평양 수복 전투에 승군 참여. * 한양 수복 후 연로함을 이유로 도총섭에서 물러나 묘향산으로 돌아감. * 선조가 '국일도대선사 선교도총섭 부종수교 보제등계(國一都大禪師)(禪敎都摠攝)(扶宗樹敎)(普濟登階)'의 존호 하사.	
1604년 (선조 37년)	* 1월 23일, 묘향산에서 입적. * 제자 원준(元俊), 인영(印英) 등이 다비하고 사리를 보현사 서쪽 안심사의 탑에 봉안했고, 자휴(自休) 능이 금강산 유점사 북쪽의 석종에도 안치. (85세)	* 사명 유정 일본에 탐적사(探賊使)로 감.

연보 **297**

경허성우 연보

연도	경허 성우	국내외 주요 사건
1849년 (헌종 15년, 철종 즉위년)	• 8월 24일, 전라도 전주 우동리(于東里)에서 출생. 본관은 여산(廬山)이고 부친은 송두옥(宋斗玉), 모친은 밀양 박씨, 속명은 송동욱(宋東旭). • 부친이 세상을 뜸. • 출생년 이설: 1849년(약보) 외에 1846년(서룡화 상 행장), 1857년(행장).	
1857년 (철종 8년)	• 9세의 나이로 경기도 광주의 청계사에서 계허(桂 虛)에게 출가. • 법호는 경허(鏡虛), 법명은 성우(惺牛).	• 인도 세포이의 항쟁.
1862년 (철종 13년)	• 청계사에 있던 나그네에게 한문을 배우고『사략 (史略)』『통감(通鑑)』등을 읽음.	• 3월, 임술농민봉기 발발.
1863년 (철종 14년)~	• 계룡산 동학사의 만화(萬化)에게 배움. • 9년 동안 불교 경론과 유교 서적 등을 폭넓게 학습.	
1871년 (고종 8년)	• 동학사의 강사로 추대되어 강석 엶. (23세)	• 6월, 신미양요. • 보불전쟁 종전 후 독일제국 수립. 빠리꼬뮌 결성.
1879년 (고종 16년)	• 환속한 은사(계허)를 찾아가다 전염병이 도는 마 을에서 죽음의 위기를 느끼고 발심하여 동학사 에서 '여사미거마사도래(驢事未去馬事到來)' 화두 를 참구하며 수행에 전념. • 11월, '고삐 뚫을 구멍 없는 소[(牛無鼻孔處)]'가 무엇이냐는 말을 듣고 깨달음. (31세)	• 일본에 의해 류큐왕국 병합.
1880년 (고종 17년)	• 충청도 홍주 천장암으로 옮김. • 용암 혜언(龍巖慧彦)으로부터 이어진 편양파(鞭羊 派) 법맥의 계승을 밝힘. 청허 휴정의 11세, 편양 언기(鞭羊彦機)의 10세, 환성 지안(喚惺志安)의 7 세손이 됨.	• 12월, 통리기무아문 설치.
1881년 (고종 18년)	• 6월, 천장암 인법당에서 대중에게「오도가(悟道 歌)」를 읊음.	• 5월, 일본에 조사시찰단 파견. • 11월, 청나라에 영선사 파견.
1884년 (고종 21년)	• 천장암에서 제자 수월 음관(水月音觀), 혜월 혜명 (慧月慧明), 만공 월면(滿空月面) 지도. (36세)	• 10월, 우정국 설치. • 12월, 갑신정변. • 베를린회의(~1885).

1886년 (고종 23년)	* 충청도 서산의 개심사와 부석사를 오가며 설법과 교화 활동을 펼침.	* 미국 헤이마켓 사건.
1894년 (고종 31년)	* 성월 일전(惺月一全)의 초청으로 동래 범어사의 조실이 됨. (46세)	* 3월, 동학농민전쟁 발발. * 7월, 청일전쟁 발발. * 1897년 10월, 대한제국 수립.
1899년 (고종 36년)	* 고종의 명으로 이루어진 합천 해인사 인경불사(印經佛事) 주관. * 해인사 수선사(修禪社) 불사의 법주(法主)가 되어 「해인사 수선사 방함인(芳啣印)」 「합천군 가야산 해인사 수선사 창건기」 지음. * 김천 청암사에서 제자 한암 중원(漢岩重遠)이 지도를 받고 깨달음을 얻음.	* 수사찰 원흥사 창건. * 9월, 철도 경인선 개통. * 프로이트 『꿈의해석』 출간.
1900년 (고종 37년)	* 지리산 천은사에서 하안거를 하고 화엄사로 옮겨감.	
1902년 (고종 39년)	* 범어사 금강암 및 부산 마하사의 나한상 불사에 증사(證師)가 됨.	* 4월, 사사관리서 설치. * 8월, 「국내사찰현행세칙」 공포.
1903년 (고종 40년)	* 가을, 해인사를 떠남. (55세)	
1904년 (고종 41년)	* 천장암에서 최후 법문을 하고 만공 월면에게 전법게를 줌. * 강원도 오대산 월정사에서 3개월 동안 『화엄경』 강설. * 금강산을 지나 가을에 함경도 안변 석왕사에서 오백나한상 개금불사의 증사를 맡음.	* 2월, 러일전쟁 발발, 한일의정서 체결.
1905년 (고종 42년)~ 1911년	* 평안도 강계, 함경도 갑산 등지에서 박난주(朴蘭洲)로 개명하고 유관(儒冠)을 쓰고 세속인처럼 생활. * 강계 용문동에서 '용포서당'을 만들어 훈장을 한 후, 갑산 웅이방 도하동에서 다시 서당을 엶.	* 1910년 8월, 한일병탄. * 1911년 6월, 사찰령 시행.
1912년	* 4월 25일, 갑산 웅이방 도하동에서 임종게를 남기고 입적. (64세)	* 30본산 본말사법 제정. * 중화민국 수립.
1913년	* 7월, 제자 혜월 혜명과 만공 월면이 다비(茶毘)를 함.	* 안창호, 흥사단 결성.

찾아보기

창비 한국사상선 간행위원회

백낙청(위원장, 서울대 명예교수)

임형택(성균관대 명예교수)

최원식(인하대 명예교수)

백영서(연세대 명예교수)

박맹수(원광대 명예교수)

이봉규(인하대 교수)

황정아(한림대 교수)

백민정(가톨릭대 교수)

강경석(『창작과비평』 편집위원)

강영규(창비 편집부장)

창비 한국사상선 4

함허기화·청허휴정·경허성우
불교사상의 계승자들

초판 1쇄 발행 / 2024년 7월 15일

지은이 / 함허기화 청허휴정 경허성우
편저자 / 김용태
펴낸이 / 염종선
책임편집 / 박주용 박대우
조판 / 신혜원 박지현
펴낸곳 / (주)창비
등록 / 1986년 8월 5일 제85호
주소 / 10881 경기도 파주시 회동길 184
전화 / 031-955-3333
팩시밀리 / 영업 031-955-3399 편집 031-955-3400
홈페이지 / www.changbi.com
전자우편 / human@changbi.com

ⓒ 김용태 2024
ISBN 978-89-364-8033-2 94150